現代の行政と公共政策

西尾　隆

現代の行政と公共政策（'16）
©2016　西尾　隆

装丁・ブックデザイン：畑中　猛

まえがき

　本書は，2012年刊『現代行政学』を大幅に改訂した行政学・政策学の入門書である。前著に対し，「行政学」にしてはやや「政策学」に近いのではとの指摘があり，今回はむしろ積極的に，制度に重心を置く行政学と，政策過程や個別イシューに注目する政策学との融合を図り，本の表題も『現代の行政と公共政策』に変更した。またマネジメントに関する章を新たに設ける一方，学説史の章・節は割愛した。学説史は学問的アイデンティティに深く関係するが，一般読者の求める知識は現実問題への接近のしかたの方だろうと考えたからである。

　国内外とも現実の変化に劣らず，この分野の研究の進展は目覚ましい。それは公共政策系の学部・大学院が多数設置されたことにもよるが，実際の政策課題が多様化・高度化し，政府だけでなく企業・大学・シンクタンク・市民団体などの関与がより強く求められてきたからであろう。情報公開の定着に伴って行政による政策情報の独占は過去のものとなり，研究者も市民も身近な政策課題について自由に論じ，提案し，課題解決への多様な道筋を提示しうる時代になった。

　とはいえ，今後政府の存在意義が弱まり，行政の役割が社会の中に融解していくとは考えにくい。学生と接していると，政府への信頼は低下する一方，公共サービスの担い手として市場や市民社会への期待は高まっている。実際，公務員は厳しい批判にさらされ，行政資源は枯渇し，政府は失敗事例に事欠かない。にもかかわらず，複数の選択肢のどれを選び，公共財の提供を何に委ねるのか，その判断を下す主体は国・自治体という「政府」である。政府は社会のいわば「自我」として，意思決定の重責から逃れるわけにいかないのである。

　行政学・政策学が扱う広大な領域を「ガバナンス」と称する局面が増え，本書も各セクターの相互関係に注目する。だが同時に，ガバナンス

やネットワーク型公共管理の進展が「ガバメント」への新たな期待を生んでいることも否定できない。この学問をリードするハーバード大学ケネディ・スクールやロンドン経済大学（LSE）が大学院・学部の名称に今も「ガバメント」の語を用いているように，「政府」の構造と働きは依然として行政学・政策学の中心的な関心であり続けている。

英語の「ガバン」の原義が船の舵取りとされるように，政府の活動もしばしば航海に譬えられる。現代の政府は巨大な客船であり，多数の乗客を船員たちの協力で目的地に運んでいる。気象や海上の変化，乗客の期待の変化に応じて方角や速度を変え，難破や座礁を避けつつ，時に順風満帆で，時には嵐の中を航行する。そのイメージでいえば，現在は船長以下クルーへの信頼が弱く，乗客自身がそれこそ船員を操舵しているような状況である。市民による参加と統制が求められる所以であるが，誰がやっても困難な巨船の運航をどこまで市民がコントロールし，どこまで船員たちに任せるべきか，講義全体を通じて考えたい。

本書の構成は次のとおりである。導入（1章）の後，政府が置かれる文脈として歴史・市場・市民社会を扱い（2〜4章），次いで政府の構造・制度・運用を説明する（5〜8章）。後半は，公共政策に関して概念・思考・過程（9〜10章），および国・自治体・国際レベルの諸課題を論ずる（11〜14章）。最後に，責任論の視座から市民と政府の関係を考える（15章）。なお，4人の執筆者と分担割合は前著と同様である。

本書の刊行にあたっては，山岡龍一放送大学教授から貴重な助言と励ましをいただいた。また，放送教材の収録では5名の研究者・実務家の方からご協力をいただいた。放送大学への出講を最初に促して下さった天川晃先生のご厚意も忘れがたく，記して感謝申し上げたい。

2015年10月

西尾　隆

目次

まえがき　西尾　隆　3

1　行政学・政策学への道案内　｜西尾　隆　9
1. 公共空間と行政活動　9
2. 行政学・政策学を学ぶ意義と諸学連携　14
3. 行政学・政策学のアプローチ　18

2　行政の発達とガバナンス　｜西尾　隆　27
1. 行政の発達と機能類型　27
2. 「行政」のコンセプト再考　33
3. 「ガバナンス」と「政府」　38

3　政府と市場　｜八代尚宏　44
1. 市場経済における政府の役割　44
2. 「新しい公共」の時代　52
3. 規制改革　57

4　市民社会と政治行政　｜西尾　隆　61
1. 市民社会の形成とガバナンス　61
2. 政治―行政関係と市民　66
3. 市民参加と協働　72

5 | 中央政府と地方政府　　　｜ 西尾　隆　78

1．地方自治と立憲主義　78
2．中央と地方の関係　84
3．地方分権改革と自治体改革　90

6 | 議院内閣制と官僚制　　　｜ 出雲明子　96

1．政治的リーダーシップと政治制度　96
2．内閣制度　100
3．中央省庁の組織と官僚制　105

7 | 公務員制度とその改革　　　｜ 出雲明子　111

1．公務員制度の形成と発展　112
2．公務員のキャリア形成：採用から退職までの人事管理　117
3．公務員の勤務条件　123

8 | モノ・人・社会のマネジメント　　　｜ 西尾　隆　127

1．マネジメントの諸相と物的管理　127
2．人事管理と組織管理　133
3．変化への対応と危機管理　138

9 | 公共政策と政策型思考　　　｜ 西尾　隆　144

1．公共政策とは何か　144
2．政策型思考と制度型思考　150
3．政策転換と制度改革　154

10 政策過程とそのサイクル　｜ 大森佐和　161

1．政策サイクルとは何か　161
2．政策サイクルそれぞれの政策過程　164
3．唱道連携フレームワーク　174

11 国の意思決定と執行過程　｜ 西尾　隆　179

1．意思決定過程と政治行政手続　179
2．立法過程と予算編成　185
3．政策の執行過程　191

12 財政と社会保障　｜ 八代尚宏　197

1．財政の意義　197
2．公的年金制度　203
3．医療・介護保険制度　208

13 自治体政策と市民　｜ 西尾　隆　214

1．自治体政策とその再編　214
2．計画策定と自治体の政策的自立　219
3．基礎自治体の計画策定と市民　224

14 地球公共財と国際公共政策　｜ 大森佐和　231

1．地球公共財とは何か　231
2．国際公共政策とは　238
3．企業の社会的責任　243

15 | 行政統制と政策責任　　　｜ 西尾　隆　248

　　1．統制と責任の関係　　248
　　2．行政統制・責任の類型　　254
　　3．公務員の規律と倫理　　258

索　引　265

1 | 行政学・政策学への道案内

西尾 隆

《目標＆ポイント》 行政学・政策学を学ぶ際の視座と方法について道案内する。この分野に共通する「公共性」とは何か，それは個人とどう関係するのか。行政と政策について学ぶ意義はどこにあり，どのようなアプローチがあるのか，出発点で必要な知識と視座を提供する。
《キーワード》 公共性，概念と実践，政治的有効性感覚，プロフェッショナリズム，書斎型と現場型，比較の方法，文化理論

1. 公共空間と行政活動

　本書の主題である「行政」と「公共政策」は，ともに英語でいう「パブリック」の世界の諸課題を扱う。そのまま訳せば「public administration（行政）」とは公共の管理運営，「public policy（公共政策）」とは公的な行動指針といった意味になるが，英語の用法では現実の営みと同時に，学問としての「行政学」，「政策学」も意味している。これは公務分野における実務と学の知識の連続性を物語っている。実際，米国では研究者が政府の要職に就いたり，実務家が大学で教えることも少なくない（"in-and-outers" とも呼ばれる）。では，「パブリック」とはどのような空間で，どのような性格をもつのだろうか。それは個人の利害や私的関心事とどんな関係にあるだろうか。まず，公共性に関する主な論点について考えたい。

（1）公と私のあいだ

「公私の区別」,「公私混同」という表現があるように,「公」は通常「私」と対比される。モノを例にこの区別を考えれば,どの特定個人にも属さないが,その利用が誰にも開かれているのが公共のモノである。自分や級友のノート・鉛筆は私物であるが,黒板や校舎,道路や公園などは公共物である。抽象度を上げると,風景や静穏さ,安全や平和なども公共に属する価値であり,公共の空間と言える。

公共経済学では,モノやサービスの種類を,空気のような「自由財」,個人が所有する「私的財」,不特定多数に属する「公共財」に区別する。直観的に理解可能な区別だが,概念上の説明として,自由財については希少性の欠如,公共財については非排除性（フリーライダー＝ただ乗りを防げないこと）,便益不可分性（誰にも等しく便益が提供されること）という属性で私的財から区別される。道路や橋などの社会資本の整備,消防や警察といった公的サービスの提供には,市場の取引だけでは不十分であり,公権力をもった政府の介入が必要になると解説される。ただし,最近は公共財もすべてが政府によって整備・提供されるわけではなく,むしろどんな公共財も市場をとおして提供可能かどうか,市場化テストなどのチェックが求められている。

かつては,行政とは公務員集団の活動であり,公共政策とは政府の行動指針である,と簡単に説明すれば事足りたが,近年は公共とは政府・行政とイコールではない点が強調されがちである。その背景には,非能率や無駄などのいわゆる「政府の失敗」,行政に対する市民の信頼低下が関係している。少なくとも,「政府の行うことに誤りなし」という明治以来の「無謬性神話」は現在ではほぼ崩壊した。そこで,このことをもう少し具体的な例から考えてみたい。

（2）個人の主体性と公共性

　核化学者で原子力資料情報室代表を務めた高木仁三郎は，脱原発運動を展開する中で，「パブリック」であることは必ずしも公的機関に関係する事柄ではなく，むしろ「私」から出発し，個人が主体性をもつことこそ重要であることに気づいたという。その主な理由は，公益や公共性の内容が時代とともに変化する点にある。例えば20世紀後半に発生した環境問題は，人々が廃棄物の垂れ流しや大量消費という文明のあり方に疑問をもつことによって政策課題に浮上したのであり，自分たちも実はパブリックの一部であることへの問いかけが不可欠となる。高木は，1999年の東海村臨界事故にみられるように，自己への問いかけを欠いた当事者の「没主体性」が逆説的に「没公共性」を招いているのではないかと問題を提起する。それは，科学の普遍性が科学者個人の主体性と倫理に基礎づけられることとも通底していよう。

　高木が日本の行政機関に一種の没公共性を感じた直接の契機は，1994年に原子力資料情報室の社団法人化を試みた時であった。同情報室の「公益性」に関する審査は原子力行政を所管する科学技術庁の担当だったが，情報室が定款で「脱原発」を謳っていたことから，原子力基本法が目指す国の基本方針に反するとされ，申請前の段階で断念させられたのである。当時「原子力の推進」が国の方針だったとしても，同基本法2条が掲げる「安全の確保を旨として，民主的な運営の下に」との理念からいって，民間の科学者集団によるチェックが公的で民主的な性格を帯びていることは疑いない。にもかかわらず，40代の課長から20代の係官まで，同庁職員が「脱原発だから公益性がない」と平気で主張することに高木は驚き，行政機関だけが公益を定義し独占することの問題性を痛感したと述べている（なお，同資料室は特定非営利活動促進法により1999年NPO法人となった）。

変化の激しい現代社会では，行政が没公益性に陥る例はこれに限らない。公共哲学の議論の多くが，公共性と政府（官）の活動との乖離に言及している。例えば桂木隆夫は，国家が担う「上からの公共性」に対し，「下からの公共性」，つまり他者との協力による開かれた秩序形成が広がっているとし，その契機には人々の「自発的・意図的な協力」と，市場にみられる「予期せざる結果としての協力」とがあると指摘する。筆者なりにこの議論を要約すれば，公共性とは，「市民の自由な活動からなる開かれた空間で，協力と秩序形成を契機に生成するコンセプト」ととらえることができよう。

（3）概念と実践

ここまで，「行政」と「公共政策」に共通する「公共」の概念についての大まかな説明を試みた。以下でも基本概念については簡単な定義をした上で議論を進めることにするが，「○○とは△△である」と言葉で説明する時，実はその言葉自体をさらに別の言葉で説明しなければならないことに気づく。当たり前のことながら，公共に限らず，まず「概念」の限界について理解しておく必要があろう。

例えば，「行政」について暫定的に，「公務員による公的かつ組織的な活動」だと説明しても，「公務員」の概念がまず多義的であり，それを「政府に勤務する職員」と言い換えても，「政府」の概念と境界線が単純ではない。さらに憲法が公務員を「全体の奉仕者」と規定しているという理由で，「そもそも全体とは」とか，「奉仕とは」などと問いつつ，個々の職員について「本当に全体に奉仕しているだろうか」などと詮索し始めると，真の公務員はいるのか，という問いに至るかもしれない。「批判的思考」(critical thinking) とは学問に要求される基本姿勢ではあるものの，言葉と現象をつなぐ研究者の「経験」ないし「実践」という

契機を欠けば，学問的批判は机上の空しい営みとならざるを得ない。

　論理学者の野矢茂樹によれば，「神」の概念を理解するには言葉の操作だけでは不十分で，この言葉の核にある一連の「宗教的実践」に参加することが必要だという。それは「神」だけでなく，「猫」や「ボール」といった一見自明な言葉でも同様で，実は言葉以前に膨大な経験が存在している。そして，「意味が実践を確定するのではなく，実践が意味を確定する」と指摘する。行政学・政策学に関していえば，概念を厳密かつ抽象的に定義することから出発するのではなく，定義やコンセプトは柔軟にとらえ，むしろその実践に参加することで言葉の意味を確定していく方が学問的に生産的だということになろう。

　ここで「実践」とは，官庁インターンシップに参加するといった意味では必ずしもなく（機会があればそれも有意義だが），例えば福祉サービスの消費者である（になりうる）自分を意識し，その費用を税として支払っている事実と非能率な現実にセンシティブになり，その改善のために市民として何ができるかを考え，実践してみる，といった日常的な自覚と行為を指す。その実践には，投票にはじまって集会等への参加，パブリックコメントへの意見提出，公募の審議会メンバーへの応募など，自治体レベルでは多様なチャンネルが用意されている。

　米国では，そうした行為が実際に影響力をもつという信念を「政治的有効性感覚」(sense of political efficacy) と呼ぶが，そこには民主的政府という外的なイメージと，行動する本人の自己イメージとが関係している。D. キンダーによれば，後者の自己イメージの形成に関しては，政治とは直接関係のない集団・教会・職場などでの参加や活動経験が有効であり，公民的な技能の向上に役立っているという。実際，集団の管理運営は政府以外の場で日常的に行われており，そこでの実践や経験が行政学・政策学を学ぶ際に有益であることは疑いない。

2. 行政学・政策学を学ぶ意義と諸学連携

(1) 行政と公共政策の重要性

　では，なぜ行政と公共政策について学ぶのか，次にその意味を問うことにしたい。また，この分野について深く掘り下げようとすれば，行政学・政策学だけでは不十分で，他の多様な学問領域の助けも必要となる。そこで行政・政策について学ぶ意義と，近接の学問との連携の必要性について考えることにするが，その前に，行政と公共政策，行政学と政策学の関係について短く触れておきたい。

　ドイツの行政学説を別にすれば，行政学は19世紀後半の米国でおこり，公務員制度，行政組織，予算過程，都市行政などを主要なテーマとして，実際の行政改革とリンクしながら発展してきた。西尾勝は，行政学には異なる価値基準に基づく3つの魂（制度・管理・政策に関する諸学）があるという。すなわち，「制度学」は権力分立などの憲政構造を基礎に正統性・合法性に注目し，「管理学」は組織や予算の膨張傾向を抑制すべく経済性・能率性を重視し，「政策学」は多様な公共サービスに注目し，その必要性・有効性を追求する。

　このうち政策学は比較的新しく，第二次大戦後に行政学の一領域を超え，主に政治学の影響を受けながら「政策科学」として発達してきた。研究者により対象の選択や視点の置き方はさまざまであり，行政学と政策学の間に明瞭な一線を引くことは困難である。B. クリックは，政策研究とは行政学をセクシーに言い換えたに過ぎないと皮肉を込めて語っているが，両者は互いに重なり合いながら異なる中心をもった2つの円のような関係にある。ただし以下では，煩雑さを避けるため「行政」および「行政学」で両者を総称することにしたい。

　さて，行政について学ぶことの意義は，現代の社会で行政がもつ特段

の重要性に基づく。このことは，国や自治体の提供するサービスが市民生活の細部にまで浸透していることから容易に想像できよう。上下水道・道路・港湾等の都市基盤から，教育・福祉・医療等のサービス，食の安全やエネルギーの確保に至るまで，市民生活の大部分が行政によって支えられている。伝統的には国防・治安・治山治水が行政の要に位置し，その重要性は今も不変だが，都市化が進んだ現代では，行政が整備するインフラを欠いては一日も生きていけない。

　松下圭一は，都市型社会における政治は，「テレビが伝える政治家たちの通俗ドラマ」となり，もはや荘厳性・神秘性をもたない半面，市民の日常生活は政治が決定する「政策・制度のネットワーク」の中でのみ成立すると指摘する。行政はこの政策・制度の設計に対し，時に政治以上に深く関与し，その日常の運営に直接的な責任を負っている。学問的体系性や理論的洗練度とは別次元で，行政に関する知識の充実，理解の深化は現代社会が強く必要とするところだと言ってよい。既存の制度・政策を社会のニーズの変化に合わせて改革するための知識と技能は，これまで官僚に半ば独占されてきたが，今や市民を含め官民・公私で共同開発すべき段階にきているのである。

　ところが，日本の社会科学の傾向として，欧米で確立された知識をいわば切り花のように輸入するばかりで，日本の土壌から苗木を育てる努力が不足していた。かつてある経済学者は「日本には経済学がない。あるのは経済学学だ」と述べていたが，行政に関しても，欧米で発達した行政理論に学びつつも，日本の現場での観察と分析から「行政」自体についての学問を作り上げる姿勢が必要であろう。その意味で本書では，既成の行政学・政策学を学ぶという以上に，行政と政策の実態について学び，かつ主体的な改善策・改革案の検討を重視したい。

（2）近接学問との連携

　行政学・政策学とも，系譜としては政治学の一分野として生まれ，現在でも最も関係が深い。方法的にも権力の分布状況に注目し，政府の制度配置を土台に展開されるアクター間の交渉から政策過程を分析することが多い。法学と比べると，裁判規範としての法制度ではなく，制度の現実の作動状況に注目する傾向がある。日本では行政学の講座は法学部におかれることが多く，また官僚の専門的背景も法学に傾斜しているが，対象の選択および方法においては政治学により近い。

　他方，行政学の主な対象は官僚制組織の管理運営であり，そのアートへの注目においては経営学とも接点をもつ。行政と経営（business administration）とは，公私の違いはあるが，人員の最適配置や資源の戦略的配分など組織の能率的運営を重視する点で共通しており，実際 W. ウィルソンも，「行政の世界は政治の喧騒から切り離された経営の世界である」と論じている。同時に，大規模組織を扱う行政学は，社会学からも多大な影響を受けてきた。官僚制が内部のインフォーマル集団と，外部の地域社会や対象集団と相互作用を行う中でその性格と政策を形成していく「制度化」過程への注目は，主として社会学から学んだ重要な視点であろう。

　1980年代以降は，「新公共管理」（NPM）の世界的な浸透と並行して，行政学は経済学との接点を広げた。経済学の主な対象は市場を通した財やサービスの生産と消費だが，公共財の提供をめぐって市場と政府の境界が曖昧となり，公共経済学は民営化現象を説明しつつ，その理論的根拠も提供してきた。政府と市場の関係は古いテキストではあまり言及されてこなかったが，近年は重要テーマとなり，市民も「消費者」や「ユーザー」として把握されることが少なくない。

　以上に加え，行政活動が森羅万象に及ぶことから，個別の政策領域に

分け入ると，土木・都市工学・建築学・農学・林学・医学・薬学・社会福祉学・教育学・心理学・会計学など，文理を超えた無数の学問領域が関係してくる。行政学者がそれらに習熟することは困難だし，その必要もないが，公務員の多くがこれらの専門的背景をもって職務を遂行している以上，個別分野を研究する際には専門への一定の理解は不可欠となる。他分野との連携の努力は，素人である市民がどのような意識で行政サービスの提供を受けるのか，また専門知識のない政治家がいかに官僚制をコントロールしうるかという論点にもつながるからである。

（3）行政のプロフェッショナリズム

　こうして，行政学・政策学は近接の学問と連携しつつ，理工系までを含む多様な学問分野と接点をもつ。他方，このことが学問的アイデンティティ，体系性，方法的一貫性においてマイナスになることも否定できない。実際，アメリカ行政学は戦後「同一性の危機」に直面し，政治のもつ公共性・権力性と，経営のもつ効率性・技術性のはざまで進むべき方向を暗中模索していた。そこで参考となるのが，D. ワルドーが提唱した「プロフェッショナル・アプローチ」である。

　英語の「プロフェッション」の語が意味するのは，聖職，法曹，医療分野に代表される確立した専門職業であり，その従事者には長期の知的・実践的訓練と高い倫理観・廉潔性が要求される。だが，プロフェッショナリズムの教育が発達してきたとはいえ，専門職業と呼ぶには行政学は体系化の度合いが弱く，また権力との距離において法曹のような自律性をもちえない。他方，医療の現場を観察すれば，「基礎」においては生物・化学・病理などの専門が混在し，「臨床」においても心理・福祉・社会に関する多様な知識が動員されており，いわば患者の治療という一点に向け諸学の協働が行われている。

いま行政を社会病理の治療ととらえるならば，医学と行政学には共通点が少なくない。ワルドーは，「実際にプロフェッショナルたることなく，厳密な意味でプロフェッショナルになろうという希望や意図さえないまま，あえてプロフェッショナルのごとく行動する」というアイロニーに行政学のアイデンティティを求めようとした。日本の行政学も，格差や孤立といった社会問題の解決という使命を軸に，諸学協働の実践的学問として新たな展開が期待されている。

　こうした現場志向の知識のあり方を，中村雄二郎は「臨床の知」と呼んでいる。すなわち，「普遍性からコスモロジーへ」，「論理性からシンボリズムへ」，「客観性からパフォーマンスへ」のシフトにより，伝統科学からの脱皮を提唱した。これを筆者なりに解釈すれば，状況思考を重視し，個別性・物語性のもつ可能性を信じ，一回きりの決断がもつ責任性を強調するところから，新しい知の組み換えは生じてくる。行政学・政策学には多様なアプローチがあってよいが，この学問が目指す先に，個別の社会病理に向きあう臨床の知があることは疑いない。

3．行政学・政策学のアプローチ

(1) 書斎型と現場型

　上述のように，行政学・政策学はともに新しい学問であり，他のさまざまな専門領域の影響を受けてきたことから，いわば方法的な多元性が特徴となっている。裏返せば，これが必須の分析手法だとか，共通の枠組だといった確立した方法・視座があるわけではない。学部レベルでは，日々のニュースに関心をもち，多元的なソースから多様な見方を学び，課題同士・制度相互の関連に目配りし，歴史的な文脈にも留意しながら自分のテーマを掘り下げてほしい，とアドバイスすることが多い。

ただ，それだけでは指導として無責任になるので，この領域に必要なアプローチを紹介しておきたい。

　まず，主に書物・活字をとおして行政の制度と実態，歴史や事件，概念や理論を把握する方法があり，これを書斎型アプローチと呼ぶことができる。現実の行政について理解を深めるためには，テキスト類は早々に通読して脇に置き，興味のある行政分野の土台となる法令，政府の方針や計画，国会の議事録や判決，それらに関する報道や論評を新聞等で知ることが基本となろう。ただし順序としては，まずニュースで興味をもち，そこから背後にある制度を調べることが多いかもしれない。行政の基本枠組は内閣法や国家公務員法などに規定され，最近の制度改革や政策の動向は各省の年次報告が要約している。『公務員白書』などは給与決定のしくみや女性登用の国際比較を特集しており，参考になろう。個別の政策課題について書かれた研究書や論文を読むこともむろん重要であり，理解の深化には不可欠である。

　例として，最近話題になった医薬品のインターネット販売問題をとり上げると，基本となる制度は薬事法および同法施行規則（厚生労働省令）である。法律自体はネット販売を禁じていなかったが，省令で副作用の恐れのある第一・第二類医薬品の対面販売を義務づけていたため，ネット通販会社が国を提訴し，2013年1月に最高裁が同省令を違法とする判決を下した。敗訴した国は薬事法と省令を改正するが，この前後には多くの記事や論考が書かれ，国会でも熱い議論が戦わされた。論点は薬のネット販売の是非のほか，行政立法，規制緩和，政官業の癒着などであり，問題が「争点化」することで検証に必要なデータ・記事・論考が急増し，研究の助けとなる。裏返すと，争点化しない政策課題や分野では十分な資料が得られない可能性があり，論文やリポートのテーマ選定時の留意点となろう。

ところで，現代はテレビやネット上の映像など活字以外の情報が増え，影響力でも活字を凌駕しつつある。続いて述べる現場での観察に代わるものとしても，その効果は大きい。だが，行政活動の根拠が法令や計画などの文書であり，分析のための道具もまずは言葉・概念である以上，活字をとおして行われる知識の吸収と理解の深化は今なお研究活動の基本である。英国の大学では，"What do you read？"という質問は，「何を研究していますか」という意味であり，また教授昇進前のポストも「リーダー」と呼ばれる。保守的に聞こえるかもしれないが，活字を中心とする書斎型アプローチの重要性は現在も不変である。

次に，行政活動の現場での観察と参与を強調する方法があり，これを現場型アプローチと呼ぶことができる。では，「現場」とは何か。ゴミ問題を中心に生涯「現場」重視の研究姿勢を貫いた寄本勝美は，「自治の現場とは，ごみの収集や処理の作業現場，職員が作業の改善や事業の発展を求めて勉強したり話し合いをしている現場，清掃工場の建設計画に反対している住民運動の現場，あるいは陳情・請願を受けて審議を始めた議会活動の現場，といった意味である」と述べている。ここには公務員の活動だけでなく，民間の委託業者や住民や議員の活動も含まれており，公務員と政治家，行政と市民社会とのインターフェースの諸相が濃厚であることに気づく。寄本はまた，「現場の思想」とは純粋科学の単純化，集権化，官僚主義化へのアンチテーゼだとも述べており，現場重視は一つの規範的立場とも重なっている。

先の薬のネット販売問題についていえば，厚生労働省の現場である医薬食品局の有識者会議にアプローチすることは困難かもしれない。だが，薬局での対面販売やネットの画面という「現場」の経験をとおして，この問題を考えることは誰にでもできる。経験に多少想像力を働かせるならば，雪国の高齢者や障碍者のニーズ一つをとっても，この規制

の問題点が見えてくる。さらに海外ではこうした規制はなく，例えば英国国営医療（NHS）の処方サイトから，どのように専門的アドバイスとリスク回避策がとられているかを知れば，薬事行政におけるサービスの改善という視点に行き着くであろう。

　現場型アプローチは，冒頭に述べた「主体性」や「実践」の視点と密接に関係している。また，医療でいう「基礎」と「臨床」のバランスとも重なる。行政も政策も，抽象的な理念や方針を社会に浸透させていく営みであり，その効果を確認するためには自治体やコミュニティの「現場」へと踏み込んでいく必要がある。とはいえ，その先にいるのは一人一人の市民であり，あえてごみ焼却場や病院に赴かなくても，生活者としてサービスの質や規制や無駄の存在に気づく感性が，現場での観察と理解の有力な助けとなるに違いない。

　米国の公共政策大学院では，多くの時間をケースメソッドに費やす。学生は多数のケースに触れることで，現実の込み入った事件に直面させられる。ケースは単に把握すればよいのではなく，しばしば「君が担当者ならどうするか」と迫られる。単一の答えを覚えるのではなく，より妥当な解に向けて共に考え，議論する姿勢が鍛えられる。実はそうした議論と説得の過程こそ行政組織の現場であり，教室は現実世界になる一方，キャンパスの外の現場も教室となる。日本でも徐々にこうした学習が浸透し，行政官のメモアールや内幕物も多数出版されている。その意味でも，書斎型・現場型アプローチの相互乗り入れが進行中である。

（2）比較によるアプローチ

　以上のアプローチに加え，やや次元が異なるが，広義の比較という方法をとり上げたい。自然科学と異なり，社会科学では実験が困難であり，倫理的な問題もあって「ラボ」に相当する場が制度化していない。

半面,自然科学にはない多様な条件下の現象を比較することにより,理論の精度を高めようとする独自の方法が開発されてきた。条件純化による実験が可能な科学には,「比較物理学」といった分野がない一方,法則性や一般理論の追求に限界をもつ社会科学には,比較行政,比較政策研究といった方法によっていくつもの類型論が成立している。

　比較の対象・方法は多様である。具体的には事例同士の照らし合わせ,複数の国や自治体相互の対照,過去のデータと現在の状況の比較などをとおして初めて社会科学は成り立つ。書斎型がトップダウン的だとすると,現場型の研究はボトムアップ的であり,比較は両者を架橋するアプローチといってよい。C. フッドによれば,行政比較の次元として,国別の比較,時代別の比較,政策領域別の比較がある。比較は通常,相互の「違い」に注目すると考えがちだが,時代の「変化」,あるいは「共通点」の抽出も重要な要素である。政策領域の比較は,そもそも英国の行政,日本の行政といった一般化を拒む複雑さが行政にはあるという認識に基づく。実際,行政活動は森羅万象に及び,個別の領域には特有の傾向やパタンが観察される。

　ここで,比較の目的についても簡単に確認しておきたい。日本における比較研究の原点は「モデル探求」にあった。明治維新以降,国家の近代化と欧米へのキャッチアップが課題だった日本では,西欧の「進んだ」文明と制度をモデルとし,自国の「遅れた」文明,「劣った」制度の改革が課題とされた。戦後もこの伝統は持続し,研究者だけでなく行政官もモデル探求型の外国研究に従事してきた。とはいえ,行政学のパイオニアとされる W. ウィルソンの「行政の研究」も,欧州の能率的な官僚制度を米国に導入しようという意図で書かれており,実践的意図に基づく比較は日本に特有なものではない。

　しかし,日本は先進国の仲間入りをして久しく,近年の日本の行政学

者による比較研究の動機の一つは，むしろ日本の行政に対するより深い理解だと考えられる。実際，比較の視座から行われる日本という「一国理解の深化」は近年蓄積を増しており，日本の議院内閣制や公務員制の特徴が次々と明らかにされてきた。そのことと並行して，一部にはより普遍的な理論の構築を志向したものもある。それは，自然科学にみられる普遍的な法則の発見ではなく，条件複合の下で個別現象の理解を助けるより精緻な類型論の開発だといってよい。そこで本章の最後に，「文化理論」に基づく比較研究を紹介しておきたい。

（3）「文化理論」による比較の視座

　比較行政研究の歴史は浅くはないが，新しい潮流として英国の文化人類学者M．ダグラスが提唱した「文化理論」に基づく4類型がある。これをA．ウィルダフスキーやC．フッドなどの行政学者が発展させ，国・時代・政策領域の比較分析に用いてきた。

　そのエッセンスは次のようなものである。ダグラスによれば，社会や集団の性格を規定する基本要素は，「グリッド」（性別・職業・出自等による区別とそれに基づく一般的ルール・共通規範）の強弱と，「グループ」（集団圧力）の強弱に大別される。両者の違いは，「グリッド」が状況やその時々の人間関係とは無関係に適用される共通の規範であるのに対し，「グループ」は時間と共に形成される集団の中で，相互の交渉や人間関係により行動が影響を受ける点で異なる。これら2軸の交差から，図1-1にあるような，ヒエラルヒー型，共同体型，個人主義型，運命論型の4つのタイプが提示される。これらは広く人々の生活様式（way of life）のタイプとされるが，リスクへの適応パタンを基礎にしていることから，「リスクの文化理論」とも呼ばれている。

　ここで各パタンについて説明すれば，①「ヒエラルヒー型」は，一般

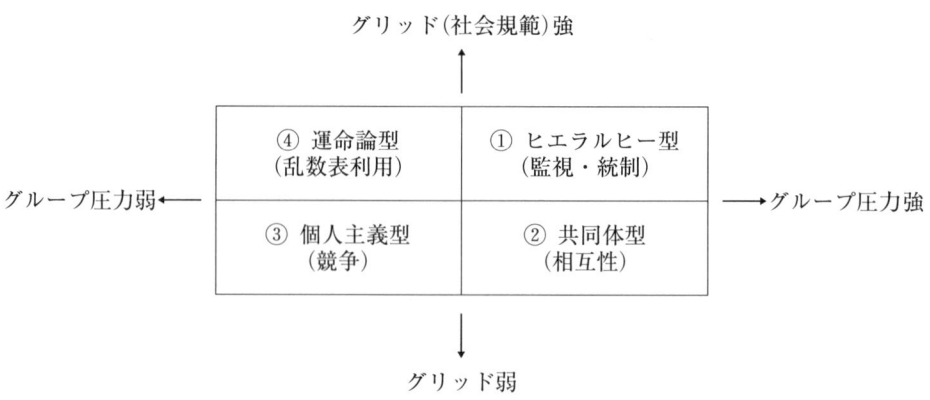

図1-1　文化理論による行政の4パタン

的ルールによる規制も集団圧力も強いタイプで，軍隊組織がその典型であり，上からの「監視」が有効な統制手段となる。②「共同体型」は，一般的ルールによる規制は弱いが集団圧力が強いタイプで，「一家主義」をとる日本の伝統的な官庁組織などが典型であり，そこでは「相互性」（mutuality）が有力な統制手段となる。③「個人主義型」は，一般的ルール，集団圧力とも弱い自由なタイプで，米国の企業組織などが典型であり，「競争」が有力な統制（秩序維持）の手段となる。④「運命論型」（fatalist）は，一般的ルールは強いが，集団圧力が弱いタイプで，インドのカースト社会などがその典型であり，そこでの統制手段は一種の「乱数表（ランダムネス）利用」，ないしくじ引き的な諦観（ハズレは運だから仕方がないという心情）を人為的につくり出すことである。

　この4類型はいわば純粋型（prototype）であり，現実の社会・集団は混合型（hybrid　type）である。混合型とは2つのタイプの組合せだけでなく，3タイプ，さらに全4タイプの混合型も考えられ，理論上13の混合形が想定される。重要なことは，社会の構成原理やリスクへの適

応パタンは，突きつめれば4タイプのいずれかに基礎をもつということであり，しかしどんな社会にも局面の違いによってさまざまなタイプが混合しているということである。例えていえば，味の原理は辛味，甘味，酸味，苦味の4種とされるが，実際の料理は多様な混合形であり，それが各国文化の個性になっているようなものである。なお，「文化」という言葉を使ってはいるものの，そのパタンは決して不変ではない。「相互性」が顕著にみられる日本の行政文化といえども，パーツとしての「制度」で構成され，個々の制度の修正や組み換えにより全体の行政パタンもダイナミックに変容する。

さて，この比較研究の特徴は次の3点に要約しうる。まず，文化とは多様なリスクに対する適応の仕方と密接に関係しており，テロや自然災害などのリスクに際して，①のパタンでは強いリーダーシップの発揮，②のパタンでは全員の協力による対処，③のパタンでは自助努力を基本にした競争，④のパタンでは成り行き任せの受動性，といった対応の違いが抽出しうる。

第2に，単一の文化的パタンになじんでいると，固定観念で他の方法に思いつかないことが多いが，文化理論は異なる対応のパタンが選択肢として存在していることを提示する。日本の行政は，稟議制・ハンコ行政に象徴されるように，②の相互性に基づく共同体的な傾向が強いが，改革の方向として，①内閣機能の強化，③民営化による競争原理の導入などは，明らかに別種のパタンとの交配を意味する。そこでの理論は現実の説明を超えて，制度設計の際の思考枠組を提供する。

第3に，文化理論の視点は，特殊だと考えられがちな日本の行政の諸制度を相対化し，新たな視点から把握し直す契機となろう。同僚の評価（ピアレビュー）を基本とする日本の官庁人事は，意外にも「ホワイトホール村」と呼ばれる英国と似ている一方，短命の内閣は先進国の中で

際立つ。相互性の支配を補完するヒエラルヒー文化の育成を制度の次元でいかに実現しうるか，遺伝子操作にも似た社会工学的な設計力が求められている。なお，④の運命論型は最も利用されていないパタンだと言われる。震災や津波の被災者が抱く諦観の心情には，地震国日本に固有の文化的要素があり，それは静かな協力の秩序や，武士道にも通じる献身の精神の基礎にもなりうる。文化理論は，人類がまだ十分に開発していない公共管理の手法の存在を示唆しているようでもある。

以上，行政学・政策学を学ぶ際の基本的な視座と方法について説明してきた。概念と実践の結合，基礎研究と臨床の連携，書斎と現場の往復運動はぜひ各自で試みてほしい。

引用・参考文献

川崎信文「比較行政学（先進国）」西尾勝・村松岐夫編『講座行政学』第1巻，有斐閣，1994

D. R. キンダー著，加藤秀治郎・加藤祐子訳『世論の政治心理学』世界思想社，2004

B. クリック著，添谷育志・金田耕一訳『現代政治学入門』講談社学術文庫，2003

高木仁三郎『原発事故はなぜくりかえすのか』岩波新書，2000

野矢茂樹「論理を行為する――疑いと探究」小林康夫・船曳建夫編『知の論理』東京大学出版会，1995

中村雄二郎『臨床の知とは何か』岩波新書，1992

西尾隆「公務員制とプロフェッショナリズム」『公務研究』第1号，良書普及会，1998

西尾勝『行政学』(新版) 有斐閣，2001

C. Hood, O. James, B. G. Peters, C. Scott ed., *Controlling Modern Government : variety, commonality and change*, Edward Elgar, UK, 2004

松下圭一『政策型思考と政治』東京大学出版会，1991

寄本勝美『自治の現場と「参加」－住民協働の地方自治』学陽書房，1989

2 | 行政の発達とガバナンス

西尾　隆

《目標＆ポイント》 今日「行政」と呼ばれる営みは，人間社会にとってなぜ必要とされ，歴史的にどのような発達を遂げてきたのか。その本質を基本に立ち返って考え，公共管理の機能的分化と近年の再編の中で，「行政」「ガバナンス」「政府」など基本概念を立体的に把握する。
《キーワード》 公共管理，行政国家，POSDCORB，政府・市場・市民社会，新公共管理（NPM），ガバナンス，自我としての政府

1．行政の発達と機能類型

　この章では政府機能の発達を跡づけつつ，行政が政府の他の諸機能からどう分化し，その後どう再編されてきたのかをふり返る。その上で「行政」「ガバナンス」「政府」のコンセプトについて整理を行い，歴史的文脈の中で最近の行政改革の意味を考えたい。近代国家以前の段階では統治という活動は未分化であり，権力分立の考え方も確立していなかった。そこで以下，行政を広く「公共管理」(public management) もしくは「公共の問題解決」ととらえて説明していくことにする。

（1）文明史の中の行政

　ヒトは誕生から自立するまで長い年月を要することから，家族や血縁集団の協力，部族社会の形成が種の存続のために不可欠である。数百人規模の比較的平等な集落でも，家畜を放牧する牧草地の利用について一

定の規制を行わないと，G. ハーディンが「コモンズ（共有地）の悲劇」と呼んだような公共財の荒廃がおこる。これを防ぐためゲートのついた柵の設置や，土地の利用制限に関する共通のルールが必要となり，ゲートを開閉する責任者は役人の原初の姿ともいえよう。社会の規模がさらに拡大すると，役割分担と階層分化が進み，地域的な違いも生じてくる。集団間の紛争を処理し，全体の秩序を維持するためにエリート層が形成されると集権化が進む。

　進化生物学者のJ. ダイアモンドは，1万年あまりの人類の歴史を鉄器・銃の発明，農耕技術の開発，感染症の広がりとその制圧といったユニークな視点から描く一方，政治というソフトな技術にも注目している。数千人規模の首長社会になると，支配層は，(1) 武装するか，(2) 集めた富を人々に再配分して人気をとるか，(3) 独占的権力で公共の秩序を維持するか，あるいは (4) 宗教かイデオロギーで支配層の存在と行為を正当化する必要が生じ，それらの方策が組み合わさって国家の段階へ進化していくと見る。4番目の宗教とイデオロギーは，血縁に基づかない他人同士の共通の絆となり，他者のための自己犠牲的な行為を促す一方，武力による抑圧や征服を助長することになる。

　これら公共管理の技術をダイアモンドは「政治」と総称するが，そこには軍事・警察・再分配・意思決定・象徴操作など，さまざまな機能が含まれることがわかる。また集団の内外の紛争解決が社会存続の条件であることからいえば，現代の日本人が縁遠いと思いがちな「司法」（権威ある人・機関による仲裁）も政治の重要な一要素である。血縁集団から国家への社会の拡大過程は，広く「政治」として理解される統合機能の分化の道程であり，現代行政学が扱う行政の諸活動もその中で徐々に具体的な形を現してきた。歴史上も現在も，好戦的な時代・国がある一方で平和志向の時代・国もあり，どの機能が他の機能より重要かは時と場

所によって異なる。しかし近代国家の歴史をふり返ると，次のように一定のパタンを見出すことができよう。

（2）公共管理の機能類型

M．ウェーバーが政治の本質を合法的な暴力に見出したように，軍事と警察は統治の基本機能である。平和主義に立つ日本でも，自衛のための最低限の兵力を必要としている。国家間の平和を維持するための外交とても，しばしば軍事力に条件づけられ，司法が有効に働くためにも強制力という背景は欠かせない。歴史的には，軍・警察・裁判等を含む統治の諸機能は王によって独占されてきた。近代国家では，このうち規範定立と課税承認の権限が議会の制度化という形で分離し，民主化の流れが形づくられる。

19世紀までの政治学は，こうした外交・安全保障・意思決定・立法などに注目し，これらの領域は「ハイポリティックス」(高等政治) と呼ばれた。その意味するところは，国家の秩序とアイデンティティの保持，すなわち「体制管理」であり，その他の経済活動や市民生活への関与は「ローポリティックス」(実務政治) と呼ばれ，本格的な研究の対象とされることは少なかった。

この体制管理機能の維持・強化には重い課税や徴兵が不可避であり，行政は強制的かつ抑圧的な性格を帯びる。E．バーカーは，18世紀以降の英仏独における行政の核心を常備軍の建設と徴税制度の発達に見たが，明治期の日本も例外ではなく，政府は富国強兵策のために人々の富と労働力を強制によって動員せざるを得なかった。もっとも，この抑圧性は政府の邪悪な意図というよりも，当時の行政資源の希少さに由来する自然な現象とみるべきであろう。

これに続いて近代国家に期待された機能は，重商主義・重農主義思想

に基づく「生産管理」であった。これは富国強兵とその財源確保のために必要な殖産興業政策にほかならず，ドイツで発達した官房学（財政や経済政策などにかかわる統治の学）はこの路線に沿ったものである。生産管理は高等政治よりも下位の実務政治に位置づけられがちだが，道路・鉄道・港湾などの整備には軍事目的と経済目的が混在しており，両者の区別はあくまで相対的なものである。ただし，体制管理の多くが政府中心の公共財の提供であるのに対し，生産管理は民間企業の生産活動に対する側面支援にとどまっていた。

　この生産管理に関しては，国や時代により二つの路線に分かれる。一つは政府が経済活動に積極的に介入し，工業化と資本主義経済の発達を促すもので，その路線は「積極国家」とも呼ばれる。ドイツは近代化に遅れをとったことからこの路線を選択しており，日本も明治期に富岡製糸場や各地の紡績所などの官営工場を設立し，行政主導で工業化を図った。もう一方はレッセフェール（自由放任）思想に基づき，政府は民間の経済活動に深く介入せず，市場経済が機能するよう最低限の秩序維持のみを行うという「夜警国家」の路線である。米国は建国以来，少なくとも世界恐慌への対応としてニューディール政策を展開する1930年代初頭までは，この路線を進んできた。

　近代化と工業化は必然的に職業の多様化と人口の集中を促し，都市化の進展は「生活管理」の比重を高める。農村型社会では人々は衣食住の多くを自然に依存していたが，20世紀の都市型社会では生活のすみずみまで人工システムが浸透し，公共の施設とサービスなくしては一日たりとも生きていけない状況を生む。水・食料からごみ処理・育児・交通に至るまで，都市の施設とシステムが市民生活に重大な影響力をもつようになる。そのことは，震災後の人々の避難生活を想像すれば容易に理解できよう。現代の社会は常に変化し，新たな課題を生み，政府のみなら

ず市民自身も知恵と力を集めて不断に問題解決を図る必要がある。ルールの決定・実施においても市民の参加と協働の領域が拡大し，行政の応答性がより強く求められるようになった。

　こうして社会管理機能の重心は，政府が中心となる体制管理から次第に民間が中心となる生産管理に，やがて市民を中心とした生活管理にシフトしてきた。それは体制の違いを超え，あらゆる国に共通する歴史の潮流となり，必然的に政府機能の拡大をもたらす。この新しい状況は，立法・司法との相対関係において行政機能がより拡大強化されてきたという意味で「行政国家」と呼ばれる。同時に，この現象は抑圧からサービス提供に比重を移したという意味では「職能（サービス）国家」と呼ばれ，政府が国民生活全般に責任を負うという意味では「福祉国家」とも呼ばれるようになった。

（3）行政機能の拡大と内部管理

　近代化・工業化・都市化の流れは，行政機能の量的拡大と質的な高度化をもたらし，そのことが官僚組織の運営に新たな課題を生むことになった。それは，直接人々に公共サービスを提供しない内部管理業務の増加である。具体的には，職員を扱う人事管理，定員や機構を扱う組織管理，予算と税財政に関する財務管理，その他無数の調整業務があり，オーバーヘッド部門と呼ばれることもある。

　なかでも人事行政は一見内部管理に過ぎないように見えるが，数十万から百万単位の公務員をいかに採用・育成し，政府の各部門に適切な人材を配置するかは，行政全体のパフォーマンスに直接影響する。経営学では工場での作業能率を高めるために，休憩時間のとり方や給与の支払い方法について「科学的管理法」が開発されたのに対し，行政学の場合，政治との関係が主要な論点とされてきた。すなわち，選挙や政権交

代などの影響を受けにくい合理的で能率的な公務員制度の確立こそ，19世紀後半以降くり返し議論された各国の政治課題であった。

　日本でも，近代化推進のために最優先された課題の一つが明治 20 年代の官吏制度の形成であった。人事行政の組織はいくつか変遷を経てきたが，戦後は独立性の高い人事院が採用試験や給与などの公務員行政を担当し，各省レベルでは大臣官房が実際の人事管理を担ってきた。人事のシステムは行政の基盤制度とも言われ，改革においても判断を誤ると長期にわたり職員の士気に影響することから，拙速で党派的なシステム変更が許されない制度というべきだろう。

　また，財務管理はそれ自体が国民への直接サービスではないが，限られた財源の適正かつ効率的な配分を担うという意味でも，また行政各部を舵取りするという意味でも，きわめて重要な分野である。予算編成を担当する財務省主計局は，官僚制内でも高い影響力と威信を保持してきた。一方，行政資源の調達に相当する徴税業務も，財政規模の拡大と税制の複雑化とともに業務量と職員数の増大をみている（昭和初期の税務署職員数は 1 万弱だったが，戦後は一時 7 万にまで急増し，2014 年度の国税庁および全国税務署の職員数は 5 万 6 千である）。

　長らく「小さな政府」を目指してきた米国では，河川開発などのニューディール政策を機に連邦政府の規模が拡大し，管理業務も拡充した。1939 年に設置された大統領府はその制度的な結実であるが，この提案に参画した行政学者の L. H. ギューリックは管理機能の諸項目を"POSDCORB" という言葉で表現した。これは，計画（planning），組織（organizing），人事（staffing），指揮命令（directing），調整（coordinating），報告（reporting），予算（budgeting）の頭文字をとった造語である。行政学者の主たる関心は体制管理，生産管理，生活管理といった社会に対する実際の公共管理機能よりも，むしろこれら内部管理

に向けられていたのである。

　以上のように，19世紀後半以降の行政機能の拡大傾向を受け，内部管理の重要性に対する認識が高まった。ところが管理機能を担う組織の制度化が進むと，異なる次元からの介入が必要となる。これが1980年代以降の「NPM改革」であり，3節でとり上げることにしたい。

2．「行政」のコンセプト再考

　ここまで，行政をひとまず公共管理と理解してその歴史をふり返ってきた。だが，「行政とは何か」という問いに的確に答えることは簡単ではなく，また1章で述べたように，厳密な概念定義が生産的ともいえない。むしろ行政と境界を接し，一部が重なり合う政治・立法・司法・市場などとの関係からその理解を深め，立体的な把握に努めることが肝要であろう。そこで行政を扱う複数の学問分野の議論を参考にしつつ，行政のコンセプトを再考することにしたい。

（1）三権分立と法学的理解

　まず，「行政とは法律の執行である」という説明がある。日本では小学校から三権分立の考え方が教えられ，法律を制定する立法，法律を執行する行政，法律を適用する司法という対比が染みついている。教科書では行政の主体は「内閣」とされ，これは「行政権は，内閣に属する」という憲法65条の規定によるが，あくまでそれは国（中央政府）の行政という意味であり，自治体（地方政府）の存在を忘れてはならない。また，内閣は行政そのものというよりその頂点に位置する機関であり，通常は「執政部」(executive branch) と呼ばれている。

　この見方の典型は行政法学であり，次のような概念規定を行ってい

る。すなわち，「近代的行政とは，法のもとに法の規制を受けながら，現実的具体的に国家目的の積極的実現をめざして行われる全体として統一性をもった継続的な形成的国家活動」と田中二郎は定義する。この説明は積極説と呼ばれるが，むしろ消極的に，行政とは「国家作用から立法および司法（刑事と民事の作用）を差し引いた残余」とみる研究者も多い。いずれも三権分立の原理を前提にした説明であるが，一見何も語っていないような消極説が有力であることの背景には，次のような歴史的・現実的な事情がかかわっていた。

　鵜飼信成によれば，国家作用の各部分はその抽象度により上下の段階的階層をなしており，法規範の定立（立法）とその執行（行政）の区別は相対的なものでしかない。確かにJ.ロックが指摘するように，法は「富者にも貧者にも，宮廷の寵児にも農村の百姓にも」同様に適用されるほど抽象的・一般的でなければならない。しかし，実際には〇〇省設置法や日本銀行法のように個別機関について規定する法律もある。他方，現代では行政が委任立法と呼ばれる実質的な規範定立行為を行う場合も少なくない。1章で触れた，一部医薬品の対面販売を義務づける省令などはその一例である。立法と行政の区別とは，歴史的にみて，絶対制的権力の恣意性を制限するために，国家作用のどの段階に民主的議会を関与させることが適当かという判断からなされた，すぐれて組織的・制度的なものなのである。

　一方，司法と行政の違いについても，西欧で議会制度が確立して以降，法の下に行われる国家作用という点では，原理的・本質的な差異は認められない。例えばヨーロッパ大陸で発達した行政裁判所は司法ではなく，行政作用の一部ととらえられる。司法とは結局のところ，独立の機関において，身分保障をされた裁判官により中立的な司法手続を経て紛争を解決する作用なのであり，行政と司法を区別する唯一の指標は組

織的なものだということになる。

　上述の消去説は，権力の恣意的行使に対する民主的勢力による対抗運動として議会がまず分離・独立し，次いで民事・刑事の機能を専門的に扱う裁判所の独立性が認められてきた歴史的経緯に対応しており，「行政」自体は依然特定の機能をもって定義しえない雑居性を有している。実際「三権」の分立制とても，重要ではあるが唯一絶対の区分ではない。独立性の高い会計検査院やオンブズマン制度，さらに地方分権なども，強大な行政権を抑制すべく，市民勢力が民主化の運動をとおして形成してきた権力分割の成果とみることができよう。

（2） 政策過程と政治学的視点

　次に，政治学では法よりも政策とその過程に注目する。政治学のごく素朴な理解では，政治を「政策の決定」と見，行政を「政策の実施」としてとらえる。法律は公共政策の主な表示形式であるが，予算や計画，内閣の方針や首相の演説など，政策の内容を示す制度や言説は少なくない。政治学ではこれらを政府の「意思」ととらえ，意思決定へのプロセスと，決定された意思の実現プロセスとを区分して，政治と行政を理解する。ここで「意思決定」(decision making) という場合，比較的短時間に行われる政治家の決断や閣議決定などを意味することが多いが，社会問題が争点化し，時間をかけて政策に練り上げられていく過程は「政策形成」(policy formation) と呼ばれる。後者の過程では，行政機関が立案作業により深く関与すると言ってよい。

　ところで，意思決定が政治のすべてというわけではない。岡義達によれば，こうした「政策」(policy) イメージは政治に関する最も素朴なものであるが，それ以外に「権力」(power) および「技術」(art) のイメージがある。その際，「政策」は価値実現にとってプラスであるのに

対し，「権力」は闘争との連想でマイナスのイメージをもち，「技術」はその両方に仕えることができるという意味で中立的だといえる。ギリシア・ローマ時代からの歴史をもつ政治学は，政策・権力・技術のそれぞれについて考察を重ねてきたが，政策の立案や実施過程を扱う行政の研究は比較的最近のことである。その場合，行政は中立的な「技術」の体系として把握されることが少なくない。

　以上は，機能からみた政治と行政の区別であるが，制度面から光を当てると，これとは異なる関係がみえてくる。政治と行政の間に横たわる最も重要な制度的区分とは，選挙にほかならない。政治を担う主体とは公選の国会議員・閣僚・自治体の首長・地方議員などであり，行政を行う主体は競争試験で選ばれた職業公務員である。選挙とは，異なる政治的主張や対立する政策の中から，人であれ政党であれ，市民に選択させるしくみであるため，党派性や闘争性を免れない。他方，行政職員は専門能力と中立的な技能によって選任され，政治の意思を効率的に具体化することがその任務となる。

　この原理を制度的にどのように設計するかについては，議院内閣制と大統領制の違いをはじめ無数の選択肢があり，社会工学的な議論が必要となる。これについては後の章で扱うことにしたい。

(3) 市場・政府の関係と経済学的視点

　3番目に，経済学では財・サービスの生産と分配の大半を担う私企業（民間セクター）に注目し，あくまで自由な「市場」の補完として「政府」(公共セクター) をとらえてきた。しかし，アダム・スミスのいう「見えざる手」による自動調節機能が万能でなく，独占・寡占あるいは公害などの「市場の失敗」が明らかになると，政府（国および自治体）による規制への期待が高まり，かつ公教育など公共財へのニーズも増大

した。こうして，混合経済の下で市場と政府の関係に焦点を当てる公共経済学の分野が成立する。

　J．スティグリッツは民間と異なる政府の特徴を，その主体が選挙で選ばれるか，選ばれた者に任命されること，および強制力をもつことに求めている。経済学では，政治と行政，政治家と行政官の区別を行うことは稀で，それらをあわせて「政府」ないし「公共セクター」と表現する。とはいえ，公共財の供給主体とは実際には行政であることが多い。一方，灯台や国防のような純粋公共財もあるが，公共交通や病院など，民間と政府との中間的な形態による準公共財も少なくない。

　近年の変化として重要な点は，1980年代以降，行政の無駄や非効率，過度の規制に基づく民間活力の阻害といった「政府の失敗」が目立つようになり，民営化や外部化，規制緩和，評価に基づく行政活動のスリム化が進んだことである。これらの改革は「新公共管理」(New Public Management, NPM) と呼ばれ，主に英米圏でおこったが，現在では途上国を含め世界各国に浸透している。市場との関係では，政府の活動である行政はその守備範囲を伸縮させてきたと言えよう。

(4) 行政学のみる「行政」概念

　以上のように，各学問分野の関心によって行政に対する理解はかなり異なる。では，行政学はどのように「行政」を理解してきたのだろうか。辻清明は，行政とは「公政策を実現するための行動または過程であり，体系的な組織を通じて日常の政府活動をおこなう公務員の集団的作業である」と説明している。本書でもほぼそれにならい，狭義の行政を，「公務員による公的かつ組織的な活動」ととらえておきたい。日米とも，多くのテキストが厳密な定義をしないまま議論を始めているが，共通するのは活動の中心主体を非公選の公務員ととらえ，かつ官僚制と

いう大規模組織の日常活動に注目している点である。この定義に関しては，以下の注釈をつけておきたい。

まず，この定義は機能ではなく主体に，原理よりも制度に注目した説明である。現実の行政は実質的な立法や準司法的な作用も含むとともに，この語が「政治を行う」と読めるように，政策形成や外交交渉など政治的な活動にも及ぶ。次に「公的」とは，公務員にも私人としての生活があるので，それは除外するという程度の意味である。とはいえ，公務中であれ公務外であれ，職員と市民との公式・非公式の対話，人々の自発的な協力による秩序形成という意味での「公共的」な活動は行政活動の外延に含めたい。行政とは無数の行為の単なる束ではなく，問題解決に向けた一連の有機的プロセスであり，公務員の活動には市民社会との協働領域も含まれる。第3に「組織的」とは，大量の業務を能率的に処理するために設計された大規模組織の活動を意味しており，官僚制が生む固有の課題が焦点となる。

以上のように「行政」概念を理解した上で，以下「ガバナンス」および「政府」の概念について見ていきたい。

3.「ガバナンス」と「政府」

(1) 新公共管理とガバナンス

1節では，古代から現代までの人類の歴史から公共管理（行政）の変化を俯瞰した。本節では近年の重要な変化に注目し，それで使われる「ガバナンス」と「政府」の語について考えることにしたい。

1980年前後から各国の行政は改革の時代に入り，その潮流は現在まで持続している。その中の大きな流れに民営化・外部化があり，日本でも第2次臨時行政調査会（第2臨調）により国鉄・電電公社・専売公社

の民営化が断行され，その後も郵政事業が段階的に民営化されてきた。3公社は民営化以前から公企業と位置づけられていたが，郵政事業は長らく国の直営だったため，2006年の民営化により30万近い職員が一夜にして非公務員化されている。一方，外部化（アウトソーシング）とは公務の一部外注化・外部委託を指し，企画立案と実施の分離を目指すものである。英国では，パスポート発行業務や刑務所の管理運営などを一括して独立性の高いエージェンシー（外庁）に委託した。その際，職員の身分は当面公務員にとどまるが，一部の刑務所のように民営化へのステップとなったケースもある。

　こうした改革の多くは効率化とサービスの改善を目的としており，競争原理とビジネスの文化を公務に導入することになった。国鉄改革に見られたようにその効果は時に劇的であるが，他面JR北海道などは慢性的赤字体質のため十分な安全確保ができず，事故が多発しており，民営化の副作用にも留意すべきである。また民営化・外部化と並行して，評価活動の重要性が認識され，業績や達成度の評価に基づく事業のスクラップ・縮小・再編も進められてきた。評価制度の導入は地方が先行するが，国レベルでも中央省庁等改革の一環として2002年に政策評価法が施行されている。その延長上で市場化テストが導入され，公共サービス全般が民間との競争にさらされるようになった。これら「新公共管理」（NPM）と総称される改革については，公共サービス提供主体の拡大とその社会的次元に注目して，「ガバメントからガバナンスへ」とも表現されている。

　民営化・外部化は主として行政と企業の関係に関するものだが，行政と市民社会の関係にも大きな変化がみられた。日本では阪神淡路大震災後にボランティアによる救援や復興支援に注目が集まり，1998年の特定非営利活動促進法（NPO法）制定への契機となった。欧米では伝統的

に教会やコミュニティが教育や福祉サービスを提供してきており，日本でも戦前から町内会などの地縁組織が行政の下請け的な業務を担ってきた。だが，近年のNPO・NGOは地縁的というより機能的な性格をもつ。そして行政では十分に手が届かない障碍者・外国人・ホームレスなどへのきめ細かなサービスを提供するケースが増えてきた。こうして，企業を中心とする民間セクターに加え，市民セクターも「ガバナンス」の重要な主体になっているのである。

(2)「ガバナンス」の概念

D. F. ケトルの整理によれば，「ガバナンス」とは政府とその周囲の環境との関係変化，社会の中での政府の役割変化，とくにサイズの縮小傾向に注目した概念とされ，厳しい資源不足の中で，増大する社会的ニーズに対応しようとする新たな試みと要約しうる。1950年に「行政理論は政治の理論である」と論じたJ. ガウスの言葉を引きながら，ケトルは「現代の行政理論はガバナンスの理論である」と述べている。日本では「統治」や「協治」などと訳されるが，そのままカタカナ表記で使われることも多い。ただし，「ガバナンスを効かせる」，「ガバナンスが弱い」といった表現は，組織の統制というほどの意味であり，マネジメントと言っても差し支えない。

図2-1は，「ガバナンス」のイメージ化のために，①公共セクター（政府），②民間セクター（企業），および③市民セクター（NPOなど）の関係を図示したものである。また，①と②が重なり合う（a）には公企業やエージェンシー，①と③が重なり合う（b）には子育て支援や自殺対策のNPO，②と③が重なり合う（c）には企業の市民活動支援などが位置づけられ，こうした想定で3者の関係は概ね理解できよう。3つの円がすべて重なる部分の例としては，企業が中心となって設立された

地雷除去支援のNPOなどがあげられよう。重なりのない円の部分は，それぞれ政府固有の公権力の行使，企業の純粋な営利活動，趣味のサークルなどの市民活動を指している。

こうしてみると，①の公共セクターには，政府以外の主体が2方向から入り込んでガバナンスを構成しており，政府固有の白い扇型の部分は縮小してきたとも考えられる。また，円の境界線は実際にはかなり滲んでおり，3つのセクターを明確に区分するのは困難である。例えば，ある企業の職員は仕事を離れれば一市民であり，非常勤公務員として地元自治体の消防団に属し，かつ国際NGOに参加しているかもしれない。ガバナンスの概念は自治体レベル，国際レベルでも同様のロジックで成立しうる。その3つの層，3つのセクターが織りなす有機的ネットワークの中で，ガバナンスはさまざまな公共課題の解決を担っているのである。

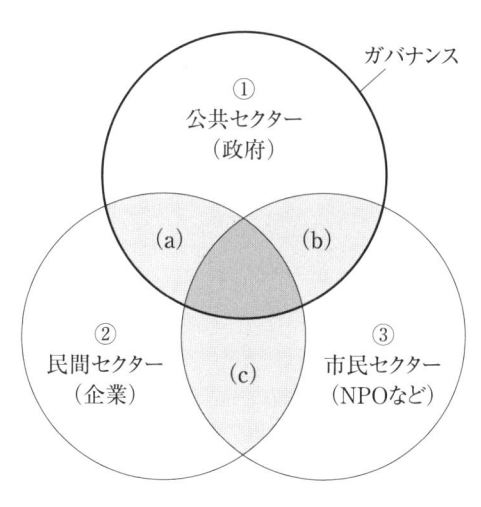

図 2-1　ガバナンスの関係イメージ

(3)「政府」の構造とゆくえ

では，ガバナンスへの流れの中でスリム化傾向にある政府とは，どのような構造をもつのだろうか。行政理論の関心が官僚制の内部管理から，より広いガバナンスにシフトしているとしても，政府（ガバメント）は依然として公共管理の中心主体であり，行政学・政策学の最も重要な研究対象である。そこで本章の最後に，政府の構造について人体と

のアナロジーから考えてみたい。

　近年の市場化テストから明らかになってきたことは，刑務所管理のような体制管理機能でさえ，分解すればその多くが外部化しうるという事実である。そして政府固有の役割として最後まで残るのは，判断と意思決定という人の脳に相当する機能であろう。J. フロイトの概念を借用すれば，判断の場が自我（エゴ）であり，身体各部（イド）からさまざまな欲求を受け取りつつ，食べる，歩く，我慢するといった行為を選択する。身体的欲求が快不快の原則に基づくとすれば，自我は損得を計算する。なお，身体には自律神経をとおして脳の指示を必要としない活動領域もある。一方，一段高い地点から超自我（良心）が善悪の判断を迫ることがあるが，最終的に行動を決めるのは自我である。健全な自我は身体の欲求と超自我からの命令とをとりなしつつ，自己（セルフ）全体にとって最適な判断を下すと解釈できる。

　ここで政府を自我とみれば，市民社会は身体各部，憲法は超自我に相当する。政府の各部門についてみると，判断の主体はかつては王であり，現代民主政の下では執政部（内閣または大統領）と見てよい。また憲法遵守の監視役という意味で，司法は超自我に近い。では議会はどこに位置づけられるかというと，社会の多様な欲求を戦わせ，フィルターにかけて執政部に届けるという意味で，イドと自我の間の控室にたとえられる。むろん，憲法が国会を「国権の最高機関」と位置づけるように，議会の意義を軽く見るべきではない。にもかかわらず，日本の日常では「政府＝行政部」と理解され，外交や危機管理において重大な判断を下すのが執政部であることは，政治社会における自我の核心が今なお行政にあることを示唆している。

　さて，現代の社会は複雑化・高度化し，市民のニーズも多様化しており，その声を法規範や政策に翻訳して実行に移す政府の役割はむしろ増

大しているように思われる。しかるに，それに必要な財源や人的資源が不足していることから，民営化・外部化・分権化・市民協働などの形で政府のスリム化が進んできた。政府はこのまま縮小の道をたどるのか，それとも現在は歴史のひと齣に過ぎず，拡大という路線もありうるのだろうか。また大小の問題とは別に，政府の強弱・硬軟といった質の問題はないのだろうか。さらにガバナンスへの傾斜により，行政の責任原理に変化は生じているのだろうか。

　これらの問いに答えるためには，政府と市場の関係，市民社会と政治行政の関係，国と地方の関係，執政部とそれを支える公務員集団の関係について詳しく見ていく必要がある。以下の章では，政府が置かれる文脈，および政府内部の構造に分け入ることにしたい。

引用・参考文献

M. ヴェーバー，脇圭平訳『職業としての政治』岩波文庫，1980
鵜飼信成『行政法の歴史的展開』有斐閣，1952
岡義達『政治』岩波新書，1971
J. E. スティグリッツ，藪下史郎訳『公共経済学』(上) マグロウヒル，1989
J. ダイアモンド，倉骨彰訳『銃・病原菌・鉄』(下) 草思社，2000
田中二郎『新版 行政法』(上) 弘文堂，1974
辻清明『行政学概論』(上) 東京大学出版会，1966
西尾勝『行政学の基礎概念』東京大学出版会，1990
西尾勝『行政学』(新版) 有斐閣，2001
E. バーカー，足立忠夫訳『近代行政の展開』有信堂，1974
Donald F. Kettl, *Transformation of Governance*, Johns Hopkins University Press, 2002

3 | 政府と市場

八代尚宏

《**目標&ポイント**》 経済学の視点から，政府と市場の役割分担について考える。市場経済における政府の主要な役割は，民間ではできない公共財の供給だが，その具体的な範囲はどこまでか。民間企業等に対する公的規制はどこまで妥当かについて，具体的な事例や，公共サービスの担い手として，国や地方自治体の他に民間事業者も含める「新しい公共」の概念についても論じる。
《**キーワード**》 公共財，外部経済・不経済，規制改革，国家戦略特区，民営化，PFI，市場化テスト

1. 市場経済における政府の役割

　人々がどのような商品やサービスを必要としているか。これを的確に判断して，最適な生産水準を決めることは容易ではない。大災害が生じたような非常事態で，商品の供給がストップした場合には，避難所や最低限の食料・衣服等は，公的な機関によって一律的に配給される。この場合には，政府が人々にとって必要なものを判断し，それらを平等に提供する「供給が需要を決める」方式が用いられる。
　これが日常の生活では，何が人々に必要とされているかの判断は市場で決められる。多様な商品が小売店に並べられ，一般に同じ商品であれば価格が安いほど，また同じ価格なら品質が良いものほどよく購入される。どの商品を，どの価格で販売するかは小売店の判断で決められるが，それをどれだけ多く買うかは，最終的にお客（消費者）の決断であ

る。所定の価格で良く売れた商品は，それを生産している工場（生産者）に追加注文され，速やかに小売店に補充される。他方，売れない商品は値下げされ，それが生産者の採算が取れない水準以下になっても売れなければ，生産は中止される。これが「需要が供給を決める」市場経済のエッセンスである。

　小売店に置かれてある多様な商品の内，消費者が何を必要としているかは，どの価格でどの商品が売れたか，売れなかったかという「情報」として生産者に伝達される。これによって市場全体の生産活動の全体像が分からなくとも，個々の商品の価格動向を見るだけで，事業者にとっての最適な生産量が示される。この市場による「分権的意思決定」が，アダム・スミスの唱えた「分業の利益」とともに，市場経済の大きな利点である。他方で，商品の価格が固定されている旧社会主義経済では，多様な商品の需要と供給についての情報伝達が不十分なために，需要の多い商品の不足から慢性的な行列が生じる一方で，需要の少ない商品は売れ残り，在庫品の山が生じていた。

　しかし，平時でも市場経済にすべてを委ねて，政府は何もしなければ良いという自由放任主義はあり得ない。市場だけに委ねておけば，さまざまな問題が生じる「市場の失敗」を是正することが，政府の役割となる。これは，①市場を通じない経済活動である「外部経済・不経済」の解消，②多数の個人や企業が共通に利用する「公共財」の生産，③インフレや失業防止等の景気の安定化，④社会保障・福祉等を通じた所得の再分配，等に類型化される。

（１）外部経済・不経済効果への対応

　企業や個人の行動が市場を経由せずに，他の経済主体に影響を及ぼす場合，それがプラスであれば外部経済，マイナスなら外部不経済とい

う。自動車の排気ガスで大気が汚染される環境破壊は外部不経済の典型例である。他方で、個々の家の軒先に飾られた花々は、自宅だけでなく街全体を美しくする外部経済効果をもっている。

　自動車の排気ガスを抑制するような市場メカニズムが自律的に働かないのは、大気汚染のコストが、自動車の価格に反映されないためである。従って、政府の対応としては、自動車の排気ガスによる外部不経済のコストを何らかの形で、その所有者に認識させることがある。まず、直接的な手段としては、自動車の生産者に対して排気ガス浄化装置の設置を法律で義務付けることがある。この結果、排気ガスが減るとともに、浄化装置の分だけ自動車のコストが高まり、需要も抑制される。もっとも、この場合、排気ガス浄化の費用が著しく高ければ、自動車が利用できなくなり、人々の利便性を損ねてしまう可能性もある。

　他方で、自動車が一台増えることによる、環境汚染のコスト増加分に比例した「環境税」を所有者に課せば、外部不経済のコストを考慮した自動車への最適な需要が決まる。これは市場外の大気汚染のコストを、環境税という「価格」の形で、市場経済の中に取り込む（外部不経済の内部化）ものである。

　自動車の排気ガスのように、特定の産業だけに係る問題の場合には、排気ガス規制だけで対応が可能である。しかし、石油・石炭等の化石燃料の燃焼による地球温暖化現象のように、エネルギーを使う経済活動一般から派生する現象に対しては、個別の産業への規制では対応できない。温暖化の原因となる CO_2 の排出量に見合って、化石燃料に対する環境税を課すことでその使用を抑制する、価格メカニズムの活用が適切な対策となる。

　しばしば、「市場経済の効率性を追求すると環境が破壊される」といわれるが、これは、正確には、「市場経済に歪みがある時」というべき

である。仮に，他人の所有地に，無断でごみを捨てれば賠償金を請求されるが，これはごみの投棄者と土地の所有者との間の，一種の市場取引であるからだ。なぜ自動車の排気ガスや工場からの汚水が放置されたかといえば，空気や河川の所有者が不在で，環境汚染のコストを誰も請求しなかったためである。従って，政府が，環境汚染に対して環境税を課すなど，「市場経済の部分的な補正」を行い，企業や個人が環境汚染のコストを認識し，それを防ぐことで，社会的に最適な行動に変えることができる。

　外部不経済は，鉄道や道路の渋滞からも生じる。すでに混雑している高速道路に，側道から乗り入れる自動車の運転者は，本線にいる自動車の速度を低下させる外部不経済効果を考慮しない。これに対して，個々の自動車が側道から乗り入れることで生じる，全体の速度低下に見合う費用を追加的な料金として課せば，これが渋滞を引き起こす外部不経済効果を考慮した「混雑料金」となる。この料金は，多くの自動車が利用する混雑時間帯ほど高くなり，それでも利用したい運転者を優先させ，そうでない運転者を諦めさせるという価格メカニズムを働かせる。

　日本では，渋滞が激しくなれば，高速道路の入り口を閉鎖する場合があるが，こうした「直接規制」は，個々の自動車にとって，高速道路を利用する必要度の違いを無視する点で，社会的には非効率となる。しばしば，「渋滞で高速で通行できないなら，むしろサービス低下に見合った料金の値下げを」という意見もあるが，そうすればさらに渋滞が激しくなる。「混雑料金」は，混雑という，市場外で決まる非価格的なコストを，利用料金に上乗せすることで，市場をより有効に活用するための手段である。また，この混雑料金が高い道路は，その拡張や代替道路の建設の優先度の高さを示すシグナルともなる。

（2）公共財・公共サービスの提供

　一般の商品やサービスは，それを購入した人が消費すれば，他人はそれと同じ物を使うことはできないという「排他性」をもっている。これに対して，公園やテレビ放送のように，多くの人々が同時に利用できるという「非排他性」をもつものが「公共財」である。もっとも，公園も多数の人々が利用すると混雑が生じて，もはや公共財とは言えなくなる。また，テレビのデジタル放送のように，視聴料金を払った人以外には番組を見られないようにすれば，通常の私的財と同じになる。

　公共財について「市場の失敗」が生じるのは，私的財のように対価を払って購入しなくとも，他人の負担でその利用が可能な，「ただ乗り」が容易なためである。また，公共財を利用するための対価を払わない人を排除するための費用が大き過ぎれば，やはり市場で供給することは困難である。このため，公共財の費用を，政府が強制的に徴収する税金で賄うことが必要となる。

　こうした公共財の例としては，個人の財産権を保護する市場の秩序の維持がある。小売店で盗難が頻発すればセルフサービス方式は使えず，詐欺や契約不履行，賄賂が横行すれば，ビジネス自体が成り立たない。個人の財産権を侵害する不正行為を取り締まる，裁判所等の司法制度や警察・消防サービスは，もっとも基本的な公共財である。

　道路・橋，港湾などの社会資本も，個人や企業が共同で利用するものであり，個々に価格を付けて，売ったり買ったりできないために，民間では供給されない。例えば，どこからでも出入りできる一般の街路から，その建設費用を負担しなかった人を排除することは困難である。また，ゴミの収集サービスに価格を付けて市場で供給しても，不法投棄を防ぐことは難しい。市場は個人にとって価値のある商品やサービスを売買する場であり，財産権を放棄したゴミを対象とすることは困難であ

る。

　他方で，出入り口以外が封鎖された自動車専用の高速道路は，その建設・維持費を利用者から徴収する料金収入で賄うことが可能であり，本来，民間企業によっても供給される市場サービスである。もっとも，日本の高速道路の大部分は，長らく日本道路公団という公的部門によって建設・経営されてきた。この一つの説明としては，高速道路のもつ「外部経済効果」がある。これは高速道路の沿線に，それを活用する工場等が新設され，居住人口が増えることで経済活動が活発化すれば，政府の税収も増え，外部効果の内部化が可能となる。公的部門が高速道路を経営すれば，外部経済効果を考慮して，民間事業者の場合よりも低い料金を設定でき，それが更なる外部経済効果を生むことになる。こうした民間資本と補完的な役割をもつ社会資本の建設は，政府の役割となる。

　一般財源で整備される街路や，料金収入に依存する有料道路のいずれでもない国道等の基幹道路の整備は，ガソリン税のような道路特定財源で賄われる。これはその主たる利用者は自動車の所有者であり，その利用頻度は燃料の使用量に比例することから，ガソリンの消費に税金を課すことは，道路利用の受益者負担として最適なものとなる。この結果，自動車の増加とともに，道路整備の財源も自動的に増えることから，自動車所有者の負担はその利便性の向上の形で還元される。これは間接的に受益と負担とが結びつく「疑似市場メカニズム」となっている。

　もっとも，公共財の提供に関する「政府の失敗」も存在する。工場等への民間投資を刺激する外部経済効果の高い高速道路等の建設が一巡した後も，新たな高速道路の建設を求める政治的な要求は後を絶たない。その結果，過大な収入見通しに基づいて建設された，多くの高速道路や本四架橋等では，現実の利用者が少なく，経営収支が慢性的な赤字となっている。こうした採算の取れない高速道路が次々と建設された背景

には，日本道路公団が1972年に定めた「料金プール制」がある。これは高速道路を，個々の路線毎ではなく，一本の長い路線とみなして運営し，黒字路線の収益で赤字路線の損失を賄う仕組みであり，結果的に社会的効率性の低い道路の建設を促した要因となった。こうした政治の圧力を防ぐことが2005年に日本道路公団が民営化されたことの一つの大きな要因であった。

（3）景気の安定化政策

　景気の安定に関して，政府が積極的な役割を果たすべきだという考え方は，1930年代の世界大恐慌によって生まれた。ケインズが1936年に出版した『貨幣・利子・雇用の一般理論』は，賃金の調整を通じて労働市場は均衡し，失業は一時的な現象にすぎないという，それまでの経済学の考え方を否定した。ケインズによれば，価格や賃金の硬直性から，市場を通じて自動的に完全雇用が達成されるのはむしろ例外であり，失業を伴う不完全雇用こそ一般的な状態であるという「一般理論」を提示した。いわば，市場は，慢性的な病人のような存在で，政府は患者を診る医師のように，常に不況やインフレ防止対策等の総需要管理を心掛けることが不可欠という考え方である。

　他方で，政府の総需要管理には，不況の認識，景気対策の発動，その効果の発揮についての「三つのラグ」があり，実際に景気循環対策をスムーズに実現できるかどうかは別である。1980年代末のバブル崩壊時の不況も，すでに景気がピークを越えていた時期に，強力な引き締め策を取ったことで，景気の落ち込みを一層大きくした面もあった。

　また，不況期の景気対策で拡大した財政赤字が，次の好況期の税収増による財政黒字で相殺されれば，景気循環を通じて財政収支は均衡を維持できる。しかし，現実には，不況を理由とした財政支出の増加は政治

的に支持されるが，景気が回復した後の税収増を，国債の償還に向けるのではなく，新たな歳出の増加に向けることは珍しくない。ケインズ理論は，暗黙の内に「賢人政治」を前提としていたが，これが現実には，増えた税収を歳出増に向ける政治的な圧力が大きく，財政収支の均衡を維持することは容易ではない。

日本では，先進国平均に比べて高い経済成長が維持されていた1980年代までは，財政赤字はGDP（国内総生産）に対して，ほぼ一定の比率を維持していた。しかし，90年代以降は歳出拡大の一方で，経済の長期停滞に基づく税収の停滞から，財政赤字の持続的な拡大が生じている（12章参照）。

（4）所得の再分配政策

国民の間での所得格差の改善や，最低生活保障等の社会的安全弁の確保も，政府の主要な役割である。この政府を通じた所得の再分配を重視する「大きな政府」と，その行き過ぎを防ごうとする「小さな政府」の思想が対立している。日本は，欧州諸国と比べれば，米国と並んで「小さな政府」に近いが，今後，急速な人口高齢化に伴う社会保障支出の増加を通じて，政府の規模が拡大することは避けられない。

現行の社会保障制度は，国民生活のリスクを社会全体で分散するための年金や医療・介護等の社会保険と，生活保護や各種の福祉制度等，最低生活の保障に係るものとに分けられる。この内，日本では，主として高齢者を対象とした世代間の所得移転の社会保障給付が全体の8割以上を占めている。この結果，他の先進国と比べて，主として低所得層を対象とした福祉支出が相対的に少なく，同一世代内の所得格差を是正する効果が小さい。日本の市場ベースの所得格差は，元々，OECD諸国の内では小さいにもかかわらず，財政や社会保障の所得再分配効果も小さ

いため，再分配後はむしろ所得格差の大きなグループに属してしまう。

大竹文雄の『日本の不平等』によれば，所得格差の水準を世帯主の年齢別にみると，年齢が高まるほど格差が大きくなる傾向がある。このため，同一年齢の世帯間の格差の推移は，若年者を除いて安定しているものの，人口全体に占める高齢者層の比重が傾向的に大きくなることから，日本全体の所得格差の水準が持続的に高まっている。このため現行の（所得水準にかかわりなく）高齢者に対する年金・医療給付に偏った日本の社会保障制度を見直し，福祉等の低所得層への直接的な所得移転を増やす必要がある。この結果，社会保障費全体の規模を抑制しつつ，所得格差を縮小する「所得再分配の効率化」の余地は大きい。

2.「新しい公共」の時代

前節では，「市場の失敗」に対して政府の介入が必要な場合を類型化した。しかし，同時に，政府の市場への介入が，逆に新たな社会問題の原因となる「政府の失敗」も生じる。多くの社会制度は，それが設立された時代の社会環境に対応している。しかし，戦後日本の急速な経済発展の過程で，経済社会環境の大きな変化にもかかわらず，いったん出来上がった制度の改革は容易ではない。このためには制度改革のためのいくつかの原則を定める必要がある。

社会の成熟化とともに，個人の価値観は多様化し，行政の画一的な公共政策では，社会のニーズが満たされなくなっている。地域住民で組織される消防団や自警団等，古くから存在していた組織も含めて，これまで政府により独占的に担われてきた公共サービスを，企業やNPO・市民も担うという「新しい公共」の考え方が広がっている。

（1）官から民へ・国から地方へ

　国や都道府県・市町村は，現実には「市場の失敗」を是正する範囲を超えて，民間と類似したさまざまな事業を行っている。例えば，公営住宅や住宅供給公社等は，過去に民間の良質な住宅が不足していた時代には，一定の役割を果たしていたものの，現在では民間の不動産会社と大差ない事業となっている。その意味では官の事業は民間に委ね，官はその支援に徹するという「官から民へ」の役割分担を一つの原則とする必要がある。例えば，低所得者への住宅保障の手段として，日本では都市部の一等地に，多くの公営住宅があるが，多数の住宅希望者の一部しか活用できない。これに対して，他の先進国のように，多くの人々が自由に選べる民間借家への家賃補助の方が，より効率的な住宅保障政策である。

　他方，政府の役割が必要とされる分野でも，国が全国で画一的に実施するのではなく，個々の地域の実情に合わせて，地方自治体に行政権限とその財源を委ねることが，行政の効率性を高める。例えば，子供数が減少している郡部よりも，増加している都市部で保育所の不足がより深刻であることから，それだけ地域によって弾力的な行政が求められる。

　こうした政府が自ら事業者となる「官製市場」を改革するための主要な手段として，官の事業体の民営化，「PFI（民間資金等活用事業）」，「指定管理者制度」等を用いた，事業の民間への包括的な委託がある。

（2）公的企業の民営化

　民営化とは，国や地方公共団体の所有している公的企業の株式を民間にすべて売却し，一般企業にすることである。その代表的な例としては，日本航空，NTT（旧電々公社），JR（旧国鉄）等がある。民営化企業にとっては，政府からの支援を受けない代わりに，政治的な圧力なし

に赤字部門のリストラ（事業の再構築）を行い易いことがある。また，駅構内でのビジネスのように，本業と補完的な多様な事業を民間企業と対等な立場で行うことで経営の効率化を進められるという利点がある。他方で，巨大な公的企業が，そのままの形で民間企業となれば，民間との市場で独占力を行使する危険性があるため，地域毎の企業分割等を通じて，競争を促す必要がある。

　小泉純一郎政権で進められた郵政三事業の民営化は，旧郵政公社の郵便貯金，簡易生命保険，郵政事業の他に郵便局ネットワークの4つの会社を，持ち株会社が統括する仕組みであったが，後に最初の三事業の分割だけに修正された。また，2014年時点で株式の民間への売却は全くなされておらず，事実上の公的企業のままである。政府が，ゆうちょ銀行やかんぽ生命のような巨大な金融機関を所有し続けていることは，絶対に倒産しないという信用度の点で，民間の金融機関と比べて優越的な地位にある。これが郵政三事業の民営化が必要とされたことの大きな理由の一つであるが，その目的は，まだ達成されていない。

（3）公的事業の運営の民間委託

　官が社会資本を，民間資本を活用して行い，その運営も民間に委ねる方式が英国で発達したPFIであり，日本でも1999年にPFI法が成立した。また，2003年に地方自治体の公的施設の運営を民間企業やNPOに委託できる指定管理者制度が成立した。さらに，2011年のPFI法改正で，民間に公的施設の運営権（コンセッション）を長期に付与することが容認された。いずれも，民営化とは異なり，事業の最終的な責任は官に残したままで，施設運営の効率化を図る仕組みである。もっとも，それらの主要な対象範囲は，水道事業や図書館・体育館など極めて限定されており，道路・河川や下水道等の大規模な社会資本には適用されてい

ない。これは，それらの社会資本を所管する省庁が，いぜん民間事業者の参入を容認しないことによる。

他方で，2007年に刑務官の不足に対応するためにPFIを活用して建設された官民協働刑務所では，民間警備会社によるテレビやICタグによる監視体制等，新しい技術が用いられた。また，2006年の道路交通法の改正で導入された駐車違反取り締まりの民間委託も，現場の警官の不足を補うためのものであった。これらは，官側のニーズが伴わなければ，民間への委託が困難なことを示唆している。後者の場合，民間に委託される業務は，従来の駐車違反という運転者の刑事罰の取り締まりではなく，自動車を公道に放置する所有者への違反金（行政罰）の徴収手続きの代行という形を取っている。また，駐車違反取り締まりに当たる民間事業者に対しては，契約上，守秘義務を課す等，警官が自ら行う場合に準じた対応策も講じられている。いわば公務員という「身分」に伴う権利義務を，民間事業者との「契約」に置き換える工夫がなされている。

（4）市場化テスト

官の業務の民間への委託を，単に，各省庁のイニシアティブに委ねるのではなく，統一的に進めるための一つの手段が，官の事業の成果とコストを，類似の民間の事業と比較する市場化テストである。これは事業の民営化とは異なり，公共サービスを提供する国の行政責任は維持した上で，その生産の担い手として，官業と民間事業者のいずれがふさわしいかを判断するために，その質と価格の両面での入札にかける「官民競争入札制度」である。

この市場化テストは，「初めに民営化ありき」の考え方に立つものではなく，官業の独占状態を排して，官民の間で対等な競争状態を作るこ

とが本来の目的である。諸外国の例では，飛行場運営・航空管制，上下水道，廃棄物処理，緊急患者輸送，公園管理，刑務所・更生施設等，多方面に渡っている。これらの分野で競争入札を行った結果，長い業務経験をもつ官業が勝つ場合も珍しくない。しかし，それでも民業との競争を通じて，それまで独占的な事業であった官業の効率性が高まることに大きな意味がある。市場化テストの役割は，官業の存在意義を，官による基準の明確でない自己評価等によるのではなく，類似の業務を行う民間との競争を通じて立証するプロセスを具体的に示したものといえる。

日本でも，「競争の導入による公共サービスの改革に関する法律」が2006年に施行されたものの，官の事業者と民の事業者とが対等な立場で競争入札するという，本来の姿ではなく，官の事業の一部を民間事業者だけの競争入札に委ね，その成果をそれ以外の官の事業者と比較するという，間接的な手法にとどまっている。

市場化テストの大きな争点となったのは，公共職業安定所の監督業務を除いた部分の民間事業者への委託の是非であった。これは，無料の職業紹介事業自体は，政府の本来の役割であるが，そうした窓口業務を国の公務員が自ら行うのではなく，民間の人材ビジネスに包括的に委託すべきではないかという考え方である。これに対して，職業紹介事業と失業給付事務とを一体的に行うことや，全国の職業安定所のネットワーク維持の必要性が強調された。最終的には第一次安倍晋三政権で，東京の二つの公共職業安定所を半分に仕切り，片方を官業，他方を民業で成果を競う内容の法案が国会に提出されたものの廃案となり，実現していない。

3．規制改革

　規制は，個々の産業分野での新規事業者の参入を制限する経済的規制と，国民生活分野にかかわる社会的規制とに分けられる。個人の生活保障は，財政や社会保障の役割であるが，それが特定の市場への参入規制等の形でも行われる場合が多い。

　今日の日常生活には不可欠な，宅配便を例にとってみよう。小倉昌男の『経営学』によれば，大口の貨物輸送を発注する企業を主な顧客とした大口貨物ではなく，家庭を対象とした小口貨物のビジネスモデルを成立させるのは，規制との戦いであった。その大きな障壁が，県単位での認可が必要なトラック輸送免許制であったが，既存の事業者の反対があれば，新規に免許を取得することは，事実上，困難であった。もっとも，これは法律ではなく，旧運輸省の行政指導によるものであったため，これに対して，一業者が「国を相手に訴える」という前代未聞の闘いの末に，トラック輸送の全国ネットワークを実現する規制緩和を勝ち取った。これに後続の事業者が続き，活発な競争が生まれるとともに，それまで小口貨物を独占していた郵便局の小包配達のサービスも向上した。その結果，消費者が便利な宅配便を多用することで，トラック輸送への新たな需要が増え，生産者にも大きな利益となった。このように規制改革は，既存の産業の効率化だけでなく，新しい産業や雇用を生み出す契機ともなる。

（1）タクシーの参入規制

　日本の運輸業界では，トラック輸送に限らず，政府が特定地域の利用者の需要を予測し，それに合わせて供給量を抑制することが行われていた。この地域別のタクシーの台数制限が，2002年の規制改革によって

撤廃されたことにより，全国で約1万人のタクシー運転者の雇用が増加し，待たずに乗れるようになった利用者の利便性も大きく高まった。他方で，タクシーの供給が大幅に増えたことで，その稼働率が低下した。このため，運転手の所得が減少したことが大きな社会問題となり，2009年には，「タクシー適正化・活性化特別措置法」で，再び規制が強化され，増えすぎた車両の削減が進められている。

　本来，供給が増えれば価格が低下し，それが需要を刺激して，生産量が増えるという市場メカニズムが働くはずである。これは高速バス等では良く機能し，価格の低下で多くの需要を生んだ。もっとも，運転手の深夜走行距離制限のような安全管理のための規制強化は必要とされる。これがタクシーについて働かなかったことは，参入規制がなくなっても，タクシー価格の認可制が残されていた中途半端なものであったために，需要を喚起するために十分な幅の価格低下が生じなかったという解釈もある。

　規制緩和はタクシー会社に競争意識を芽生えさせ，空港から都市中心部への固定料金や，関西地域での長距離割引料金等の導入，高齢者や子どもの送迎等，多様なサービスの登場をもたらした。一部の地域で進められている規制の再強化は，こうした事業者の経営努力に水を差す可能性が大きい。

(2) 構造改革特区と国家戦略特区

　2003年4月に設立された構造改革特区は，小泉内閣による規制改革と地方分権を組み合わせた代表的な政策である。この特区は，①特定の地域を限定し，所与の制度や規制の「特例措置（規制改革）」を行う，②規制改革の責任を担う市町村に，国の規制の権限の一部を移す（地方分権），という二つの意味での社会的実験である。この社会的実験を行

うという考え方は，他の先進国では珍しくないが，それまでの「国が最善と考える法律を全国に一律に適用」という日本の政府の論理とは水と油の関係にあった。

　規制改革と地方分権とは，いずれも国の権限の縮小という点で共通している。構造改革特区とは，①民間や地方から提案された法改正のアイディアを，内閣に設置された構造改革特区推進室が各省庁と交渉し合意を得て，さまざまな規制の特例措置のメニューを作成，②このメニューの内から，地方自治体が複数の特例措置を組み合わせた特区を申請，③実現した特区の成果の評価を踏まえて，各省の所管する法律自体の改正（特区の全国展開）という，三段階の仕組みである。

　こうした特区の内容は，多岐にわたっている。農業特区では，それまで全面的に禁止されていた株式会社による農業への参入が，農地の賃貸方式に限定されたものの，初めて容認され，後に，農地法の改正に結びついた。農家による民宿や濁酒製造免許要件の緩和も，農村の活性化に貢献した。教育特区の例では，小中学校の授業カリキュラムの弾力化や不登校児童のためにNPOが設立した学校の卒業資格，および株式会社による学校設立等がある。この他，廃棄物の再利用認定や，外国人高度人材受け入れ等，現行のさまざまな制度の弾力化が特区の活用で実現した。なかでも四日市のコンビナート特区については，消防車がすれ違うだけの道路の幅員が必要という消防法の規制を，強力な水柱を噴出できる防火装置で代用することで，通常よりも狭い敷地で建設することができ，当地域に多くの生産と雇用を生み出すことができた。

　本来，これらの特区の成果を，短期間で立証することは困難である。しかし，特区の評価基準は，「消費者の視点からの弊害が実証されなければ全国展開」という考え方をとっており，ごく一部の例外を除いて全国展開されている。これは特区における規制改革とは，あくまでも地方

自治体による選択肢の拡大であり,国主導の画一的に強制される制度改革とは基本的に異なるためである。規制改革の基本的な目的は,個人や企業の選択肢の拡大である。規制するための明確な根拠がなければ,撤廃するか,より緩やかな規制へと改革するという論理を体現した仕組みが構造改革特区といえる。

　これに対して,2013年末に施行された国家戦略特区は,構造改革特区の基本的な枠組みは維持したまま,国のより積極的な関与を盛り込んでいる。まず,総理を含む閣僚と民間有識者による国家特別区域諮問会議を設けることで,より大胆な規制改革を行える枠組みを設けたことや,その下に特区毎の会議を設けて対象事業の円滑な実施を支援することや,規制改革だけでなく,利子補給金や減税など金融・財政措置を組み合わせるなど,より強力な仕組みといえる。

引用・参考文献

小倉昌男『経営学』日経BP社,1999
大竹文雄『日本の不平等』日本経済新聞出版社,2005
八代尚宏編『「官製市場」改革』日本経済新聞出版社,2005
八代尚宏『新自由主義の復権』中公新書,2011
八代尚宏『規制改革で何が変わるのか』ちくま新書,2013
八代尚宏『反グローバリズムの克服』新潮選書,2014

4 | 市民社会と政治行政

西尾　隆

《**目標＆ポイント**》　公共サービスの受け手であり，また提供者ともなる市民および市民社会と政治行政の関係について学ぶ。歴史的条件，欧米と日本の違いに留意しつつ，市民・NPO は現代のガバナンスに対しどのような形で参加し，また政府とどう協働すべきか，市民の視点から考える。
《**キーワード**》　公共サービス，市民社会，市民，NPO，生活者，政治行政二分論・融合論，参加，協働，社会関係資本

1. 市民社会の形成とガバナンス

　この章では 2 つのテーマを扱う。1 つは市民社会と政府・ガバナンスの関係であり，もう 1 つは市民から見た政治と行政の関係である。まず本節では，西欧の市民社会の成立史を跡づけた上で，日本における市民と政府の関係を整理したい。前章で扱った政府と市場の関係と比べると，この領域では民営化・市場化テストなどの改革により公共サービスの質や効率が劇的に改善するといった事例は少ない。だが，市民・NPOと政府の関係の時間をかけた組み換えにより，ガバナンスの質に対し漢方薬のような体質改善効果が期待できよう。

(1) 市民社会と市民のコンセプト

　「市民社会」(civil society) というと，財産と教養を備えた人々が公共課題をめぐって自発的に集まり，NPO を立ち上げるなどして変革のた

めに行動するイメージがあるかもしれない。だが，実際には特別なことではなく，普通の人々が生活のために働き，憩い，語り，買い物をする，その日常の集積を市民社会ととらえたい。政治行政に特段のかかわりを持たなくても，例えば大雪の翌朝，除雪車が来ない道路をご近所と雪掻きし，会話が弾んで忘れかけていた地域の連帯を感じる，といったことはあるだろう。現代の都市生活では，市民はまず公共サービスの消費者，公共施設のユーザーとして現れる。不便が生じれば自ら対応し（自助），時に近隣と協力し（共助），それでも解決しない問題は行政に対処を求める（公助），というパタンが一般的だと思われる。

　だが，この一見あたり前の日常も，目を海外の紛争地帯や貧困地域に向けるならば，近代化・民主化・都市化の長い歴史の産物であることに気づく。人々は産業や経済の発達で飢餓から解放され，民主的政府の確立により抑圧を免れ，都市文化の定着で自由な生活を享受するに至った。それらは所与と思われがちだが，実は貧困も不自由も決して過去の遺物でないことが近年明らかになってきた。市民社会の概念はきわめて多義的だが，ここでは暫定的に，「自由かつ平等な市民を主体とし，寛容と責任と市民性の徳目を基礎に形成・維持される社会」としておく。市場と対立的にとらえる論者も多いが，経済活動も市民生活の一部である以上，本章では市場や企業も含めることにしたい。

　では，市民社会の主体たる「市民」とはどんなタイプの人間なのだろうか。松下圭一が市民を「期待概念」ととらえるように，それは客観的な属性・資質で条件づけられる実体というよりも，自由・平等・共和という民主主義の理念に照らしてその徳目を身に着けることが期待される，一つの方向性として理解したい。個々の市民は不完全でそれぞれ問題を抱えており，その意味で限りなく多様な存在である。多様性を支えるのは社会の許容度だが，その「寛容」とても，多様な背景をもつ隣人

との共生経験の中で，最低限持たなければ生活に支障が生じるというほどの習得的属性と考えられる。村上陽一郎はこのことを「機能的概念としての寛容」と呼び，道徳的なそれと区別している。

　市民には期待される属性がある一方，そこに過度の幻想を抱かない柔軟性も必要である。市民に「自立」が求められるとはいえ，人は多かれ少なかれ家族や職場に依存して生活しており，他者に助けを求める姿勢も自立の条件といえる。また「権利意識」についても，一定の自覚さえあれば，あえて権利を行使しない自由を認めてよい。さらに，「市民性」（civility）について言えば，他者すべてに愛着を持つ必要はなく，相手に否定的な感情を抱いても，挨拶などの礼節と敬意があれば事足りる。裏返せば，間違っても公道でヘイトスピーチのような行為はしないという決意こそ，市民性の核心ということになろう。

（2）市民社会の成立条件

　市民社会と市民を概ね以上のように理解した上で，その歴史的な条件を整理しておこう。まず経済的には，生産力の向上と富の蓄積が人々を過酷な肉体労働から解放することにより，西欧の市民社会は成立する。王・貴族・僧侶以外の人々が識字能力と教養を身につけることで，公共の問題を考えるための基礎条件が整う。とはいえ，19世紀に入っても経済的・時間的余裕のない農民と労働者が依然多数を占め，産業革命を世界に先駆けて達成した英国でさえ，新興の中産階級が議会勢力として旧来の土地貴族に対抗しうるのは19世紀末以降であった。しかし，産業革命を機に識字能力をもつ大量の市民が生み出されたことの意義は大きい。市民性の基礎にある礼節についても，「衣食足りて礼節を知る」状況こそ工業化がもたらした現代に特徴的な現象である。

　次に，政治条件に目を向けると，集権的な近代国家の成立により，

人々は「国民」として組織化され，伝統的な土地や身分の束縛から解放される。中央の権力は課税や徴兵をとおして国民を強制・抑圧する一方，社会に平和と安定をもたらし，国民としての教育の機会を提供した。そこには近代国家における権力と自由の相克が見られ，国家と個人を媒介する議会や中間団体のあり方により，近代国家はさまざまな形態をとる。英国では強力な国家権力の下，議会をとおして市民的自由が保障され，地方団体も自治権を失うことがなかった。一方，集権化が遅れたドイツでは，周囲の列強に伍するため官僚制の強化を優先せざるをえず，市民的利益を集約すべき議会は未成熟のままだった。このことが，20世紀の大衆化現象の中でナチス独裁を生む一因となる。

　第3に，社会的条件として，都市化とそれに伴う職業・価値観・利益の多様化は市民社会形成の重要な契機となった。抽象化していえば，都市とは多様化する諸価値を調整し空間的に再編するシステムにほかならない。「神が農村を創り，人間が都市を造った」といわれるように，都市は高度に人工的なシステムとなり，ルールを形成し，多様な文化を許容し，新たな価値を創造する動的で開放型の社会である。犯罪，貧困，伝染病などの新たな課題を解決していくために，都市は市民のニーズを不断に吸収し，参加・共生の工夫を迫られる。現代の複雑なガバナンスは，まさに都市からの要請なのである。

　これらの歴史的条件の上に，近代西欧の市民社会は成立する。その思想・制度・文化は開国により明治維新後の日本にも流入するが，市民文化が日本に本格的に流入するのは戦後のことであり，その受容過程や近年の市民社会の変容は異なる文脈で理解する必要があろう。

（3）近代日本における市民と政治行政

　さて，日本における市民社会のあり方を理解するために，戦前の状況

をふり返っておきたい。明治憲法下での日本人は「臣民」と位置づけられ，兵役・納税・教育の義務が課せられる一方，権利保障には法律の留保がつけられた。明治政府は官治集権体制を敷きつつ，同時に自治の要素も加味している。「官治」とは天皇を頂点とし，内務省→府県→郡→市町村という縦の指揮命令系統を指すが，義務教育や公共事業に対して国が末端まで施設を整備する財源はなく，いわば都合よく現場の自治に委ねられていた。例えば小学校では校舎は当初寺社などを借用し，経費は学区内有志の寄付金で賄っていた。また道路・橋梁・水路の建設と補修（普請）をはじめ，衛生や清掃も地元共同体の責任領域とされた。その意味で，「協働」は近代日本の原風景であった。

　そうした官民協調的な秩序は存在しても，そこから共通ルールを編み出し，政府の問題点を突くような市民勢力が育ちにくい点に日本社会の課題はあった。大正デモクラシー期には，政党内閣が郡制・郡長の廃止や普通選挙の実施などで官治体制の修正を試みる。だが，消防組・青年団・処女会などの住民組織の実態は上からの再系列化という色彩が濃く，やがて準戦体制に移行すると地方組織に末端行政化の波が押し寄せる。その転機となったのが昭和15年の内務省訓令による部落会町内会の整備方針であり，住民組織は自治の契機を失い，官治集権システムの末端で無謀な戦争の協力機関に純化していった。

　敗戦後GHQにより町内会は一旦解散させられるが，統制経済下では配給・衛生・防犯など期待される役割も多く，1952年の講和条約発効後，町内会は地域生活の表舞台に復活していった。組織率こそ低下したが，町内会は現在も広く日本全体を覆っている。ただし新しい地方自治制の下，戦後復興と高度成長をとおして変容した町内会の実態は多様であり，その評価も一様ではない。農村・都市とも少子高齢化が進み，コミュニティの崩壊さえ指摘される近年では，見守り・声かけ運動の中心

として町内会の再活性化の動きもある。町内会の評価とは別に, コミュニティが現代のガバナンスの一部であることは疑いない。

　他方,「市民」の語に抵抗を感じる者も多い。議員提案で市民活動促進 (NPO) 法案が国会に提出されながら, 保守勢力の修正により 1998 年に成立した法律名は「特定非営利活動促進法」であった。戦後の経済成長が実現した豊かさに対し, 市民は都市・環境問題を前に疑問を感じ始め, 各地の市民運動が問題解決に貢献したことは事実である。天野正子によれば, そうした状況から期待をこめて語られてきた言葉は, 市民というよりも「生活者」だったという。生活者については, 三木清が戦時中に提唱した「生活文化」に根をもち, 戦後生協運動の生んだ生活者ネットが政界への橋渡しをし, 宮沢内閣の「生活大国」とも共通項をもつように, 保革を問わず受容される広がりをもつ言葉となった。

　このことは, 庶民や消費者などの意味を含む生活者でありつつ, 政治とも接点を有する生き方が, それこそ市民権を得るに至ったと見ることもできよう。では, 西欧の市民社会とは異なる歴史的背景と語彙をもつ日本で, 市民と政治行政とはどのような関係に立ち, また立つべきであろうか。以下, このことを政治と行政の関係から考えていきたい。

2. 政治－行政関係と市民

(1) 行政学のみる「政治と行政」

　政治と行政の関係は, 行政学の歴史において最も多く議論されてきたテーマである。行政改革, 行政責任, 政策転換, 市民参加など, 重要テーマの多くが政治－行政の関係を軸に論じられてきた。このことは, 行政にとって政治が直近の環境であるだけでなく, 両者が互いに不可分の要素を含むことを物語っている。一方, 経済学で市場と政府の関係が

議論される場合，政治と行政の区別が論点となることは少なく，政治主導であれ官主導であれ「政府」の意思が明確であることが重要である。一般市民も政治と行政の違いを常に意識するわけではなく，公共サービスを政府のアウトプットと見ることが多い。しかし，政治家が震災という危機のさなかで政争に明け暮れたり，官僚が市民ニーズを忘れて自己保身に走ったりするような場合，市民は「政」に，あるいは「官」に，具体的な批判の矛先を向けることになる。

　民主主義の基本は，人々の意思を政策に適切に反映させることであり，そのために政府の意思決定主体を選挙で選ぶという手続が重要となる。政治権力には腐敗や独断，隠蔽や抗争がつきものだが，問題が深刻になれば市民は次の選挙で別の指導者を選べばよい。その際，政府の方針や活動全体は指導者・政権党の統括下にあることが前提となる。換言すれば，行政は政治の決定に服するという「統制の規範」が所与とされている。法治行政の考え方も同様に，行政活動が公選の議員による立法統制に服するという規範である。

　しかし，19世紀後半に行政の専門化が進行し始めると，公務員の職務遂行能力が注目された。米国では，公職が党派的利益の道具となる猟官制（spoils system）の弊害が深刻化し，これを克服するべく1883年のペンドルトン法制定により資格任用制（merit system）が導入された。W. ウィルソンは1887年の論文「行政の研究」で，「行政の領域は経営（business）の領域であり，政治の混乱や対立から切り離されるべき」と述べ，政党政治の影響を受けない合理的な行政制度の必要性を説いた。F. グッドナウも1900年の著書『政治と行政』で，行政は科学的・司法的・経営的な性格を有していることから，国家意思の表現である政治から独立した中立的な活動としてとらえた。これらは政治と行政について「分離の規範」を提唱するものであり，政治行政の「二分論」

(dichotomy)はアメリカ行政学最初の理論的パラダイムとなった。

これに続く20世紀初頭の正統派行政学では,「節約」と「能率」が中心的な教義とされ,ニューヨーク市政や連邦政府の改革の実践的理念となった。ギューリックが大統領府の設置（1939年）を提言する文書の中で,組織の管理機能として計画,組織,人事,指揮命令,調整,報告,予算の7項目（POSDCORB）を提示したことは2章で紹介したとおりである。行政活動の専門化が進み,組織の規模が拡大するにつれ,こうした管理機能の適否が政府全体の能率を左右すると考えられるようになった。政府をしばしば必要悪ととらえ,行政よりもビジネスの文化を重視しがちな米国の伝統の中では,能率の向上は選挙手続とは異なる次元で,まさに民意の反映なのであった。

だが1930年代に入ると,世界恐慌への対応としてのニューディールが政府の社会や市場に対する積極的介入を促し,行政学の視座をも変えずにはおかなかった。テネシー渓谷開発公社（TVA）などの実態は二分論と矛盾しており,それは行政機関が政策形成に深く関与しているという現実であった。ここに政治と行政は分離ではなく,融合・連続しているという「融合論」が優勢となっていく。その際,D. ワルドーの表現を借りれば,「政党や圧力団体の活動という意味での政治」と「政策の創造という意味での政治」とを区別する必要が生ずる。二分論では政党政治からの分離が規範として主張されたが,融合論では行政機関の政策形成への実質的な関与が事実として認識されたのである。

アメリカ行政学説において,融合論は事実認識の理論とされるが,行政の専門化・高度化が進んだ現代では,政治と行政が指導と補佐という協力関係に立つべきとする「協働の規範」も民意の一部となる。医療・薬務など国民生活に直接影響する分野では,政治の適切な舵取りの下,行政が専門性を発揮することが市民からの期待にほかならない。

（2）日本の政官関係

　以上示した政治と行政における統制・分離・協働の規範を念頭に置きながら，日本の政官関係の歴史と現状をふり返っておきたい。

　明治維新後の制度形成史からまず気づくのは，政治による行政統制の弱さである。1885年の内閣制度樹立前に，すでに外務・内務・大蔵などの各省が確立しており，帝国議会の開設は内閣に遅れること5年であった。議会開設までに官吏養成を使命とする帝国大学が設置され，官吏任用に関する規則，市制町村制・府県制郡制が制定されている。要するに，議会での審議を回避するかのように行政の基盤制度の制定ラッシュが見られた。明治の藩閥政府は自らを「超然内閣」と称し，天皇との直結性をもってその正統性を主張し，政党から自由な裁量空間を確保した。官吏や地方行政に関する制度は天皇の大権事項とされ，政府は議会や政党から独立して制度・政策を決定することができた。

　国際的にみて，日本は比較的早い時期に官吏の資格任用制を導入した。だが，米国や英国との大きな違いは，猟官制のように政治が行政に優越する段階を欠いたまま，自律的な官吏制度が確立したことにある。この官治システムの下では地方自治が育つ余地も少なく，参加や抵抗を含む地域の政治を回避した内務官僚による地方支配が進行していった。大正デモクラシーの時期には政党内閣が続くが，実態は政党による官僚制の統制ではなく，官僚の政党流入に近いものであった。

　敗戦後，占領軍による改革は統治システムの全体に及んだ。新憲法によって主権が天皇から国民に移り，国民の代表者が構成する国会が「国権の最高機関」とされた。内閣は国会の信任を得て成立し，国会に対し連帯責任を負う議院内閣制が採用された。かつての「天皇の官吏」は「全体の奉仕者」たる公務員となり，その選定罷免は国民固有の権利とされた。要約すれば，戦後改革は職業公務員に対する公選の政治家の優

位，すなわち「統制の規範」を保障するものであった。

　これら制度上の変化に加え，急速な復興と高度経済成長がより合わさって日本の政治行政を実質的に変化させていく。政党政治に関しては，保守合同による自由民主党の結成が55年体制と呼ばれる一党支配体制の起点となった。それは1993年の細川内閣誕生まで続き，その後自民党中心の連立内閣の時代，2009～12年の民主党政権を経て，再び自民党優位の政権運営に回帰している。戦後の首相はすべて選挙で選ばれた国民の代表者であり，政党内閣の下で官僚が実務を担うという構造は戦前の官治体制とは異なるものである。とはいえ，一党支配体制下で政策立案が官僚によって担われるという状況は，良くも悪くも政官協働の定着と，分離の規範の弱さを物語る。

　政党以外では，利益団体の噴出があげられる。労働組合，経済団体，農協といった団体は，関連する政策領域で各々の利益の実現を図り，時に政党に匹敵する影響力をもつようになった。戦前に設立された日本野鳥の会のような自然保護団体も，環境問題が争点化するとその運動は圧力活動に近いものとなる。ただし，日本では利益活動が行政機関に向けられるのが特徴で，各官庁にとって応援団的な性格を帯びることも少なくない。さらに，大衆の出現と市民の台頭も無視できない。男女普通選挙の実現，余暇の増大，メディアの普及によって，かつての臣民は主権者となり，量的現象では大衆として，質の面では教養と権利意識をもつ市民あるいはNPOメンバーとして，政策過程にしばしば大きな影響を及ぼすようになった。

　こうした変化にもかかわらず，政治による行政統制が定着したとはいい難く，政治の本質である決断とリーダーシップは十分に発揮されてこなかった。官庁ごとに仕切られた「サブシステム」内での交渉という政治はあっても，内閣の調整力は弱く，政権党内でも派閥対立を昇華して

政策に結実させるアートは依然として乏しい。このことを1章で紹介した文化パタンから解釈すると、「相互性」の支配として理解しうる。各官庁・業界・族議員は利益の擦り合わせによるコンセンサス形成には熱心だが、国会や内閣といった上位機関に権威を認め、ヒエラルヒーの中で統合を図る意志が弱い。フラットな相互調節は各省横並び意識にも支えられ、人事院などの独立性の高い機関は各省の反発を受け、本来の機能を果たせないことが多かった。出る杭は打たれ、高い権威は否定され、強いリーダーは引きずり降ろされてきたのである。

（3）政治行政と市民社会

ここまでの議論の整理を兼ねて、現代日本の市民および市民社会と政治行政の関係を図式的に示しておきたい（図4-1）。

まず、個々の市民にとって政府に関与する公式の回路は選挙である。市民は投票により国会議員を選び、下院で多数派を占めた政党が内閣を組織する。民間人の大臣を除けば、国会と内閣は公選による「政治」である。一方、官僚制は競争試験によって選ばれた職業公務員からなり、内閣の統轄の下で「行政」を構成する。内閣は政治と行政の結節点に位置し、市民社会の意思の集約と行政の統合を担うという意味で、自己である政治社会全体の決断の場、つまり自我に相当する。

市民は行政から規制やサービ

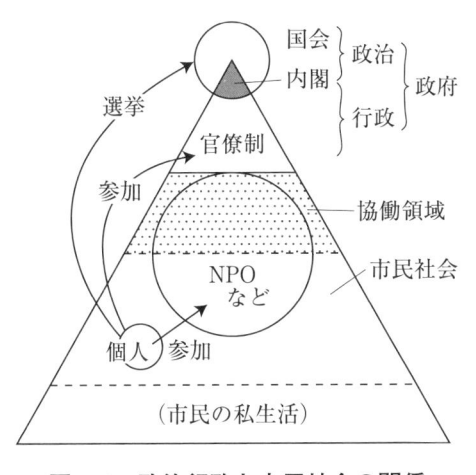

図4-1　政治行政と市民社会の関係

スを受ける一方，行政に対して請願・不服申し立て・パブリックコメントなど意見表明（参加）の権利を有する。市民はNPOなどの市民団体を組織して政治行政に参加し，かつ行政との協働をとおして公共サービスの一部を担うこともある。行政と市民社会とのインターフェイスの一部は「協働領域」として位置づけられ，「小さな政府」路線の中でもこの部分は拡大している。ただし，市民団体は必ずしも政治行政と接点をもつわけではなく，趣味のサークルなど自由な市民活動を展開するものも多い。

　この図式は自治体にも当てはまるが，日本の地方政府は二元代表制をとるため，頂点の「政治」は議会と首長に分かれる。その違いを除けば，選挙・参加・協働などで同様の関係が成り立っており，参加と協働に関しては身近な政府である分，より多くの機会が存在する。なお，市民社会の底辺には，政治行政が立ち入るべきではない思想・信条・プライバシーなどの私生活ゾーンがある。児童虐待の疑いなどで警察や児童相談所が親子の関係に介入する場面があるとはいえ，市民社会は政府からの干渉を受けない自律神経系のごとき広大な領域を有している。

　市民社会と政治行政を以上のように把握した上で，市民参加と協働について具体例も見ながら考えていきたい。

3．市民参加と協働

（1）市民参加と協働の諸相

　前節の図に示した「参加」とは，広義には選挙も含まれるが，「政策過程の諸段階への自発的な関与」ととらえておきたい。選挙の機会は数年に一度しかなく，その間の状況変化，個別の政策課題への多様な意見を政策に反映するために，参加は今や不可欠の手続となっている。憲

法・地方自治法では「住民」の語が使われており，公式には住民参加ということになるが，ここでは区別せず「市民参加」と呼んでおきたい。米国では建国以前から植民地のタウンミーティングで参加が日常化していたのに対し，日本では1960年代から生活環境の改善などを求める市民の運動とともに，参加への気運が高まった。

　参加のタイプに関する議論は数多く，S. R. アーンスタインは梯子状の発展図式を示している。それによれば，行政による操作・不満解消という低い段階から，情報提供・協議・懐柔の段階を経て，パートナーシップ・権限移譲・市民による統制という高い段階に至る。むろん参加には争点等により多様なあり方が考えられ，市民が常に行政をコントロールすべきだという趣旨ではない。日本での具体的な参加のタイプを列挙すれば，新規規制の素案段階で行政が市民の意見募集をするパブリックコメント，審議会等での公募市民，条例制定の直接請求のほか，公聴会，対話集会，フォーラム，デモなど多様な形が存在する。

　一方「協働」は，言葉としてみると「参加」よりかなり新しく，1990年代から「市民と行政の協働」といった文脈で使用頻度が急増した。もともとC. バーナードの『経営者の役割』中の「協力システム」に訳者がこの語を与えたものだが，「協働」の語の急速な波及は従来の官民協調とも異なる，分権時代の新しいパートナーシップへの期待が込められている。その期待も含めて要約すれば，協働とは「特定の目的を達成するために複数の主体が異なる能力や役割を相互に補完しつつ，対等の立場で継続的に協力すること」ということになろう。

　先に協働は近代日本の原風景だと述べたが，政策の実施段階で人々が行政に協力する慣行には根強いものがある。かつての道普請や川普請は公共事業にとって代わられたものの，町内会の多くは現在でも防犯・安全・清掃から納税組合まで，多くの分野で公共サービスや行政事務の一

端を担っている。1990年代以降のマイナス成長の結果，国も自治体も財政難に陥り，職員の削減や事業縮小のために公共サービスの提供に市民の協力をより強く求めるようになった。そこで出てきた批判とは，「行政のスリム化」や「協働のまちづくり」の美名の下，本来は行政の責任領域を安上がりの共助や自助努力に委ねているのではないか，参加というより包摂ではないか，といったものである。

先の図で協働の主体を「NPOなど」としたのは，地縁団体を排除するものではないが，市民の自発的な意思に基づく問題解決型の団体を想定したことによる。NPOは環境・子育て・貧困対策など特定のテーマを軸に機能的に組織されることが多く，その点で諸機能包括的な町内会と異なる。また，行政の周辺に位置する多数の公益法人（財団・社団）は機能的組織ではあるが，自発性・自律性の乏しい団体が多い。公益の名の下，補助金の受け皿や天下りの温床になっているとの批判が絶えず，個別に検証が必要である。このほか，協働の主体には社会福祉法人，医療法人，宗教法人なども入る。その中でなぜNPOが注目されているのか，具体例から見ていきたい。

（2）NPOと行政の協働事例

日本では1998年に自殺者が初めて年間3万人を超え，その後もこの異常な水準が続いたことから，政府も対応に乗り出した。2006年の議員立法による自殺対策基本法制定を受け，政府は内閣府に自殺総合対策会議を設置し，「自殺総合対策大綱」(閣議決定) その他「自殺対策加速化プラン」などの計画を策定した。毎年「自殺対策白書」を刊行して自殺の現状・変化・原因を分析し，対策を講じた結果，2012年にようやく3万人を下回った。しかし，政府に対応を迫ったのも，現場で対策を練り実践に移した主体も，実は小規模なNPOであった。

「自殺対策支援センター・ライフリンク」は，NHK で自殺遺児の番組を制作していた清水康之らによって 2004 年に設立された。清水は「自殺総合対策の実現に向けて」と題する提言書を政府に提出する一方，実態調査として遺族から聞き取りを行い，一見ランダムに見える原因から生活苦・多重債務・心の健康問題に収斂していく共通のパタンを抽出した。自殺に関するデータは警察庁の所管で入手が困難だったが，国会議員の協力を得て開示が実現し，「自殺白書」として公刊された。ここからターゲットとなる集団を絞り込むことで，自殺対策を実効性のあるものに変えていったのである。

　一方，ライフリンクは自治体との協働をとおして対策を進化させていった。2006 年に都区内で最多の自殺者を出した足立区では，2008 年度から「こころといのち支援担当」を置き，自殺の兆候を察知するゲートキーパー職員を中心に相談業務を強化していった。しかし，担当職員といえども自殺の現実に肉薄することは容易でなく，2009 年にライフリンクと協定を結び，ターゲット集団の特定に向けて工夫を重ねていく。両者が協働で進めたことの一つに，ワンストップサービスの試行と拡充があった。行政組織の中で，生活保護，ハローワーク，健康相談は異なる部門の窓口だが，自殺対策の観点からは一度にすべての相談にのることが必須となる。NPO の介在は，役所固有のセクショナリズムの克服，さらに弁護士など専門職との協働の契機ともなった。

　2009 年に成立した民主党政権で清水は内閣府参与に任じられ，国レベルでも自殺対策のパートナーとなった。NPO と行政の協働事例では，行政が決めた方針と資金援助の下，NPO が末端の手足のように活動するイメージが一般的である。だがライフリンクの経験は，小さな NPO がイニシアティブをとって政府を動かし，有効な対策を立てて協働実施に移すことが決して不可能ではないことを物語っている。

（3）新しいガバナンスの可能性

　この章のおわりに，日本のガバナンスの過去と現状を整理しておきたい。日本が明治以降に急速な近代化を遂げ，敗戦後も奇跡的な復興と経済成長を達成できたのは，欧米の制度と技術を官僚制を通じて果敢に移植し，効率的に社会に浸透させてきたことによっていた。この間，国家目的が明瞭だったために，政党間や議会での意見対立は脇に置かれ，政府と国民，中央と地方との対話の必要性も弱かった。逆に政府の方針を所与とし，批判や意見表明を抑えた「参加なき協働」が重んじられ，その一つの帰結が敗戦だったと言うことができる。

　ところが，世界有数の経済大国に到達すると，他の先進諸国が経験したことのない多数の難題に直面することになった。金融危機，少子高齢化，テロ，自殺の増加など，新たな課題を現場から検証し，関係者が知恵を寄せあって対策を模索していく問題解決の力が問われるようになった。長年の市民社会に対する政府の優位，政治に対する行政優位の体制下で，「官」に対して「民」も「政」も受動的になり過ぎたきらいがある。1990年代から分権化や政治主導への転換が改革テーマとなり，NPOを含む市民社会への期待が高まってきた背景には，こうした課題先進国としてのシステム変容への要請がかかわっていた。今求められているのは，公共の課題をお上任せにせず，個人，地域，国，さらに国際レベルで取り組んでいく新たなガバナンスのあり方である。そのすべてのレベルで主体となるのが「市民」と言ってよい。

　市民社会は政治思想史上の大きなテーマであり，古典時代，近代，現代と多様な理解がなされてきた。しかし近年，海外でも日本でもこの言葉が再び注目されている理由の一つは，政治も経済も社会もグローバル化の中でシステムが巨大化し，適切なコントロールが効かなくなったことにある。だが，いかに大きなシステムも，その単位は個人・集団とそ

の関係にほかならず，小さな単位での問題解決を重ねていくことで，その経験と知恵は全体システムにも作用していくに違いない。R. パットナムはコミュニティの力の差がその社会の問題解決力に深くかかわっているとして，「社会関係資本」（social capital）の概念を提示した。米国は自治の伝統に立ち，自助・共助が重視される社会だが，そこでもコミュニティや NPO の力が見直されていることは，ガバナンスについて各国が共通の課題を抱え，かつ方向性を共有していることを示唆している。

　かつて日本は，西欧をモデルとして政府や社会の制度設計を行ってきたが，現在は各国の政府や市民との対話の中で，協力して問題を解決していく時代に入ったように思われる。

引用・参考文献

天野正子『「生活者」とはだれか』中公新書，1996
植村邦彦『市民社会とは何か』平凡社新書，2010
清水康之・上田紀行『「自殺社会」から「生き心地の良い社会」へ』講談社文庫，2010
坪郷實編『参加ガバナンス』日本評論社，2006
西尾隆「協働型市民・住民論」武藤博己編『分権社会と協働』ぎょうせい，2001
西尾隆編『住民・コミュニティとの協働』ぎょうせい，2004
松下圭一『市民文化は可能か』岩波書店，1985
村上陽一郎『文明のなかの科学』青土社，1994
R. パットナム，柴内康文訳『孤独なボウリング―米国コミュニティの崩壊と再生』柏書房，2006
D. ワルドォ，足立忠夫訳『行政学入門』勁草書房，1966

5 | 中央政府と地方政府

西尾　隆

《目標&ポイント》　中央政府と地方政府の関係を立憲主義と民主主義の文脈から考察する。地方自治の理念，補完性の原理について理解を深め，地方分権改革と内発的な自治体改革の関係を考える。
《キーワード》　地方自治，立憲主義，マルチレベルのガバナンス，団体自治と住民自治，集権と分権，補完性の原理，市町村合併，自治体改革

1. 地方自治と立憲主義

　行政学・政策学が対象とするガバメントには，国（中央政府）と自治体（地方政府）という2つのレベルがある。国際レベルにも国連をはじめ多数の国際機関があり，決定の権威に違いがあるとはいえ，いずれもガバナンスの中核に位置する一種の政府である。本書では，14章で国際（グローバル）レベルの政策を扱うため，ここでは国内の2種類の政府と両者の関係について考えることにしたい。

　海外に目を向けると，米国やドイツのような連邦制国家があり，州（state）は国家の意味をもつ自律性の高い政府である。アメリカ行政学の「政府間関係論」は，連邦・州・カウンティ・基礎自治体相互の垂直的・水平的関係の動態を考察してきた。また，欧州連合（EU）のような国家を超える圏域（region）の政府も存在し，こうした多層の政府の存在に注目して「マルチレベルのガバナンス」と呼ぶこともある。日本で通常「政府」と言えば国のことを指し，自治体はそれに従属するイ

メージが強かった。だが，地方自治は市民生活への影響力においても研究蓄積としても国政に見劣りしないだけでなく，デモクラシーや市民の信託・参加・協力など，政治行政の本質にかかわるという意味で，行政学・政策学のきわめて重要なテーマなのである。

実際，国政のみで完結しうるような公共サービスはほとんどなく，自治体が何らかの形で介在し，しばしば実験的・先導的・分野横断的な役割をはたす。そこで自治の理念・原理について説明する前に，まず具体的な政策課題から国と自治体の関係を概観することにしたい。

（1）少子化対策にみる国と自治体

日本が直面する中長期的な重要課題に少子化問題がある。少産少死は超高齢社会と人口減少をもたらし，経済や社会保障の持続可能性を脅かす。2040年頃には，出産可能な女性が半減する「消滅可能性都市」が全自治体の半数になるとの試算もある（日本創成会議）。2007年から内閣に少子化対策担当大臣が置かれ，内閣府と厚生労働省を中心に少子化，子ども・子育て支援対策が行われている。毎年『少子化社会対策白書』が刊行され，妊娠・出産・子育て・保育などへの支援策とネットワーク形成，ワークライフバランスの実現へ向けた取り組みが紹介されている。しかし，それによって少子化対策が自動的に社会に浸透していく保証はなく，諸外国と比べてもその効果はまだ不十分である。

実際，少子化対策の中心に位置するのは自治体であり，国も地方での取り組みに依存する。例えば，保育所の設置には土地の確保や運営主体の指定が必要であり，スタッフの確保も容易ではない。子育て支援ネットワークの形成についても，地域のニーズや資源を把握して的確に対応しうるのは基礎自治体（市町村）である。戦前の官治集権体制は形を変えつつ戦後も持続し，児童福祉に関する権限・財源も戦後長らく国に属

していた。児童福祉法の規定では，自治体は福祉政策に関する最終的な決定権を有しておらず，厚生大臣の「機関」(エージェント)たる都道府県知事・市町村長が委任を受け大臣の監督下で事務を執行するという後述の「機関委任事務」制度が採られてきた。

　同制度の矛盾は徐々に明らかとなり，1986 年の機関委任事務整理合理化により入所措置などの業務は「団体委任事務」(議会を含む自治体全体への委任)とされた。これで国の関与はある程度弱まったが，2000 年の第一次地方分権改革により機関委任事務が全廃されるまで，福祉関係の事務の多くに自治体の最終権限は認められていなかったのである。例えば，省令による保育所認可の要件として，乳児を受け入れる場合はほふく室，医務室，調理室を設けること，ほふく室は乳児 1 人当たり一定面積 (3.3㎡) 以上とすること，保育士・嘱託医・調理員を置くべきこと，保育士の数は乳児 3 人あたり 1 人以上とすることなど，国が設置基準を事細かに決めていた。省令自体は現在も存在するが，機関委任事務の下では裁量幅が厳しく制限され，通達による拘束も強かった。

　他方，多くの自治体は地域の課題に直接責任を負う政府として，集権的制度の枠内で可能な対応を試みてきた。設置する保育所の数，規模，位置，受け入れ児童の年齢構成などは自治体の裁量事項であり，自主財源で国基準より手厚い保育を実施することも可能だった。国から見ると，福祉施設である保育所と教育施設である幼稚園とは，所管官庁が異なる別系統の施設であり，入所条件から職員の資格，料金体系まで異なる。しかし，現場では両者の組合せを考えざるをえず，働く母親の増加に伴って自治体は新設計画を保育所に限るといった対応をとることにした。ところが定員割れの幼稚園を保育所に転換しようとしても，設置時の文部省補助がネックとなり，加えて教育委員会と首長部局である福祉部門との違いもあって，その転換はきわめて困難であった。

一例として東京都三鷹市の取り組みを紹介すれば，いわゆる「幼保一元化」の議論が高まっていた1998年，公立幼稚園を2園廃止し，2002年の条例でさらに3園の廃止を決定し，2006年までに全廃とした。同時に，これらの施設を公立保育所として改修整備することで，2008年までの5年間に約250人収容定員を増やし，待機児童の増加に歯止めがかかった。さらに，2001年に幼稚園から保育所に転換した施設では，民間企業による保育サービスを導入し，日本初の「公設民営」保育所となった。この実験的試みは，2003年の地方自治法改正により，公の施設の指定管理制度として全国に波及することになった。

（2）地方自治の理念

さて，「地方自治」とは日本国憲法第8章に規定された戦後民主主義の新しい理念である。戦前にも地方自治という言葉は使われており，また共同体の生活で自治の実態がなかったわけではない。しかし，それらはいわば「官治の下の自治」であり，原理としての自治の自覚も弱かった。もっとも，日本国憲法は「地方自治の本旨」と記すのみで，内容については何も語っていない。そこで「自治」(self-government) の概念を整理し，そこから地方自治の理念を把握しておこう。

西尾勝の整理によれば，自治とは「自律」と「自己統治」という二つの要素からなる。自律とは，他からの統制に縛られず自ら規範と方針を決定しうる状態を指し，自己統治とは，内部の構成員の参加と同意のもとに方針や基準の定立が行われることをいう。大学などの機能集団についても自治は指摘されるが，個人の自由を基礎に形成されるガバナンスの重層構造の一つに，地方自治が位置すると理解できよう。

かつてJ. ブライスはスイスのコミューンを例に，「地方自治は民主主義の最良の学校」と述べた。またA. ド・トクビルがアメリカ旅行

の経験から,「共同体の制度と自由の関係は小学校と科学の関係に当る」と指摘したように,「樫の木民主主義」と呼ばれた建国期アメリカのタウンミーティングは自治の理想とも考えられた。だが,生活圏が拡大した現代では,中央の権力と個人の自由との緊張関係の中で,地方自治の理念と制度を考えるべきである。というのも,国政選挙という信託行為で国の指導者を選び,その下で専門的な行政を公務員集団に委ねてはいるが,地域の自治と全体秩序のバランス,個と全体の動的均衡の中で地方自治の具体的な制度を設計する必要があるからである。

　自律と自己統治の関係は,ドイツ公法学でいう「団体自治」と「住民自治」の概念と重なる。地方分権は前者の拡充に相当し,市民参加は後者の強化を意味する。また団体自治の拡充は「自治の量」に関係し,住民自治の強化は「自治の質」に関係するとみてよい。参加がいかに自治の質を高めるといっても,例えば保育所の食事内容だけを議題にするのでは淋しい。幼稚園を含めた施設の再編や管理主体の選択肢の拡大など,より重要で広範なテーマについて市民の参加が求められ,そのためには自治の量の確保が不可欠となる。1990年代に地方分権改革の議論が進んだ背景には,自治の絶対量の不足があったのである。

（3）立憲主義と民主主義

　これまで,戦前の官治集権体の残存については何度か言及してきた。だが「官治」も「集権」も相対的な概念であり,また両者は区別して考える必要がある。官治とは官僚制による支配を指し,例えば英国は連邦制をとるドイツと比べて集権的だが,議会中心の統治の伝統があるという意味で官治的ではない。日本は議会ではなく官僚制による支配の傾向が強く,同時に国による地方への画一的な関与も根強いため官治集権型に位置づけられてきた。しかし戦後改革と福祉国家への傾斜の中で,そ

の性格は明らかに変化している。その背後で働いているのは，戦後政治の原理とされた立憲主義と民主主義であろう。

　歴史をみれば，どの近代国家も程度の差こそあれ国家統一の過程で集権的となる。集権化は必ずしも自由や民主主義の否定ではなく，国家権力が個人を封建制的抑圧から解放したことも事実である。戦後は西欧諸国を含め，福祉国家への歩みの中で新中央集権と呼ばれる傾向がみられた。そこでの課題は，権力の集中がもたらす危険性からいかに個人の自由と権利を守るかという立憲主義の確立であった。近代的憲法の意義は，個人の人権を保障する一方，国家権力を分割して相互に抑制均衡させる点にある。三権分立が中央政府の機能的な分割だとすれば，連邦制と地方分権はより基本的な，権力の空間的な分割といってよい。日本国憲法の構成も，3章は人権保障，4〜7章（国会・内閣・司法・財政）は中央政府の機能的な分割，8章（地方自治）は4〜7章（国）との対比における地方への権力の分割と解釈すべきである。

　集権と分権の問題とは，国家権力と個人の中間に位置する自治体にどの程度の自律性を付与するかであり，単一の解はない。その国の発展段階や市民の成熟度，政治文化などによりその均衡点は異なる。国家統一が比較的順調に進んだ英国では，地方自治の保障も早い段階から行われていた。辻清明によれば，地方の裁判や秩序維持を担った治安判事は中央派遣ではない地元の土地貴族であり，彼らは中央集権と地方分権を有機的に結びつける媒介となった。集権と分権の関係とは，線分の中間のどこかの点に各国を配置できるような問題ではないのである。

　地方自治の保障はまた，民主主義の原理と不可分に結びついている。第1に，現代社会では地域により政策課題や市民のニーズが異なるため，自治体ごとの自己決定が不可欠となる。第2に，その市民ニーズ自体が多様化しており，しかも刻々と変化するため，不断の市民参加によ

る課題の抽出と政策の修正が必要となる。第3に，国政やグローバルな課題を含め，自発的に問題を提起し課題解決に取り組む市民の育成という観点からも，地方自治は現在も民主主義の学校としての意義を失っていない。

最初に取り上げた少子化対策に戻れば，本格的な分権改革に先んじて児童福祉の分野で分権化が進んだのは，官治集権体制への内からの挑戦にほかならない。同時にそれは，待機児童の増加に危機感を感じた自治体によるごく自然な政策対応の成果であり，その背後に市民の声と参加があったことも看過できない。立憲主義や民主主義という言葉に依然よそよそしさを感じる向きがあるかもしれないが，これら戦後改革の原理は市民生活の中に着実に根を下ろしてきたのである。

2．中央と地方の関係

ここから，中央－地方関係を理論と実態の両面からみていきたい。集権と分権の関係には様々な軸があり，これまでの研究や論争に対して最近も新たな知見が示され，この問題の複雑さを物語っている。その一部を紹介しつつ，込み入った現実を見る際のアングルの提供を心がけて説明したい。

(1) 官治集権体制とその変容

日本の官治集権体制が戦後も残存したことを指摘したのは辻清明らであり，そこには自治・分権を志向する規範的な意図が込められていた。「1940年体制」という言葉があるように，戦争遂行と戦後復興には明らかな連続性が認められ，GHQの間接統治も手伝って官僚制支配の構造は戦後もしばらく存続する。他方，先に触れた世界共通の新中央集権と

よばれる社会的要請に呼応しつつ，抑圧性の弱い中央主導のガバナンスが展開されたことも否定できない。村松岐夫は事実認識として，自治体は戦後リソースを拡大し，国に対してその主張を要求・実現しうるようになったとし，これを「相互依存モデル」と名づけた。

　このテーマをめぐる議論は現在も終結していない。市川喜崇は，戦中から占領期までに旧き集権体制は変容をとげ，福祉国家に適合的な機能的集権体制に移行したとみる。その際，機関委任事務は戦前のシステムというよりも戦後政治の産物であり，支出が公共事業に傾斜する「土建国家化」の動きや，国と地方の共管領域の拡大傾向とも連動しているという。土建国家についての批判は少なくないが，公共サービスの提供をめぐって国と地方が機能と責任を共有することの是非・功罪には単純な判断は下せない。市川自身は，国と地方の責任を分離することに否定的であるが，この問題を理解するために別の軸を考える必要がある。

　天川晃は，集権－分権とは別次元の対比基準として，「融合－分離」軸が存在するとみる。これは，国と地方の間で事務・情報・人員が共有されがちか，分離されがちかという違いといえる。ヨーロッパの大陸諸国では，府県に当る広域団体が国の総合出先機関のような役割を果たし，融合の傾向をもつのに対し，英米系諸国では，自治体の仕事を明確に列挙し，それ以外は国の出先機関が担うため両者は分離している。この観点からみると日本は融合型に属し，同じ行政分野について国と自治体が事務を分担する傾向が強い。歴史的にみると，日本は集権・融合型の国―地方関係で推移してきたが，2000年の分権改革を機に分権・融合型にシフトしつつあると整理できよう。

　この議論に対し曽我謙悟は，2つの軸は別次元というより相互に関連しており，分離は分権につながりやすく，他方，融合の場合は自治体から国への働きかけが容易で，地方の意向がより実現しやすいと指摘す

る。そうすると融合は理論的に集権の範疇に入ることになるが，市民からみると決してマイナスではない。このロジックを自治体と市民，政府と市民社会の関係に当てはめれば，協働の伝統，相互性の文化パタンの評価とも重なってくる。行政と市民，国と地方，さらに政治と行政の境界を曖昧にしたまま相互に融合し協力することで，日本は近代化と経済成長をなし遂げてきたといっても誤りではない。しかし，政財官の癒着や責任の所在の不明確さもこの相互性に起因しており，分離の規範が改革の重要な柱であり続けていることも事実であろう。

（2）補完性の原理と自治体の位置づけ

　ここで自治体の位置づけに関連して，欧州で言及されることの多い「補完性の原理」(principle of subsidiarity) を紹介しておきたい。この原理はカトリックの社会思想に基礎をもち，「個人が自発的に処理できる事柄を共同体が個人から奪ってはならないのと同様に，下位の団体が処理できる事柄をとり上げて上位の共同体に与えてはならない」というローマ法王ピウス 11 世の回勅が起源とされる。法律上は 1992 年のマーストリヒト条約で用いられ，国家を超える政府（EU）の創設に際し，多層の政府間関係を整理するための理念となった。また，1985 年調印の欧州地方自治憲章では，「公共の任務は一般に市民に最も身近な行政主体が優先的に遂行し，他の主体への配分は任務の範囲と性質，効率性と経済性の要請を考慮に入れなければならない」と定め，政府機能の配分における自治体優先の考え方が示されている。

　日本では，2000 年の改正地方自治法が国と自治体の関係を次のように規定する。「国は（中略）本来果たすべき役割を重点的に担い，住民に身近な行政はできる限り地方公共団体にゆだねることを基本として，地方公共団体との間で適切に役割を分担するとともに，地方公共団体に関

する制度の策定及び施策の実施に当たって，地方公共団体の自主性及び自立性が十分に発揮されるようにしなければならない」(1条の2)。

　この考え方は「市町村優先の原則」と呼ばれ，自治体に対する国の関与を制限する点で補完性の原理を読み取ることができる。個人の自立を視野に入れた補完性は，改革の理念という以前に一つの現実でもある。個人の自立を「自助」，近隣コミュニティの協力を「共助」，自治体や国の公共サービスを「公助」とすれば，補完性とは自助を基礎に，共助がこれを支え，公助がそれらを支援する実態にほかならない。震災時の対応では，地震の最中に身体を守れるのは自分しかなく，揺れが収まって家族や近隣同士による救出が始まり，消防に頼れるのはその後となり，さらに自衛隊など国の支援が到着するのは翌日以降になる。現代人は行政のサポートを所与と考えがちだが，日常の衣食住から就活・婚活まで，市民にとって生活の大半は自助・共助が基本である。

　補完性の原理と現実を念頭に置けば，多層のガバナンスの中での自治体の性格と位置づけが明らかになろう。自治体はまず，最も身近な政府として基盤性をもつ。自治体がカバーする政策領域は福祉・健康・教育・都市基盤など市民生活に直結しており，外交や防衛などの高等政治に対し「基盤政治」を構成する。その重要性は，軍事のみに専念して生活問題を軽視する国の危うさを想像すれば十分であろう。

　第2に，自治体は国の割拠性を是正する総合性をもつ。中央での機能分担は生活現場では融解するため，「全体性」の視点からの調整が不可欠となる。先に述べた保育所と幼稚園の違いは相対化されつつあり，地域資源たる施設の再編は急務である。高齢者のケアや生きがいに関しても，医療・保健・福祉は渾然一体となり，教育（学校ボランティア），雇用（シルバー事業），交通（コミュニティバス）などとの連携は現場からのみ出てくる発想といえる。自治体には法制上，都道府県・市町村

という普通地方公共団体と，ゴミ処理等を扱う一部事務組合などの特別地方公共団体があり，前者は「多目的政府」，後者は「単一目的政府」に相当する。その中で，一部事務組合や国の出先機関，さらにNPOや市民団体を含めた地域のネットワークの形成と調整を担いうる総合行政の主体は，多くの場合，基礎自治体としての市町村である。

　第3に，自治体は地域固有の課題に対処し，その過程でしばしば個性を演出する。国の法令や基準は抽象的・画一的であり，その適用にあたっては自治体が地域特性に応じた解釈と修正を行う必要がある。戦後の急速な工業化・都市化の歪みが顕在化した1960年代，地域主導の公害対策以外に有効な解決策はなかった。自治体と市民による一見個別的な対応の積み重ねが，初めて国の政策に軌道修正を迫ったのである。一方，自治体は個別の問題解決を超え，その歴史・風土・文化を生かした個性ある地域づくりという任務も担う。そうしたまちづくりの経験は他の地域にも適用可能な実験的性格をもち，そこに「地域先導」というもう一つの特徴が現れる。地域とは経済発展などの国策の道具ではなく，それ自体が価値をもった生活世界である。この当然事が，原発事故という悲劇をとおして改めて認識されることになった。

（3）開発規制にみる国―地方の関係

　ここで，分権化に向けた制度改革より以前に，市民と自治体が具体的な問題解決の過程で官治集権体制の矛盾を明らかにし，実質的にシステムを変えていったケースを紹介しておきたい。

　東京都武蔵野市では，1970年ころからマンション建設が急増し，近隣に日照障害が生じるようになった。良好な住環境を維持するための開発規制の強化は関係住民，市長，市議会のほぼ一致した方針だったが，建築確認など都市計画の事務は建設大臣から都知事への機関委任事務だっ

たため，合法的に行われる開発行為に対し，市は直接の規制権限をもたなかった。そこで市は1971年10月，市議会の了承を経て「宅地開発等に関する指導要綱」を定め，これを一種の行政指導の形で市内の開発行為に適用した。具体的には，市との事前協議，付近住民の同意，国基準より厳しい高さ制限，公園・緑地の設置，人口増に伴う学校建設への費用負担などを求めるものであった。

多くの業者はこのガイドラインに従い，1978年までに提出された379件の申請のうち58件が取り下げとなっている。こうして要綱行政は一定の効果を上げたが，一部の業者は法的に問題なしとして要綱の定める基準や手続を無視してマンション建設を進めた。市民は反対運動を激化させ，市長へ陳情書や激励文を提出し，「守ろう，太陽と環境」のスローガンを掲げて集会を開くなどした。要綱は従わない者に対する措置として，「上下水道等必要な施設その他必要な協力を行わないことがある」と規定しており，これに基づいて市はついに給水を拒否した。市と業者との紛争は司法の場に持ち込まれ，後藤喜八郎市長は水道法違反で訴えられた。この訴訟は最高裁まで争われ，1989年に元市長の有罪が確定したのである。その後，後藤元市長は次のように記している。

「全国で初めて，指導要綱でマンションを規制しなければならなかったのは，縦割り行政の中で総合的な街づくりの法律がなかったことが原因です。水道法違反で起訴されたとき，『裁かれるのは市長ではなく政府である』と言いましたが，その考えは今でも変わっていません。（中略）市の基本構想にあるとおり，『武蔵野市は我々武蔵野市民の自治体』です。だから市長が治めるのではなく市民が治める，という考え方は今後ますます強くなっていくと思われます」。

機関委任事務制度が抱える矛盾は，首長というリーダーに裁量権を与えることなく，地域の政策課題を国の業務として実施させるという点に

あった。市長の闘いの相手は建設業者というよりも，総合的なまちづくりと市民自治を阻む官治集権体制だったとも考えられる。ともあれ，武蔵野市の開発規制は地域先導の例として全国に広がり，日照権の考え方も1976年に建築基準法に取り入れられたのである。

3. 地方分権改革と自治体改革

　ここから，1990年代に本格化する地方分権改革，およびそれと相互補完的関係にある自治体改革を概観する。

　内容に入る前に，なぜ分権改革が必要なのか，論点を整理しておこう。一つには，中央と地方の権力をバランスさせるという立憲主義の要請がある。権力が中央に集中することで，無駄な公共事業や地域の実情に合わない画一的な規制が続き，その是正は長年の課題だった。もう一つのより積極的な理由として，自治体の自己決定権を拡充し，市民の自発的な参加を促すという民主主義からの要請がある。それは先に述べた地域の総合性や個性の発揮を可能にし，責任ある政治行政につながる。市民が参加を通じて政治的有効性感覚をとり戻すことができれば，一つの課題解決は成功の記憶となって次の対応を容易にするであろう。

(1) 第1次分権改革の経緯

　分権化の動きは，住民運動が多発した1960年代，「地方の時代」が叫ばれた70年代，臨調行革が進行した80年代にも見られた。だが，政府が実際の改革に着手するのは90年代であり，その契機が1993年の衆参両院による「地方分権の推進に関する決議」であった。これを受けて95年に地方分権推進法が制定され，地方分権推進委員会を中心に制度設計が進められた。同委員会は分権改革を「明治維新，戦後改革に続く

第三の改革」と呼び，以下のような経緯で進めていった。

まず，これまでの国と地方の「上下・主従」関係を「対等・協力」に改め，自治体の「自己決定・自己責任」を高めることが謳われた。次いで自治体間の水平的再編ではなく，現行の2層制の自治体に国の権限を下ろしていく「垂直分権」の方針が確認された。これは，分権の前に自治体の足腰を強化すべきだという「受け皿論」と対立していた。受け皿論とは市町村合併を指したが，多くの反対にもかかわらず大規模合併方針は政治的な力を得て，1999年に3,232あった基礎自治体は，2006年までに1,820にまで再編された（2014年の数は1,718）。

垂直分権の焦点は機関委任事務の廃止であった。自治体ではそれ以外の事務についても国の意向を伺う習慣が定着し，「機関委任事務体制」と呼ばれるほどであったため，改革は文化の変革の様相を呈した。委員会はまず機関委任事務の廃止を決め，次いでこれを「自治事務」と「法定受託事務」に再編することとし，561件の事務について委員が国の幹部と膝詰交渉をすることで仕分けを行った。法定受託事務とは，本来は国の事務だが，戸籍やパスポート交付のように国が適正な処置を確保しつつ自治体に委託するものとされ，それ以外は自治事務とされた。両者の割合は当初の期待を裏切り，法定受託事務が4割を超えた。

これと関連して必置規制とよばれる国の関与が緩和された。自治体には，国の法令で設置が義務づけられている機関や資格要件などがある。具体的には教育委員会，農業委員会の農地主事，保健所長の医師資格，図書館長の司書資格などであり，教育委員会は必置のままとされたが，その他の多くの規制が撤廃ないし弾力化された。

第3に，国と自治体の間で紛争が生じた場合，裁判による決着の前に行政的な解決を図るべく，総務省に「国地方係争処理委員会」が設置された。分権改革により国と地方が対等の関係となったことから，従来は

上下の関係で処理されてきた紛争処理を，第三者機関によって行う必要があるとして設けられたものである。ただし，実際にこの委員会にかけられた紛争はごく少ない。

（2）その後の分権改革メニュー

さて，世紀が改まって以降も分権化に向けた改革は続いている。道州制や大都市制度改革など，テーマ自体は広がっているが，ここでは実際に着手された改革の主要なメニューを時系列で示しておく（表5-1）。

第1次地方分権改革では，税財政の見直しも重要な論点だったが，財政力に差のある自治体間の対立を内包するとして，カネの問題は先送りされていた。そこで小泉内閣は，2002年の「骨太の方針」に基づき「三位一体改革」の名称で税財政の改革に着手した。すなわち，政策誘導との批判が根強い国庫補助金，水平・垂直の財政格差是正を担う地方交付

表5-1　地方分権改革の概要

名称	審議会	コンセプト	改革課題	方向性
第1次地方分権改革	地方分権推進委員会 (1995-2001)	上下・主従から対等・協力の関係へ	機関委任事務の廃止 必置規制の緩和 市町村合併 国－地方の紛争処理	分権化 関与の縮小 効率化 対等化
三位一体の改革	経済財政諮問会議 (2002-2006)	国から地方へ 聖域なき構造改革	税源移譲 国庫補助負担金・地方交付税の改革	効率化 財政再建 小さな政府
第2次地方分権改革	地方分権改革推進委員会 (2007-2010)	地方が主役の国づくり	出先機関の縮小 義務付け・枠付けの見直し	国と地方の役割分担
地域主権改革（民主党政権）	地域主権戦略会議 (2009-2013)	地域のことは住民が決める	出先機関の整理 国と地方の協議の場の設置	効率化 対話の拡大

（筆者作成）

税，および地方の自立を促す税源配分の3者につき，相互の関係をほぐしながら一体的な改革を試みた。作業は難航し，結果的に地方財政が厳しさを増すことになったが，聖域なき構造改革の名の下，効率化・財政再建と小さな政府を目指す改革が行われた。

続く第2次分権改革の焦点は出先機関の縮小と義務付け・枠付けの見直しであり，国と地方の業務の再編を試みたが，これも関与の縮小を目指すものとみてよい。2009年に民主党政権が誕生すると，「地域主権」の名で引き続き改革を行い，新しいメニューとして「国と地方の協議の場」が設置され，定期的な対話が行われることになった。

地方分権は行政の全領域にかかわる広範かつ複雑な改革であり，ここに紹介した一部の項目でさえも，その選定と手順の決定は難題だった。海外の例からいうと，自治体を何層にするか，地方政府の構造を米国のように多様化するかといった検討項目も残る。だが，市民により身近で，分権改革と補完的な関係にあるのが，次の自治体改革である。

（3）自治体改革と地域ガバナンス

団体自治の強化としての地方分権は，国との関係を変えはしても，市民の参加を促し自治の質向上を保証するものではない。住民自治の拡充という課題は，いわば個々の地域に委ねられていた。見方を変えれば，かつての集権体制の中でも市民と自治体がその気になれば，より自律的・先駆的・総合的な地域づくりは不可能ではなかった。国の関与が縮小した今，各自治体は政策の形成・再編から組織・人事の刷新，さらに市民との協働まで，活動の自由は確実に拡大している。

では，自治体改革には具体的にどのようなメニューがあるのだろうか。まず，市民へのアウトプットである事業の見直しが挙げられる。これは政策評価の一種であり，半ば惰性で続いている事業の必要性の検

証，他の事業との統合，外部化の可能性のチェックなどがある。民主党政権で有名になった公開の事業仕分けは，もともと自治体で行われており，評価の過程に市民をまき込むことで参加の契機にもなりうる。

次に，内部管理の改革としては，トップマネジメントの強化，権限の下部委譲，プロジェクトチームの活用，研修の見直しや自主研究活動の奨励などが挙げられる。このうち，リーダーシップ自体は首長個人のタイプによるが，それを活かす幹部の会議のもち方，決定事項の庁内への周知方法の工夫などは，運用改善の問題であろう。人事評価の項目や方法の見直しにより，組織内の士気・活気・風通しも改善しうる。

第3に，自治体と市民・NPO・企業・大学などとの新たな協力関係の構築も自治体改革の一つである。多くの地域問題の解決に，財政難にあえぐ自治体の力だけではおよそ不十分であろう。市民の無関心・非協力を嘆く自治体は少なくないが，積極的な情報提供と丁寧な説明責任を果たして初めて「地域ガバナンス」は動き出す。欧米で「漕ぎ手から舵取りへ」(from rowing to steering) と表現される変化とは，自治体が「お上あるいは唯一の公共サービスの提供者」としてではなく，対等のパートナーとして市民やNPOと協力しつつ，地域ガバナンスのネットワークを形成することにほかならない。

最後に，地方議会の改革も近年の争点である。ここで紹介した改革と並行して，市民と自治体と議会が，分権時代の自治の基本システムを構想するところから生まれてくるのが，自治体の憲法たる自治基本条例であろう。北海道ニセコ町は2001年に全国に先駆けて「まちづくり基本条例」を施行し，多数の自治体が同様の条例を策定してきた。こうした内からの自治体改革は分権改革に道筋を示し，そのことが翻って他の自治体にも新たな改革を促す契機となるように思われる。

引用・参考文献

天川晃「変革の構想−道州制論の文脈」大森彌・佐藤誠三郎編『日本の地方政府』東京大学出版会，1986
市川喜崇『日本の中央―地方関係：現代型集権体制の起源と福祉国家』法律文化社，2012
金井利之『自治制度』東京大学出版会，2007
新藤宗幸『地方分権』(第2版) 岩波書店，2002
曽我謙悟『行政学』有斐閣，2013
辻清明『新版 日本官僚制の研究』東京大学出版会，1969
西尾勝『地方分権改革』東京大学出版会，2007
松下圭一『日本の自治・分権』岩波新書，1996
武蔵野百年史編さん室『要綱行政が生んだ日照権』武蔵野市，1997
村松岐夫編『テキストブック 地方自治』(第2版) 東洋経済新報社，2010
R. Leach and J. Percy-Smith, *Local Governance in Britain*, Palgrave, 2001

6 | 議院内閣制と官僚制

出雲明子

《目標&ポイント》 議院内閣制は，議会の信任に基づいて内閣が組織され，立法権を担う議員が行政権も行使する政治制度である。議院内閣制を理解するためには，政治と行政の関係を知る必要がある。首相は制度上の権限やパーソナリティでリーダーシップを発揮していくが，内閣がまとまって政策課題に取り組むのには制度と運用上の工夫がいる。行政権を担う内閣のもとには，中央省庁の行政機関がおかれ，政策形成を担っている。行政機関の組織編成とともに，官僚制の問題についても理解していく。
《キーワード》 政治と行政，内閣主導，内閣機能強化，コア・エグゼクティヴ，ネットワーク，省庁再編，総定員法，セクショナリズム，官僚制の機能と逆機能

1. 政治的リーダーシップと政治制度

(1) 政治と行政の関係

　政治制度は，「政治」に関する制度だが，その実態をみると政治と行政の関係を指し示す制度である。政治と行政はやや抽象的で，具体的には立法府と行政府，政治家と行政官の関係である。議院内閣制と大統領制は，異なる政治と行政の関係を想定している。

　議院内閣制は，内閣総理大臣（首相）が国会議員のなかから議会の議決で選出され，議会の信任に基づいて組織された内閣が議会に対して責任を負う制度である。議会（日本では衆議院）は，自ら選出した首相率いる内閣が，その責任を十分に果たしていないと判断すれば，内閣の不

信任を決議することができる。内閣が不信任決議を受け入れれば総辞職し，新たな首相が選出され内閣が組織される。しかし，不信任決議を受け入れずそれに対抗する場合，首相は議会を解散し，新しく国民の投票で議員が選出される。議院内閣制では，三権分立が原則とされながらも，内閣と議会は協力の関係を築き，相互に命運を握る。

　内閣と議会の協力関係は，内閣と議会の与党議員のあいだに築かれ，その意味で立法府と行政府は融合している。ただし，日本を例にみれば，内閣は衆議院の（連立）与党議員の支援は得られても，国会の一院を担う参議院議員と衆議院の野党議員とは対立することが多い。三権分立は，この対立関係で顕在化するといえよう。

　制度上の考え方とは別に，運用上，日本の議院内閣制では，本来協力関係を築くべき主体がむしろ対立してしまうことが指摘されてきた。二重権力構造といわれる問題であり，自由民主党による一党支配体制時代の政策決定で顕著にみられた。内閣は，国会の信任を基礎に政策決定を主導すべきところ，法案の国会提出には，与党の政務調査会での事前審査，総務会での承認が必要とされており，内閣にとっての障害となっていた。内閣の外で分野ごとに専門化した族議員が，内閣以上に中央省庁に対する影響力を行使することも少なくなかった。このような政策決定方式は，議院内閣制の制度原理から逸脱した政治家主導，与党主導として批判的に評価されてきた。連立政権，民主党政権を経て，内閣機能が強化されたこともあり，自民党一党支配体制時代ほど与党や族議員の影響力は堅持されていないが，なお首相にとって与党との関係が生命線である。

　議院内閣制と大統領制のリーダーのどちらが強いのかについては議論がある。与党議員の支持を基礎として内閣を組織し，法案提出権を有する首相とは対照的に，議会との衝突が起こりやすく法案提出権をもたな

い大統領のリーダーシップは発揮されにくい。しかし，首相は不信任決議によって内閣の総辞職を迫られるリスクがあり，合議体としての内閣による制約も受ける。いずれの場合も議会との関係構築が鍵であり，制度上の権限と現実の政治状況によってリーダーシップの強弱が判断される。

行政府内にも政治と行政の関係がある。この場合の政治をとくに執政（executive）という。米国大統領制では行政府の上層で，大統領任命によるホワイトハウスの幹部，各省の行政長官，副長官，次官，次官補らが執政として大統領を補佐する。日本では，内閣総理大臣と内閣の補佐機構がこれにあたる。執政のもとで働くのが職業公務員，すなわち行政官僚制である。

政官の役割分担に関して，繰り返し語られるモデルにJ.D. アバーバックらが示した4つの類型がある（図6-1）。政官の役割が明確に分離され，「政治家が政策を作り，官僚が政策を実施する」イメージⅠが起点となる。もっとも対極に，政治家が官僚のように専門化し，官僚が政治家のようにふるまい，両者の区別がつかなくなるイメージⅣがおかれる。中央に，政治家も官僚もともに政策形成に参画するが，役割の重点が異なる2類型がある。イメージⅡでは，政治家は選挙区の期待への応答や政治的感度を重視するのに対して，官僚は中立的な専門性や政策の効率性を重視して政策を考える。イメージⅢでは，官僚の役割がさら

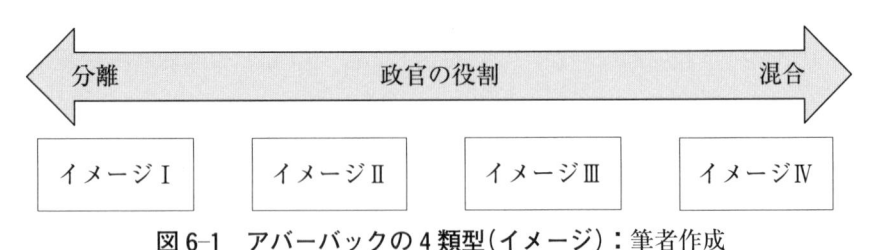

図6-1　アバーバックの4類型(イメージ)：筆者作成

に拡大し，官僚も政治家とともに国民やサービス対象者の利益の集約を行う。ただし，政治家が組織化されず拡散した個人の利益をまとめようとするのに対して，官僚は狭く組織化された顧客の利益を調整しようとする。

　アバーバックら自身は，イメージIIIが現実を描いているとした。日本でも村松岐夫により，1970年代以降の自民党政権の長期化で，積極的に社会集団によって表出される諸利害を調整する官僚像である政治的官僚の台頭が示された。しかし，1980年代半ば以降は，官僚の不祥事が重なったことで政治と社会から圧力がかかり，政治家が調整し決定したことに官僚は従うという吏員型官僚の誕生が真渕勝により示された。

　1990年代以降は，連立政権が常態化し，二大政党制による政権運営もみられたことで，政官関係も流動化している。2009年からの民主党政権では，政策形成過程への官僚の関与を政務三役が制限し，「政と官の関係がきしんでいる」と懸念された。両者はともに政策形成に参画する者として適切な役割関係を築くべきという認識が，一般国民にも広がることとなった。

(2) コア・エグゼクティヴ論

　政治的リーダーシップ論の新しい考え方に，コア・エグゼクティヴ論がある。中核的執政論ともいわれる。政治的リーダーシップ論ではリーダーの個人的資質を中心にアクターの相互作用に着目する。それに対して，コア・エグゼクティヴ論ではリーダーシップが行使される制度的要因，主に調整機能を担う組織と制度およびそれらのネットワークに着目する。

　発想の起点となったのは，英国の執政モデルの変容である。英国での統治モデルはウェストミンスターモデルとよばれ，首相を頂点とする内

閣と与党の一体性を特徴とする。それに対して，コア・エグゼクティヴ論では，首相は多くの資源を周辺の組織，首相府や内閣府，財務省などの政策決定に関与する組織に依存すると考え，水平的なネットワークが公式，非公式に形成される。さらに，一定の政府の権限は，グローバル化で欧州連合（EU）に，行政改革で民間企業に移譲され，政府状態のガバナンス化，一時空洞化をもたらした。政策課題も，ジェンダー，環境，治安，財政危機，危機管理など，他主体を調整して課題解決を図るものが多くなった。

そのため，ネットワーク間の調整を担う執政の補佐機構の拡充が求められ，政府機構の集権化が逆説的に進行した。コア・エグゼクティヴに関する国際比較研究が進展し，議院内閣制における首相の大統領化が指摘された。日本でも，以下に述べる内閣機能強化や政治任用の拡充により，政府内の分断を抑制する改革が進展した。

2．内閣制度

首相を中心とする内閣制度の基本的な原則の解説に移ろう。それぞれの原則が相互に対立する可能性のあるなかで，どのように均衡が図られているのかをみていく。

　　合議制の原則：内閣の職権は閣議を通じて行使される
　　分担管理の原則：各省大臣がそれぞれ各省の所掌事務を管理する
　　首相指導の原則：内閣の首長は首相であり，国務大臣の任免権など
　　　　　　　　　を行使する

（1）合議制の原則

内閣は閣議を通じて意思決定を行う。全会一致を慣行とし，国務大臣の署名をもって閣議決定がなされる。内閣の首長たる首相であっても，

「閣議にかけて決定した方針に基づいて，行政各部を指揮監督する」（内閣法6条）。首相は署名を拒否した国務大臣を罷免することができ，事実上首相指導の原則が優先される。しかし，国務大臣を任命したのは首相自身であり，任命責任が問われてしまう。したがって，制度上は罷免が可能でも事実上その行使は制約され，合議制の原則が重視されることとなる。

　定例の閣議は，毎週火曜日と金曜日の午前中に行われている。内閣法上，閣議を主宰するのは首相だが，実際には内閣官房長官の司会で進められる。内閣官房長官は，首相の女房役といわれ，首相が最も信頼をおく議員が任命される。私たち国民にとっては，内閣の政策について定期的に記者会見を行うイメージがあり，閣議をはじめとする内閣の意思決定の公表は，内閣の広報としての内閣官房長官が管理する。

（2）分担管理の原則

　内閣を構成する国務大臣は，それぞれ特定の省を担当して内閣の政策を実現していく。国務大臣が各省の行政長官たる各省大臣を兼務する形となっており，法律上主任の大臣とよばれる。首相は，内閣の首長であると同時に内閣府の主任の大臣でもある。国務大臣の数は府省の数と一致しておらず，内閣官房長官と内閣府特命担当大臣は，行政長官を兼務していない。後者は，必置の担当（沖縄及び北方対策，金融，消費者及び食品安全）以外に，新しい行政課題や政権として迅速な対応が求められる政策課題についておかれる。

　各省大臣は，各省公務員の任命権をもち，各省のトップに立ち公務員を指揮監督する役割を果たす。しかし，一人で各省に乗り込んでも影響力は限定されてしまう。そこで，各省大臣を政治的に補佐する目的で副大臣，大臣政務官が大臣とともに政務三役として各省入りをし，各省の

上層を構成する。

　政務三役は，内閣の方針に基づいて各省を指導するが，ときに内閣の方針と異なる政策が各省で示される場合がある。第一に，政務三役が内閣総理大臣や内閣と異なる政策を推進する場合である。政務三役の多くは国会議員であり，自らの政治的信念で活動している。また，小選挙区選出の衆議院議員や特定の団体の支援を受ける議員であれば，別に配慮すべき利益がある。首相は大臣の任免権でそれに対抗するが，日常的な各省業務は原則として各省大臣の監督に委ねられており，閣内不一致が顕在化することも少なくない。

　第二に，分担管理の原則が，事実上官僚主導となっているケースがある。政務三役の総数は限定されており，また，必ずしも各省の政策に関する専門的知識で任命されているわけではなく，当選回数なども政治的に考慮されている。

　公務員を指導，監督する立場の政治家が本来の役割を果たさない場合，公務員の立案した政策を事実上追認するにすぎない存在となりうる。官僚主導とよばれる事態である。政治家側の問題だけではなく，官僚も自らの役割を超えて活動を拡大する場合に起こる。分担管理の原則が，縦割り行政，すなわちセクショナリズムにつながりうると指摘されてきた所以である。なお，政官関係は，政治家が過度に官僚を指導しようとした場合にも緊張化する。とりわけ野党が与党になる政権交代での緊張は，諸外国でも共通にみられる現象である。

（3）首相指導の原則

　首相が内閣と各省を指揮監督することは，一見当然である。議院内閣制では，衆議院多数派の支持を背景に，首相は強いリーダーシップを発揮することが期待されている。しかし，日本の現実では必ずしも当然で

はない。その原因の一つには，すでに述べた二重権力構造の問題がある。しかし，それ以外に少なくとも次の二点を指摘することができる。

第一に，法制度上の問題である。戦前の首相は，「同輩者中の首席」の地位にすぎず，各大臣が直接天皇を支え，首相や内閣が国政を監督する体制ではなかった。戦後は内閣の首長として位置づけられ，国務大臣の任免権を得て，首相の地位と権限は大幅に強化された。

しかし，1990年代の代表的な行政改革の場となった行政改革会議（会長：橋本龍太郎首相）では，首相の権限の弱さが指摘された。権限とは，閣議での発議権と行政各部の指揮監督権である。

首相は閣議で発議権をもつと解釈されていたが，内閣法上それをより明確にするため「内閣総理大臣は，内閣の重要政策に関する基本的な方針その他の案件を発議することができる」(4条2項) と明記された。

指揮監督権はすでに内閣法上明記されていた。しかし，前述の内閣法6条のように，合議制の原則を前提としたものと考えられてきた。これは憲法上行政権が内閣に存することを根拠としている。さらに，閣議は全会一致を原則として運営されており，罷免の場合を除いて国務大臣が一人でも反対すれば，首相は行政各部を指揮監督することができないとも考えられてきた。憲法と関わる条文であったため内閣法は改正されず，行政改革会議としては，「多数決の採用も考慮すべきである」と提言するにとどまった。

首相の指導性をめぐる問題の第二は，政治文化や首相の個性によるものである。日本の戦後史では，強い政治的リーダーシップを発揮した首相もいれば，大臣間，与党政治家間の調整役に徹することを好んだ首相もいる。日本の政治文化のなかでは調整型のリーダーの方が好まれ，政敵を作りにくい分，実務的に政策が推進されることも多い。また，在任期間が長期化すれば，必然的にリーダーシップが強まりうる。

日本の首相により強いリーダーシップを求める動きもある。首相公選制に関する議論がその一つである。コア・エグゼクティヴ論での首相の大統領化も影響している。これまで述べてきたように，他の原則にはばまれて，首相指導が発揮されていないことへの不満が根底にある。

（4）内閣機能の強化

内閣がその責任を果たし国の政策を主導するためには，十分な支援が必要である。内閣は，各省公務員により支援されるが，直接的には各省大臣の監督のもとにあるため，首相と内閣を補佐する行政機構として，内閣官房と内閣府がおかれている。

行政改革会議は，内閣の補佐機構を拡充して内閣機能を強化した。総理府に代えて内閣府が創設された。内閣府には，特命担当大臣とともに経済財政諮問会議などの重要政策会議がおかれ，さらに政権の政策課題に応じて柔軟に内部組織が編成され，内閣のリーダーシップを支える。2012年からの安倍晋三内閣は改造時に，すべての女性が輝く社会づくりを実現する女性活躍担当大臣と，人口減少の抑制と地方の創生を担う地方創生担当大臣を任命し，国民にアピールした。

内閣官房は政策の総合調整と企画立案を担う。総合調整では，各省に割り当てられた権限に基づいた行政活動を前提として，それらが相互に矛盾し対立する場合に，内閣官房が調整に乗り出す。対立が顕在化するまでは，基本的には各省間の調整に委ねられる。それに対して企画立案では，対立の発生を待つことなく政策を主導し法案を作成することができる。内閣官房の事務を統括するのは内閣官房長官であり，その下には，内閣官房副長官，内閣官房副長官補などがおかれている。近年，内閣官房が担う政策が増加しており，各省は優先的に人材を派遣するようになってきている。

ほかに首相を補佐する目的で，首相秘書官と補佐官がおかれている。首相秘書官の歴史は古く，通常，政務を担当する秘書官1名と，事務を担当する秘書官5～6名が就任する。政務の秘書官には，首相の以前からの議員秘書が就任することが多く，事務の秘書官には変動もあるが，外務省，防衛省，財務省，警察庁，経済産業省，総務省の公務員が派遣されることが多い。首相と行動をともにし，首相から省庁，省庁から首相への情報ルートを担う。首相補佐官は1996年に法制化された新しい補佐役である。議員ではなくとも就任が可能だが，慣例的に与党議員が就任しており，内閣官房長官や副長官とは別に，政務や政策調整面で首相を補佐している。2014年には大臣補佐官が新設されている。

3．中央省庁の組織と官僚制

（1）行政組織の編成

各省公務員の最上位は事務次官がつとめている。事務次官のもと，審議官などの総括整理職，官房および局，課などがおかれるピラミッド型（階統型）の組織編成となっている。中央省庁の組織は，その省が所掌する政策を扱う部門と，これらの政策活動を内部的に管理する部門に大別される。後者は，総務系組織あるいは官房系組織とよばれ，その中心は人事，会計，総務などが配置されている大臣官房である。大臣官房は官房長によって束ねられ，各局に設置されている総務課などを統括し，各省全体の人事や会計，文書管理などを担う。対外的には，他府省との政策上の利害調整の窓口となり，各省の政策活動を支え，ときに各省を主導する役割を果たしている。

戦後,中央省庁の組織編成は大臣庁の新設を除いて安定してきた。1948年に制定された国家行政組織法は，各府省の設置と課単位までの組織編

成の決定を法律事項としていたが，1983年の同法改正で官房，局以下の組織の設置，地方支分部局の設置などは法律事項から外された。現在では，各府省の設置と官房および局数の上限が法律事項となっている。組織編成の法的規制は緩和されたとはいえ，英国などではこうした各府省の設置が法律事項ではなく，政権交代にともなって大幅に組織改編されるのと比較すれば，なお固定性が高いものとなっている。各府省の定員も，1969年に制定された総定員法（行政機関の職員の定員に関する法律）によって，常勤職員数の上限が定められている。高度経済成長期には，社会福祉を中心に行政サービスが拡大したが，人事院勧告も実施しなければならず公務員の人件費が上昇した。総定員法の制定はそうした財政膨張に対する行政改革であった。結果，組織編成と定員の両面がきわめて固定的で財政上の見通しが立ちやすくなっているものの，社会環境の変化には対応しにくくなっている。

　なお，地方自治体の行政組織は，首長の交代にともなう新組織の設立やヒエラルヒーの程度を緩和したフラット制の導入など，より柔軟に編成されている。地方自治体は大統領制に近い仕組みとなっており，首長は庁議などを通じて意思決定し政策を推進する。

　近年の大きな組織改編は，行政改革会議を受けた2001年の省庁の統合，再編である。従前の1府22省庁が行政の効率化を重視して大括り化され，1府12省庁に改められた（図6-2）。省庁再編後に復興庁，スポーツ庁などが新設されている。省庁のほかにも，内閣官房と並ぶ伝統的な内閣の補佐機構として内閣法制局，憲法を設置根拠とする会計検査院，内閣の所轄のもとにありながらも第三者機関として一定の独立性が保障されている人事院などがおかれている。

　内閣府および各省には，図6-2に示されるように庁や委員会が外局として設置されている。また，各府省および外局は，事務を全国的に展

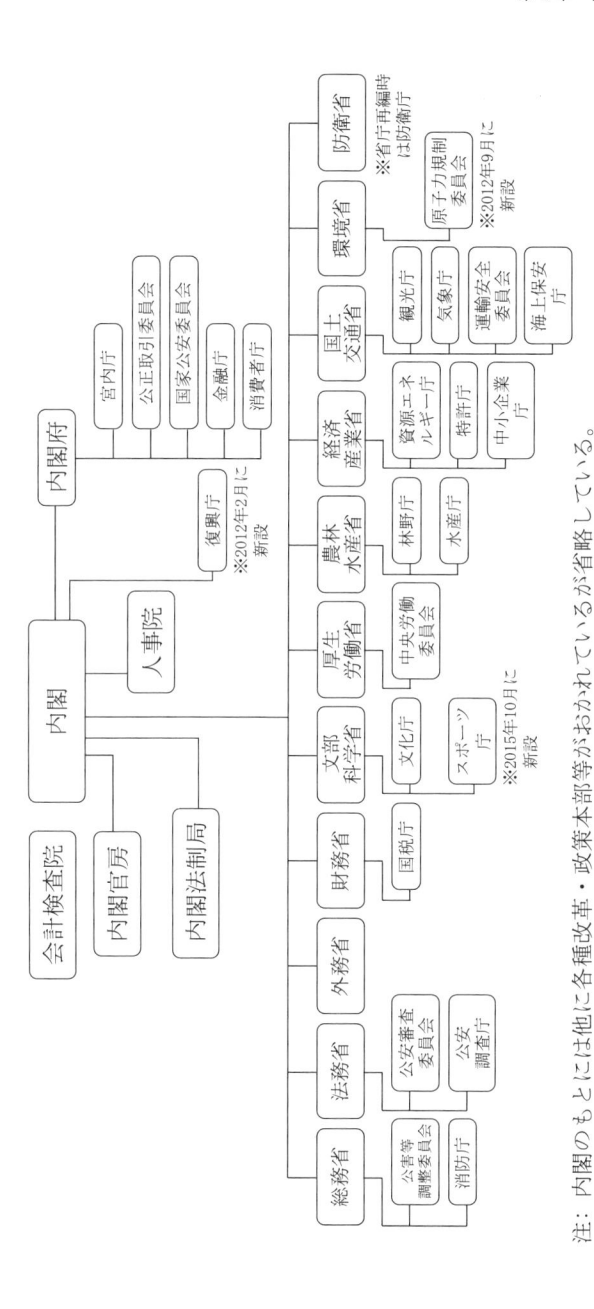

第 6 章　議院内閣制と官僚制　|　107

```
会計検査院
内閣官房　　─┐
内閣法制局　　│
　　　　　　　├─内閣─人事院
　　　　　　　│
　　　　　　　└─内閣府─┬─宮内庁
　　　　　　　　　　　　├─公正取引委員会
　　　　　　　　　　　　├─国家公安委員会
　　　　　　　　　　　　├─金融庁
　　　　　　　　　　　　└─消費者庁
　　　　　　　　　　　　　　復興庁（※2012年2月に新設）
```

各省庁：
- 総務省─┬─公害等調整委員会
　　　　└─消防庁
- 法務省─┬─公安審査委員会
　　　　└─公安調査庁
- 外務省
- 財務省──国税庁
- 文部科学省─┬─文化庁
　　　　　　└─スポーツ庁（※2015年10月に新設）
- 厚生労働省──中央労働委員会
- 農林水産省─┬─林野庁
　　　　　　└─水産庁
- 経済産業省─┬─資源エネルギー庁
　　　　　　├─特許庁
　　　　　　└─中小企業庁
- 国土交通省─┬─観光庁
　　　　　　├─気象庁
　　　　　　├─運輸安全委員会
　　　　　　└─海上保安庁
- 環境省──原子力規制委員会（※2012年9月に新設）
- 防衛省──防衛装備庁（※省庁再編時は防衛庁）

図6-2　中央省庁の行政機関

注：内閣のもとには他に各種改革・政策本部等がおかれているが省略している。

出典：一般財団法人 行政管理研究センター『行政機構図』（平成26年度版）をもとに筆者作成（平成27年10月現在）

開する必要がある場合に地方支分部局を設置することができる。国土交通省, 農林水産省, 財務省, 国税庁などは, 地方支分部局で働く多くの国家公務員を有している。地方分権改革では, 地方支分部局の業務の地方移管が議論されている。

委員会は行政委員会とよばれ, 各府省とは一定の距離をおいた中立的な判断が求められる事案や, 高度な専門性や技術を必要とする事案を決定するために設置されている。複数名の合議での意思決定が特徴であり, 委員相互間の調整を図ることが期待されている。

そのほかにも, 中央省庁の行政活動を政策の企画立案と実施に分けて, 実施部門を担当する機関として省庁から切り離された独立行政法人がある。主務大臣の監督のもとにおかれるが, 中期目標を達成するための自律的な組織運営が認められている。独立行政法人には, その役員と職員が国家公務員の身分をもつ行政執行法人と, 国家公務員ではない中期目標管理法人, 国立研究開発法人がある。

行政機関以外にも広い意味で行政活動の一翼を担っているものとして, 政策を決定する際に専門家, 利害関係者, 国民一般の意見を聞き, それを答申としてまとめる審議会, 予算や事業計画について主務大臣の認可が必要とされている特殊法人などがある。

(2) 官僚制の機能と逆機能

以上のように, 行政委員会や独立行政法人などの例外はあるが, 中央省庁の行政組織は大臣のもとでピラミッド型組織として運営されている。内閣の補佐機構による総合調整と企画立案, また官房系組織による総合調整も施されるが, 原則として各省が自ら所管する政策を推進していくことが期待されている。各省公務員はそれぞれの専門性を有し, 省内の複数の部署への異動や, 省外の内閣官房等に出向しキャリアを形成

する。

　各省の明確な権限や専門性は，官僚制が効率的に運営されるための要件として考えられてきた。かつて M. ウェーバーは，近代官僚制の構成要件として，客観的な規則，明確な権限，明確なヒエラルヒー構造，文書主義，無私の原則などをあげ，官僚制化は社会全般にみられる近代化の現象であるとした。行政官僚制もこの一現象である。ウェーバーの官僚制の要件は，規則や法律に基づいた行政，公平な決定・取扱，文書による意思決定，専門的な行政活動などにおいて，なお合理的なものとして行政組織で用いられている。

　しかし，過度の専門性や権限の意識は行政活動の本来の目的である国民の利益への意識の低下をもたらしうる。各省公務員は政府全体の利益よりも各省の，あるいはより狭い各局，各課の利益を優先しがちで，セクショナリズム（割拠主義）の問題を引き起こすとされてきた。組織の専門性を過度に重視した場合に生じる病理であり，各府省単位の公務員の採用も一因とされている。

　このように，官僚制がプラスに果たしている機能が，逆の効果を生むことを官僚制の逆機能とよぶ。逆機能には，他にも公平を通り越した画一主義，前例に過度に依存する先例踏襲，過度な無私の意識からくる冷淡な態度，必要以上に複数のあるいは何重もの手続きを求める繁文縟礼，文書を重視するあまり形式的になるハンコ行政などがあげられる。ウェーバーは官僚制の技術上の卓越性を指摘したが，今日一般的に述べられる「官僚制」はこうした逆機能の側面を強調した官僚主義，官僚的，官僚主導など非難を含む意味で用いられている。第 2 節で述べた内閣機能強化は，こうした官僚制の問題を解消して，内閣主導を実現するための方法であり，内閣と行政官僚制がともに政策を推進しようとするものである。

引用・参考文献

伊藤光利編『政治的エグゼクティヴの比較研究』早稲田大学出版部，2008
大山礼子『比較議会政治論－ウェストミンスターモデルと欧州大陸型モデル』岩波書店，2003
川人貞史『議院内閣制』東京大学出版会，2015
田口富久治・中谷義和『比較政治制度論』(第三版) 法律文化社，2006
田中一昭・岡田彰『中央省庁改革‐橋本行革が目指した「この国のかたち」』日本評論社，2000
西尾勝『行政学』(新版) 有斐閣，2001
前田健太郎『市民を雇わない国家：日本が公務員の少ない国へと至った道』東京大学出版会，2014
真渕勝『行政学』有斐閣，2009
村松岐夫『戦後日本の官僚制』東洋経済新報社，1981
Aberbach, Joel D., Robert D. Putnam and Bert A. Rockman, *Bureaucrats and Politicians in Western Democracies*, Harvard University Press, 1981.

7 | 公務員制度とその改革

出雲明子

《目標&ポイント》 行政は「公務員による公的かつ組織的な活動」であり，公務員が担い手となる。活動のために，行政組織において公務員を配置し，どのような人事管理（personnel management）や勤務条件が望ましいのかを決めるのが公務員制度である。本章では，公務員制度の発展の歴史，改革の経緯と方向性，採用や昇進，給与などの人事管理の特徴を公務のモチベーションも交えて示す。

《キーワード》 閉鎖型・開放型任用制，メリット・システム，官吏制度の民主化，PSM（Public Service Motivation），人事評価，再就職規制，公務員の労働基本権，身分保障

　公務員は，公務に従事して国民に奉仕する存在であると同時に，キャリアの一つとして公務を選択した労働者でもある。公務員制度の目的は，公務員が国民の期待に応えることのできる応答的で効率的な行政活動を実現することにある。さらに，一人ひとりの公務員が意欲をもって職務に専念することのできる環境を整備する目的ももつ。

　日本の社会経済の変化はめまぐるしく，公務員もその変化のただなかにある。民間企業で働く労働者の雇用情勢は流動化し，能力や成果に応じた処遇が急速に浸透してきた。それに対して，公務員は必ずしも社会の変化に適応していないのではないかという疑問がある。公務員には，現在もなお伝統的な日本の雇用慣行である終身雇用や年功序列などが保障されているのではないか，汚職に代表されるように公務員倫理が低下しているのではないか，いわゆる「天下り」によって不透明な人事が行

われているのではないかという疑問である。逆に，批判される余り，公務員のモチベーションの低下が懸念された。国民の期待に十分応える行政活動を実現するにはどのようにしたらよいかとの問題意識が，1990年代以降の公務員制度改革の根底にある。

1. 公務員制度の形成と発展

（1）明治憲法下の官吏制度

戦前から戦後にかけた公務員の歴史は，官吏制度から公務員制度への変化であり，「天皇の官吏」から「全体の奉仕者」への変化としてとらえられる。

戦前，官吏は身分制度のなかにあった。天皇からの距離に応じて勅任官（とくに上位のものが親任官），奏任官，判任官と官職が序列化され，それは，職務においてのみならず日常生活にも影響する「身分」であった。勅任官と奏任官はとくに高等官とよばれ，特権的な扱いを受けた。官吏以外にも公務に従事する者として雇（やとい），傭人（ようにん）が存在し，それぞれ事務員および現業員を意味していたが，官吏とは区別された私法上の契約関係におかれていた。

官吏の身分制は地方にも及び，府県知事および郡長は官選であり国の内務省によって任命された。地方の公務員も勅任官（または奏任官）の知事のもとで，郡長と幹部職員は奏任官，それ以外は判任官であり，府県郡の上層は国の官吏として組織された（郡は1923年に廃止）。府県郡は完全な自治の団体ではなく，内務省によって人事が管理される国の地方行政機構であった。

官吏の身分制は差別的だったが，対照的に官吏の登用は公開競争試験に基づいて客観的に行われた。明治政府初期の官吏への登用は，当時の

有力藩，薩長土肥勢力がその人脈を通じて行っていた。このように，社会の特定勢力がその国の公務員の任用を個別の利害に基づいて行うことを情実任用制（パトロネージ・システム）という。情実任用制では，政治勢力の影響力の変化に応じて，公務員の任用が左右され，大量に更迭されるなど人事が「政治化」しうる。明治政府は，内閣制度の発足と憲法制定を進めていた当時，ヨーロッパでの憲法調査を通じて，政府の統治能力を高めるためには優秀な若者を官吏に登用することが不可欠であるとの認識に至り，情実任用を改めて公開競争試験の導入を検討した。

　その結果，官吏のうち奏任官は大学卒業程度の学歴をもち高等文官（高文）試験に合格した者のなかから，判任官は旧制中学卒業程度の学歴をもち普通文官試験に合格した者のなかから採用する試験制度が導入された。このように，公開による競争試験によって公務員の任用が行われることを，先の情実任用制との対比で資格任用制（メリット・システム）とよぶ。資格任用制は，一定の知識や能力を備え，公務員の政治的中立性を確保するために用いられる。組織的かつ専門的な行政運営を行う官吏の登用が整えられた。

　なお，情実任用制に類似するものとして，猟官制（スポイルズ・システム）がある。同様に，公務員の任用が客観的な基準によらずに行われることを意味するが，猟官制では，選挙による公職当選者が，公務のポストを獲物とみなして支援者に配分する「民主的」な任用形態であることが強調される。米国の公務員制度は，現在も猟官制の伝統を残し，大統領による政治任用が活発に行われている。

（2）戦後改革による公務員制度の「民主化」

　戦後改革では，象徴天皇制，公職追放，財閥解体などの政治，経済改革によって大きな社会変化があった。GHQ（連合国総司令部）は，旧

エリート層にあたる官吏を敵視する傾向にあった。しかし，日本を再建するためには，天皇制を維持したうえで，官吏制度を解体するのではなく，民主的に再構築することが効果的であると考えた。新しく公務員制度に作り替えられたのである。基本的には国民による公務員の民主的統制を重視した改革で，以下の五点が重要である。

①戦前の「天皇の官吏」から「全体の奉仕者」，つまり国民に奉仕する公務員に変化した。
②官吏と非官吏をともに公務員として一元化し，その待遇上の差異を縮小した。
③都道府県知事の公選化とともに，知事以下地方自治体に雇用される者を地方公務員として包括化した（地方事務官，地方警務官が国家公務員のまま残されたことを例外とする）。
④メリット・システムはすでに存在していたが，採用，分限，給与などの人事管理が個別化していたため，省庁横断的な公務員制度を実現する中央人事行政機関として人事院を創設した。
⑤採用試験は公開による競争で行われていたが，採用後のキャリアでは更迭，休職などで政治的影響を受けたため，政治勢力と分離された中立的で公正な人事管理が求められた。

（3）新しい公務員像と公務員制度改革

　公務員の種類は多様である（表7-1）。国または地方自治体に雇用され公務に従事する者が公務員だが，国民から「公務員」として認識されるのは，国と地方自治体の一般職，なかでも行政職であろう。国家公務員のうち，中央省庁に勤務する幹部国家公務員は官僚ともいわれ，政策形成を主導するイメージでとらえられる。地方自治体で勤務する地方公務員のうち，行政職の公務員を自治体職員ともいう。ただし，地方公務

表 7-1　公務員の分類

国家公務員	特別職	大臣，副大臣，大臣政務官，大・公使など
		裁判官，裁判所職員
		国会職員
		防衛省職員
		行政執行法人（旧特定独立行政法人）の役員
	一般職	行政職，税務職，公安職，海事職，医療職など
		検察官
		行政執行法人の職員
地方公務員	特別職	知事，市区町村長，議員など
	一般職	非現業職員（行政職，教育職，警察職，消防職など）
		現業職員（公営企業職員，特定地方独立行政法人の職員，単純労務職員）

員全体で自治体職員の割合は必ずしも高くなく，行政職以外にも警察職や消防職，公立学校の教育職などの専門職員が多数勤務している。また，公務員数の統計情報にはあらわれにくい非正規公務員も，保育，図書館，教育分野を中心にかなりの数にのぼっている。

　戦後改革で構築された公務員制度は，現在でもなお大枠として維持されているが，戦後頻繁に見直しの対象となっている。古くは 1954 年の公務員制度調査会や，行政改革の場でもあった第 1 次，第 2 次臨時行政調査会でも議論されている。近年の公務員制度改革の源流となっているのは，1996 年に設置された行政改革会議とその要請を受けた公務員制度調査会での議論である。現在の改革は，2008 年に制定された国家公務員制度改革基本法をもとに進められ，自民党政権と民主党政権時代の複数の法案も経て，2014 年の国家公務員法改正に結実した（表 7 - 2）。公務員制度は，国民のために公務に従事する公務員を育成するために，社会

表 7-2　1990 年代以降の公務員制度改革に関する動き

1997 年 12 月	行政改革会議最終報告
1999 年 3 月	公務員制度調査会答申
2001 年 12 月	公務員制度改革大綱閣議決定
2007 年 7 月	改正国家公務員法公布（人事評価制度の導入，再就職規制の見直しなど）
10 月	行政改革推進本部専門調査会報告（労働基本権問題）
2008 年 2 月	公務員制度の総合的な改革に関する懇談会報告書
6 月	国家公務員制度改革基本法公布
2014 年 4 月	改正国家公務員法公布（内閣人事局の設立，大臣補佐官の設置，幹部候補育成課程の設置・運用など）

経済状況の変化に応じて改革していく必要がある。

　これまでの公務員制度改革の論点を三点に整理しておきたい。まず，どの程度社会に対して開放的な制度構築とすべきかであり，公務員制度のオープン化に関する議論である。民間企業から公務，あるいは公務から民間企業への人的交流や転職は促進される傾向にあり，公務員制度改革では公務員も民間労働者と同様の人事管理を行うべきだと議論されることが多い。しかし，公務には国家公務員法，地方公務員法を通じた独自の法規制がある。労働基本権や給与制度も民間労働者とは異なっており，「天下り」も公務特有の問題である。人材の交流を促進し，民間労働者の人事管理に近づけるなかで，公務特有の問題にも対応していく必要がある。

　次に，政治主導との関係で現在の公務員制度が見直されるべきかという問題である。国家公務員制度改革基本法は，その目的を議院内閣制のもとで政治主導を強化することとした。以後，内閣のもとでの幹部公務員の一元管理が議論となり，2014 年の国家公務員法等改正により，各省大臣が幹部公務員を任命する前に，内閣官房長官が内閣人事局の支援で

幹部公務員の適格性審査を行うこととなった。諸外国でも，幹部公務員には一般の公務員とは別の任用や給与制度が構築されていることが多く，日本でもそれへの端緒となった。

最後に，公務員制度を誰が担うのかである。戦後改革では，科学的人事行政を実現する人事院の役割が重視された。1965 年に ILO 87 号条約（結社の自由及び団結権の保護に関する条約）を批准したことにともなって，新しく内閣総理大臣も中央人事行政機関として位置づけられた。その事務を補佐する組織として，総理府人事局（現在の内閣人事局）が設置され，これに人事院から権限の一部が移管された。各省公務員の人事管理は原則として各省が担っているが，中央人事行政機関が共通の枠組みを定めている。とりわけ，人事院による給与勧告，採用試験の実施，内閣人事局による適格性審査，級別定数の設定・改定，人事評価の基準の設定などが，各省の人事管理にとっての重要な枠組みとなっている。どのようにすれば，公務員の専門性を高め，効率的な行政を実現できるかは，人事管理の実施方法により左右される。

2．公務員のキャリア形成：採用から退職までの人事管理

（1）PSM 研究と人的資源管理

人が仕事の何にやりがいを感じるのかはおもに民間企業を対象にワークモチベーション理論として研究されてきた。F．ハーズバーグの動機づけ－衛生理論は，仕事のやりがい，達成感，同僚からの承認，仕事上の責任，昇進など仕事の内容に関わることを動機づけ要因，会社の経営方針，監督方式，報酬，対人関係，雇用保障などの職場環境を衛生要因とした。衛生要因への働きかけは不満の減少にはつながるが，モチベーションを高めるとは限らず，動機づけ要因を高めると満足を感じる傾向

にあるのだという。

　個人のモチベーションの充足が組織のパフォーマンスを高めることは，公的組織にも言えるが，米国では公務員に対する信頼低下や元々公務員の市場競争性が高くなかったことから，公務に特化したモチベーションの向上が課題となっていた。ハーズバーグの動機づけ要因を発展させ，公務員が何にやりがいを感じ，何が公務員の行動を説明するのかを理論化したものとして，PSM（Public Service Motivation）研究がある。

　J. L. ペリーは1990年代に，公務員のモチベーションをA. 合理性，B. 規範，C. 感情に分類した。さらにa. 公共政策への関心，b. 公益への貢献，c. 哀れみの気持ち（同情心），d. 自己犠牲の4つの尺度により測定可能であるとした。公務では規範や感情がなじみやすく，合理性は私的利益の追求でもあるため，公務になじみにくいと考えるかもしれない。しかし，公共政策への関心は合理的なモチベーションとされている。ただし，日本での公務員の志望理由でみられがちな，雇用の安定性，QOL（Quality of Life）の充足が図られやすいなどの要因は，ペリーによる分類からは除外されている。あくまで公務に直接起因する要因が分析の対象である。

　2000年代には，PSMを涵養する環境，PSMがもたらす具体的な行動特性の研究に発展し，国際比較研究では，各国の文化の違いに応じた尺度が開発されている。公務員個人のモチベーションを分析し，公務員を動機づけて公共サービスの質を高めるための手掛かりとなっている。

　モチベーション研究の発展もあり，人事管理に代わる新しい概念として人的資源管理（Human Resource Management）が経営学で用いられるようになっている。以下で述べる公務員の人事管理は，個人というよりは組織全体で人材を育成しようとするものだが，人事評価制度が導入

されたことで，個人の能力開発や目標管理も重視されるようになった。

（2）公務員の人事異動と昇進

ハーズバーグの動機づけ要因のうち，公務員の仕事上のやりがいは，本書全体での政策や公共サービスに関する説明に委ねたい。以下では，同僚からの承認，昇進による動機づけの可能性を解説したい。

日本の公務員は，終身雇用を基本とした閉鎖型任用制（クローズド・キャリア・システム）のもとで勤務している。組織への加入は，原則として新規採用の入口に限定され，新規学卒者をおもな対象として試験が実施される。公務員に求められているのは，特定の専門分野に関する知識というよりは，ゼネラリストとしての基礎的な知識や学力である。入口で一括採用された終身雇用の公務員は，組織内において職業訓練（OJT, on the job training）を通じて育成され，人事異動を繰り返し，キャリアを形成していく。

閉鎖型任用制は公務と民間に共通する日本型雇用慣行だったが，1990年代以降，民間企業では業績の低迷を受けて，組織と人材のリストラクチュアリングが進められ，労働市場が流動化していく。採用形態も，新規学卒者の採用枠と中途採用枠とを組み合わせた開放型任用制（オープン・キャリア・システム）に変化した。近年，公務員にも中途採用の導入が進んでおり，開放型への接近がみられる。国家公務員では，任期付職員制度が導入され，経験者採用試験も行われている。国よりも顕著なのが地方自治体であり，経験者採用試験を実施する団体が2000年代に飛躍的に増大している。脱公務員採用試験の導入など，民間企業での勤務経験者も含めた多様な人材が，公務で働くことのできる環境整備が進められている。

閉鎖型では外部からの大量の新規加入者は想定されないため，現員の

人事異動が原則となる。公務には多様な業務が存在し，ゼネラリストとして採用された公務員は複数の業務を経験しながらキャリアを形成する。

公務員が自らのキャリアを選択可能かは，モチベーションにかかわる点である。近年，人事異動に関する職員の希望提出を制度化する自治体もあるが，一般的には人事担当部局が勤務年数や上司の判断，本人の希望，組織の効率化などを勘案して次の配置先を決定し，辞令を交付する。公務員は，人事担当部局による辞令を受け入れることが原則である。公務員個人にとって必ずしも希望の業務に就くことができないリスクともなるが，公務員のキャリアを個人のものとせず組織全体として人材を育成する方法である。こうした人事担当部局の権限の強さは，同じく閉鎖型を採用するフランスとの著しい違いである。フランスでは，採用後のキャリアを公務の内外を含めて自ら積極的に切り開いていくのだという。

より上位の職位への異動，すなわち昇進は，国家公務員法で昇任とされている。国家公務員の任命権者は各省大臣だが，実際の昇任は，各省の事務次官，官房長，人事担当部局がある程度自律的に，組織運営の観点から決定している。ただし，幹部公務員の人事には大臣の関心も強く，政治的介入がなされることもある。なお，2009年から新たな人事評価制度が導入されており，昇任は原則としてこの結果に基づいて行われるよう法制化された。

多くの地方自治体では，昇任にかかる競争試験として係長級昇任試験，管理職（課長級以上）昇任試験の導入が進んでいる。昇任試験が導入されていない自治体では，選考による昇任が一般的である。選考の根拠は，上司・同僚からのインフォーマルな評価やよりフォーマルに行われる人事評価の結果などである。

（3）退職と「天下り」

　公務員に対する国民のイメージに，退職後に「天下り」を繰り返すことがある。国家公務員は，早ければ40歳代半ばから，多くは50歳代前半から自主的に退職することがある。ただし，本来の退職はあくまで定年年齢で行われており，その年齢到達以前の自主的な退職は慣行による。行政組織の形態はピラミッド型（階統型）となっており，入省年次や年功に基づく人事管理が行われた場合には，必然的に上位ポストに不足が生じる。早期勧奨退職はこれに対応するための慣行であり，それが組織的に省庁人事に組み込まれて行われていることを批判しようとする場合に「天下り」という。社会全体の人口構成が高齢化するなか，組織内の職員の平均年齢を比較的若く維持するための苦肉の策でもあり，官僚が行政組織の外に影響力を及ぼしてきた手段でもある。

　本来，社会人が退職後にどのようなキャリア・パスを経るかは，憲法の職業選択の自由として保障されており，個人や家庭の事情から自由に選択されるべきものである。しかし，公務員の場合には，税金から報酬を得ていることや私企業を規制し監督する性質の業務が含まれることから，社会に対して一定の距離が保たれなければならない。それゆえに，再就職が規制されている。

　国家公務員の再就職の規制は，営利企業と非営利法人（特殊法人，公益法人等）に対して行われている。再就職する場合には，内閣総理大臣と内閣に報告しなければならない。事前の承認を要する場合もある。内閣は再就職情報を公表し，情報公開を通じて再就職が管理されている。また，現職職員が利害関係をもつ法人等に対し求職活動を行うこと，退職公務員が離職前に深く関係していた現職の公務員に働きかけを行うなどの行為が規制の対象となり，違反行為に対しては懲役，過料が，不公正な行為に対しては刑罰が科されている。

とはいえ，効果的な再就職規制の程度は自明ではなく，徐々にその対象や方法を現状に適用させながらの規制となる。東日本大震災をめぐっては，関連省庁から電力会社への再就職が問題化するなど，再就職規制が問われた。公務員の退職問題への対応は，規制の強化だけをその手段とするのには限界があり，定年年齢の引き上げや高齢公務員の専門職化，再任用制度の拡充などとの相互補完による解決が必要である。

以上の国家公務員とは対照的に，地方公務員の再就職問題は，これまであまりクローズアップされてこなかった。しかし，地方自治体でも高度経済成長時代に大量に採用した公務員が，退職世代となるなどの人的偏在が問題化しており，国家公務員と同様に再就職のあり方が問われている。退職者の再就職状況および外郭団体等の役員への就任状況を条例に基づいて公表する自治体も増えている。

（4）人事交流と応援職員

天下り問題とは対照的に，公務員が現役時代に省庁間，省庁と民間企業間，省庁と地方自治体間，地方自治体間などにおいて出向や派遣を通じた人的交流が行われることは，むしろ人材育成の観点から積極的に評価されてきた。

国では，できるだけ他府省での経験を経て幹部に昇進していくことが望ましいとされており，課長等に就任したもののうち，約60％が他府省への，約80％が地方自治体も含めた他機関への出向を経験している。国と地方自治体の人事交流では，国から地方へ年間約1,600人，地方から国に約2,500人が出向している。前者の数が安定して推移しているのに対して，後者は年々増加傾向にある。

東日本大震災を受けて被災地での人材不足をおぎなうために，国や自治体が被災地に職員を派遣している。総務省，全国知事会，市長会，町

村会を通じた募集や，自治体間の協定などを通じて，被災地を支援する応援職員として勤務している。自ら被災地での勤務を希望する公務員は，ペリーの述べる PSM による行動の一例であろう。また，被災地自らも任期付職員の採用，復興支援員の活動，民間企業からの応援などを通じて人材を確保し，行政と民間が一体となった復興政策が進められている。

3．公務員の勤務条件

(1) 給与と労働基本権

　ハーズバーグの衛生要因のうち，給与と雇用保障について解説しておきたい。民間企業の労働者には労働基本権が認められ，労働組合の有無や企業規模にもよるが，原則として労使交渉を通じて団体協約を締結し，それに基づいて賃金を含む勤務条件が決定されている。それに対して，公務員の労働基本権は制限されており，その代償措置として，国家公務員は人事院勧告，地方公務員は人事委員会勧告に基づいて給与が決定されてきた。人事院勧告は，高度経済成長期には民間賃金の上昇を追って大幅なプラス勧告となったが，1990年代以降小幅となり，2000年代にはマイナス勧告，改定なしが続いた。人事委員会勧告も人事院勧告に準拠してなされていることが多い。

　国家公務員の給与は，次の原則によって支払われることが法律で定められている。

　①職務給の原則：職務と責任に応じた給与が支給されなければならない。

　②情勢適用の原則：社会一般の情勢に適用するように随時変更されることが求められ，生計費の考慮とともに，民間企業従業員の給与と

均衡することが基本である。
　③勤務条件法定主義：法律に基づくことなく，いかなる金銭も支給されない。

　地方公務員でも①と③（ただし勤務条件条例主義）は同様である。②では，均衡の対象が民間企業のみならず国家公務員さらには他の地方自治体の公務員に拡大される。このように，公務員の給与が民間企業の労働者と均衡することを民間準拠，地方公務員の給与が国家公務員と均衡することを国公準拠とよぶ。公務では民間企業に存在する組織ごとの「売上」が存在しないため，民間での給与やその他の公務員の給与と水準を等しくしている。①については，職務給ではあるが，上下の職階同士の給料月額の幅に大幅な重複があり，事実上の年功給となっており，昇格した場合でも給料上のメリットが少ないといわれる。③は国庫からの人件費の支給を，最終的に国民の代表者たる国会に与える民主的統制の一つである。しかし，国と地方自治体における税収の落ち込みや危機的な財政状況下で，なお民間準拠に基づく勧告による給与決定方式が望ましいかどうかについては議論がある。

（2）公務員の身分保障

　公務員の雇用が安定しているといわれるのは，国家公務員法が「職員は，法律又は人事院規則に定める事由による場合でなければ，その意に反して，降任され，休職され，又は免職されることはない」(75条) と定めていることによる。地方公務員法にも，「この法律で定める事由による場合でなければ」という同様の趣旨の条文（27条）がある。

　なぜこうした身分保障が認められているのかは，戦後の公務員制度の理念から説明することができる。戦後改革において，公務員は，政治勢力とはある程度距離をおいて，政治的中立性に基づく行政を実施してい

くことが求められた。したがって，政権交代などの政治情勢や個人の政治的思想によって，公務員が不利益を受けることを避けなければならない。そのため公務員には，選挙権の行使を除いて，政党員となり勧誘活動に参加するなど一般国民には認められている政治的行為が制限されることとなった。その制限に対する代償として身分保障が与えられたのである。近年では，身分保障があることが，公務における内部告発者の増加に寄与しているといわれる。

　ただし，いかなる場合にも公務員が身分保障を有しているわけではない。組織再編などにより廃職または過員が生じた場合，人事評価や出勤状況等に基づく勤務成績がよくない場合，心身の故障により職務の遂行に支障がある場合などには，意に反する処分が可能となる。必ずしも頻繁にみられるわけではないため，職員数の減少のなかでより効率的な行政を行っていくよう，人事評価等を通じて努力や成果を評価し，職務や業務の改善につなげていくべきであろう。

　公務員制度改革は，基本的には国民に対する公務員への批判に応えるために進められてきた。民間企業と比較して厚遇となっている勤務条件などは，できるだけ見直していく必要がある。しかし，労働市場のなかで公務に優秀な人材を獲得していく視点や，より公務員が能力を発揮することのできる環境について考える視点も，これからの公務員制度改革では重要となる。

引用・参考文献

出雲明子『公務員制度改革と政治主導』東海大学出版部, 2014
上林陽治『非正規公務員』日本評論社, 2012
奥林康司・平野光俊・上林憲雄『入門 人的資源管理』中央経済社, 2010
人事院『平成26年度 年次報告書』(人事院ホームページ)
内閣官房, 総務省「府省間人事交流の実施状況」(2013年8月9日公表)(総務省ホームページ)
内閣官房内閣人事局「国と地方との間の人事交流状況」(2015年3月20日公表)(内閣官房ホームページ)
西尾勝『行政学』(新版) 有斐閣, 2001
田尾雅夫『公共マネジメント』有斐閣ブックス, 2015
村松岐夫『最新 公務員制度改革』学陽書房, 2012
Herzberg, Frederick, *Work and the Nature of Man*, World Publishing Co., 1966（北野利信訳『仕事と人間性：動機づけ－衛生理論の新展開』東洋経済新報社, 1968）
Perry, James L., and Annie Hondeghem eds., *Motivation in Public Management : The Call of Public Service*, Oxford University Press, 2008.

8 | モノ・人・社会のマネジメント

西尾 隆

《**目標&ポイント**》 行政活動の効率性を左右する物的条件，人的資源，行政組織などのマネジメント，および環境変化と危機への対応について学ぶ。管理学は行政学の柱の一つであるが，日本では研究蓄積が十分でないため，実務上の暗黙知の言語化という課題についても考えたい。

《**キーワード**》 管理学，マネジメント，科学的管理法，人間関係論，パノプティコン，人的資源管理，変化への対応，危機管理，リスク管理

1. マネジメントの諸相と物的管理

　日本では行政学の下位分野のうち，管理学の研究蓄積は制度学や政策学と比べ総じて手薄である。その理由は，人事管理や組織管理のノウハウが暗黙知として組織内で形成・伝達されがちであり，言語化される度合いが制度学や政策学の場合よりも少ないからだと考えられる。もう一つの理由として，「管理」という日本語には独特の冷たさと抑圧感があり，実務上きわめて重要な営みであるにもかかわらず，それを「管理の学」として体系化する気運が弱かった点もあげられよう。

　行政学に隣接する経営学では，「マネジメント」は理論・実践の両面でその核心に位置するコンセプトである。政府と比べ企業の数は圧倒的に多く，優れた経営管理のノウハウは国境や時代を越えて伝わるため，言語化・理論化される傾向がより高い。本節では，まず英語の「マネジメント」のコンセプトを理解した上で，科学的管理法が注目した管理の物的側面をとり上げ，例として刑務所の運営を紹介したい。

（1）マネジメントとは何か

　英語で"manage"とは，「困難にもかかわらず対処する，何とかしてなし遂げる」といった意味であり，そのイメージは能動的でダイナミックである。行政や政策の語が客観的で中立的な響きがあるのに対し，「マネジメント」はより主体的・意志的であり，政治の文脈では取引や策謀などとの連想で否定的な意味で使われることもあるという。だが，P. ドラッカーが指摘するように，19世紀後半の米国では石油や鉄道会社などの大規模組織の誕生とともに，マネジメントは新しい専門職業・専門知として固有の役割を認められるようになる。20世紀初頭には理論志向の強い学問に成長し，行政学にも多大な影響を及ぼした。

　一般にマネジメントとは，組織運営を効率的かつ円滑に進めるための手法・工夫の総称である。ここで組織とは私企業，行政機関，NPOなどを含むが，「パブリック・マネジメント」（公共管理）の語が示すように，組織内部の管理を超え社会全体の秩序維持や問題解決を指すことも少なくない。D. F. ケトルは，1980年代からグローバルな公共管理革命が起こったとし，その諸相を民営化，市場の活用，分権化，成果志向，機構改革，実施過程の改革などに分けて論じ，市民社会との連携にも論及している。管理の概念をそこまで広げると，「行政」「政策」「ガバナンス」との区別が判然としなくなるが，マネジメント活動の基底には変革を通して組織の惰性を打破しようとする意図が働いている。

　一例として，C. E. リンドブロムによるインクリメンタリズム（漸増主義）の理論と，日本の定員・予算管理で長らく用いられてきた「一律削減」の手法の関係を考えてみたい。前者は，現実の予算配分や政策の優先順位の決定が概ね前年度の実績に基づくという観察を理論化したものである。だが，それは自然法則と異なり，不断に予算・組織の拡大を図る行政機関や利益団体の力の均衡上に成り立つ理論であり，これを

一般法則だと考えて要求を怠るならば一気に予算・人員の削減を被るだろう。他方，ゼロシーリングや一律削減は，インクリメンタリズムで説明される漸増傾向を所与とした上で，膨張を抑える現実的な手法として，各省横並びによる痛み分けを制度化させたものといえる。

　管理学は一定の理論志向をもつ反面，経験則にとらわれず政策の優先順位を変え，組織の肥大化を抑えようとする実務家たちの意志的な活動により，その内容をダイナミックに変化させてきた。こうしてマネジメントとは，組織運営を客観化しようとする営みと，にもかかわらず自らの目標実現のために新しい手法を開発しようとする主体的営みとの，緊張に満ちた活動と見ることができよう。

（２）科学的管理法と人間関係論

　20世紀初頭にF.テイラーたちが開発した科学的管理法とは，工場の生産工程で効率化を目指す実践運動が結実したものであり，起点にあったのは工具や機械などの規格化・標準化である。例えば製鉄工場では，ショベルひとすくいの重量の違いにより一日の作業量が変化するため，ショベルの形状を変えて実験を繰り返し，能率が最大となる形状を共通規格とする試みが行われている。そのショベルは，熟練者の経験と勘によるものよりかなり小さくなったという。生産規模が拡大し工程が複雑になると，建物の設計段階から入念な計画が必要となる。

　ベルトコンベアの段階では，科学的管理法の視線はモノから人に移り，科学的に工員の「動作・時間研究」が行われるようになる。ベルトの速度，作業工程の分割，休憩のとり方，一日の勤務時間，給料の支払い方法などの諸要素につき，どの組合せがより効率的で持続可能か，実証的な分析が行われた。数時間連続で働かせるのではなく，一定時間ごとに休憩を入れるようになるのは，人道的な配慮という以前に，事故を

防ぎ能率を高めるようとする経営的な動機に基づくものであった。

ところで，1930年前後にG. E. メイヨーらが行った米国のホーソン工場の実験では，作業場の照明の明るさと能率の関係を検証したところ，照明を暗くしても能率が落ちないグループがあった。それは，研究者に観察されているという労働者の意識が予期せぬ連帯感と目標感覚を生み，作業場の明るさとは無関係に日に日に能率が高まっていくことが判明した。ここから，労働者は単なる機械仕掛けの道具ではなく，さまざまな社会条件に反応する感情をもった人間であるとして，人間関係論が生まれる。勤勉・怠惰の入り混じった多様な職員をどう組織し，誰がどう監視するかという組織管理の視点も重要になっていく。

マネジメントにおけるこの視点の変化は，科学的管理法（古典派）から人間関係論（新古典派）への転換と位置づけられるが，能率重視という基本目標が本質的に変わったわけではない。管理の対象が工具と手（Hand）から人の心（Heart），さらに思考（Head）へと移行したとも表現しうる。重要なことは，このパラダイムシフトを古い学説史上の知識に終わらせることなく，経営上のモノ・人・組織にかかわる諸要素を，勘ではなく客観的な分析の対象とし，効率化を目指して改善を重ねてきたマネジメントの歴史に学ぶことであろう。

日本の中央官庁の長時間労働は海外でも悪名高く，有給休暇の消化も芳しくない。このことは大部屋主義をとる庁舎の設計や，個々の職務内容を明確にせずに集団で取り組む組織慣行，文化理論でいう相互性の支配など，多くの要素がいわば有機的システムとなって連動しており，変革は容易ではない。だが，その非能率は誰の目にも明らかである。「科学的」管理とは個々の要素を厳しく検証して効率を高めることであり，日本の行政にはその余地が依然大きいと言うべきである。

（3）刑務所のマネジメント

　以上は主に工場レベルでの管理の話だが，目的が利潤追求とは異なる行政の場合，その視野を機械的能率から民主的手続や社会正義を含む公益の実現まで広げることが必要となる。ここでは海外での研究蓄積の多い刑務所の例から，公共施設のマネジメントを考えてみたい。

　M. フーコーによれば，残酷な懲罰施設と考えられる監獄も，古典時代より意外にも効率の観点から注意深く設計されていた。拷問の時間，司法官介入のタイミング，公開処刑に使う綱の長さや重りの重量までが意識的に計算され，コード化（合理化）されていた。近代に入ると経済的合理性が刑罰の主要な尺度となり，過去の犯罪の処罰よりも将来の無秩序の克服に向け刑罰の社会的効果が綿密に計算されていく。フーコーは，J. ベンサムのいう「パノプティコン」（中央の監視塔から各房が見渡せる一望監視施設）のデザインこそ，看守と囚人の「見る－見られる」関係を切り離し，「顔を欠く視線」を実現することで効率を高めたととらえる。

　監獄では観察に基づく人間の類型化が試みられ，犯罪者という特殊な集団に関する知識は矯正のためだけでなく，組織や社会の秩序維持の観点からも活用されるようになる。こうして都市の周辺に位置する監獄内の知識は，病院や軍隊，さらに都市の中心に位置する官僚制や学校でも規律維持に効果を発揮するようになったのである。

　さて，日本の刑務所では海外と同様の施設様式が採用される一方，独自の効率化の試みも見られた。全国の矯正施設を所管する法務省では，1970年頃から恣意的な対応を是正すべく，詳細な報告を求めて規律と管理を強化した。当時，大阪刑務所の保安課長が始めた一種のイエローカードである「小票」（こひょう）制度が規律保持に有効だとされ，全国の施設に波及していった。具体的には，受刑者の「わき見」や「不

正拭身」(許可なく身体を拭くこと)といった些細な違反に対し、生活指導と称して小票を切る慣行が浸透し、ノルマをめぐる刑務官同士の競争とも相まって、受刑者を決して甘やかさないという「管理行刑」が定着することになる。

　実際、数字上の国際比較で見る限り、日本の刑務所の運営は「効率的」である。職員一人当たりの収容者数(被収容者負担率)は日本では3.5〜4人前後だが、これはフランスの2倍、英国の2.5倍、スウェーデンの5倍にあたるという。こうした刑務官の負担の重さにもかかわらず、逃走・傷害・自殺などの保安事故は稀であり、他の先進諸国の数分の1という安全度を誇る。しかし、社会復帰という刑務所のもう一つの使命に目を向けると、受刑者中の再入者率が6割近くまで増加しており、人権面での批判など問題は少なくない。そうした中、2001年に名古屋刑務所で起きた受刑者への暴行死傷事件を機に行刑改革会議が設置され、改革のための提言が行われた。

　その内容は、処遇体制の改善、透明化、人権意識の向上など多岐にわたるが、同会議は民営化とは異なるPFI (Private Finance Initiative：民間資金・ノウハウ活用)型の刑務所を妥当な方向だと提案した。そして、直接には刑務所の過剰収容を緩和する目的で、2007年から2008年にかけて4つのPFI型社会復帰促進センターが新設され、「官民協働」による運営が始まった。参入した民間企業は警備や職業訓練で独自の経験とノウハウをもち、公務員である刑務官と連携しつつ、安全と社会復帰に重点を置いた施設運営の刷新を進めている。設置に当たっては、特定の自治体で実験的に規制を緩和する構造改革特別区域(特区)の制度も用いられた。科学的管理法とは過去の学説上の話ではなく、現在も進行中の実践運動なのである。

2. 人事管理と組織管理

　土地や工場を重要な生産手段とする経営と異なり，行政の資源の大半は公務員という人である。刑務所や図書館などの物的施設も公共管理の対象であるが，人的資源は物的資源・財源・情報をより有効に活用するための基本となる。人事こそは管理学を超え，制度学・政策学を含めた行政研究の主要テーマであり続けてきた。公務員制度については前章で詳述しているので，以下では，制度の運用に焦点を当てて考えたい。

(1) 人的資源管理と職員の評価

　「人はパンのみにて生きるにあらず」と言われるように，公務員も給与や年金といった私的利益以外の動機で献身的に，時には無定量に働く。人的資源は原子核にも似たエネルギーを内包しており，上司が部下の使命感や競争心を解き放つことで，生活のためだけに働く職員の何倍ものパワーを引き出すことも可能となる。公務員制度の設計には細心の注意が必要だが，どんな制度も現場における人事管理のセンスと気概がなければおよそ有効には働かない。戦後日本の公務員人事のパタンを観察すると，以下のような特徴が見いだせる。

　まず，基調にあるのは平等主義の戦略である。国家公務員の場合，選抜試験でキャリアとノンキャリア，事務官と技官といったグループ分けをした上で，各集団内ではしばらく給与や昇進にあまり差をつけない。稲継裕昭はこれを「おそい昇進」と呼び，官僚がキャリアの終盤で淘汰される過程を「将棋の駒」に譬えた。同期のキャリアは下からほぼ同じスピードで昇進し，給与差も少なく，局長・次官ポストを目指して時に体力気力の限界まで働く。差を明確につけ始めるのは課長になる40代以降であり，定年前の50代で勧奨退職者が急に増える。ただし近年は

天下り抑制策のため，将棋の駒がやや細長くなった形である。

　一方，昇進のスピードが違うとはいえ，若いキャリア組はノンキャリア組と同じく機械的作業も行い，現場での汚れ仕事も担い，身分に胡坐をかいて逸楽にふけることはない。また，国民に対しても戦前の官吏のような抑圧性は薄れ，行政指導に見られるように業界とのコンセンサスを重視するようになった。このことは国際協力の現場で，日本の専門家が住民と一緒に田植えをする慣行などとも通底しよう。

　第2に，この平等主義のパタンは人事評価における相互性を支えている。ここで相互性とは，強い集団圧力の中で，客観データや基準に基づく評価よりも「同僚による評価」（ピアレビュー）を重視する慣行を指す。むろん事務処理の正確さとスピード，困難事案の解決力，会議での説明能力なども基本的な評価基準であるが，それらと等しく人物への信頼性（頼もしさ），協調性（丸さ），恭順さ（かわいげ）が重要な要素となる。そして，組織内で長期の時間をかけて評価が固まると，大臣とても次官・局長人事に容易に口を出しにくくなる。

　同様の傾向は英国の幹部（ファスト・ストリーマー）人事でも観察されるが，日本の官僚の場合，国会の質問取りや答弁書の作成，関係議員の根回しなど政治家との接触が多い点が特徴的である。とはいえ，政治家と接触をもちつつも，官僚の「分」をわきまえ，あくまで中立・公平な公務員として党派色を帯びないことが重要な徳目とされる。

（2）職員の受動性と欧米の公募型人事

　個々の人事に目を向けると，人事担当者がある種の権威をもって配置と異動を決定し，職員は受動的にそれを従う。中央省庁の場合，官房の人事（秘書）課がその役割を担うが，官房課長職は次官レースに残る上でも有力なポストと言われ，それだけ責任は重く，判断には公平性と公

正さが求められる。キャリア官僚の異動は1〜2年に1度と頻繁であり，地方や海外勤務もあるため家族を含め生活上のストレスになりかねない。だが，希望が常に通るわけではなく，交渉の余地も限定的だとされ，内示があれば即受け入れるのが原則だと言われる。

　職員のこの受動性は組織への忠誠心の証しともいえ，その見返りは所属省庁による身分保障と，退職後まで及ぶ生活保障といえる。とくに将棋の駒の上部でポストが減少すると定年前で勧奨退職を行わざるを得ず，そのための関連企業や外郭団体への再就職あっせんがいわゆる天下りである。だが，省庁が提供する資源とはそうしたポストやネットワークだけではなく，仕事自体のやりがいや組織への帰属意識であることも忘れてはならない。日本の官僚は総じて組織の使命へのコミットメントが強く，責任ある仕事が与えられないことの苦痛は，過大な任務による長時間労働よりも大きいように思われる。

　ここで海外に目を向けると，英国の幹部職員も米国の非政治任用の上級職（Senior Executive Service, SES）も，空白の生じたポストに組織の内外から個人が自由に応募し，競争試験を経て任用されるというパタンが定着している。職員の自発性を基礎にしたこの人事システムでは，上のポストを目指す限り公務員はキャリアをとおして評価を受け続ける。具体的には，ポストの公募文面に詳しい職務の説明（job description）がなされ，応募者は自らの経験と能力をアピールするエッセイを履歴書とともに提出し，書類選考と複数回の面接をとおしてようやく空白ポストが埋まる。英国・米国とも選考には3か月程度を要すると言われ，その時間と手間と人員のコストが小さくない反面，広範囲から最適の職員を選ぶことができ，かつ選考の基準も過程も透明度が高い。科学的人事管理とは必ずしも数値化を意味するのではなく，職務内容と求められる能力をできる限り概念化し，文書化を進めるということにほかな

らない。

その点，日本の人事管理には人事担当者によるパターナリズムの色彩が濃い。職員は自らの能力や仕事内容を客観視する機会が少なく，所属機関によるポストの提示に依存気味となる。その長期的費用こそ，不透明な天下りや幹部による不祥事であり，行政不信の高まりに現れている。この問題は，組織文化というテーマからも再検討の必要がある。

（3）組織文化とその変革

日本官僚制の特徴として，入口選別制，閉鎖型任用制，キャリア官僚の特権性が指摘されることが多い。上述のように，そこには平等主義のパタンと相互性の支配が見られ，変革には個々の制度改革の先にある組織文化の変容を念頭に置く必要がある。戦後復興から高度経済成長の時期まで，日本官僚制の文化パタンが組織の一体感を生み，職員の使命感を鼓舞し，人的資源の動員に役立ってきたことは否定できない。だが，近年はむしろ政策転換の困難，セクショナリズム，パフォーマンスの低下などの病理が目立つ。組織の正機能を保ちながら逆機能を克服するためには，どのような処方が有効であろうか。

1章で紹介した文化理論によれば，変革のために全く新しい組織を創造する必要はなく，異なるパタンを注意深く交配させて「混合型」を作る方が容易でリスクも少ない。理論的には，現在の共同体型にヒエラルヒー型，個人主義型のパタンを加味してハイブリッド化を目指すということであり，具体的には次のような改革が考えられる。

まず，ヒエラルヒー型を加味するとは，官僚制に対する政治的リーダーシップの強化にほかならない。その際，米国のように政治任用を多用するよりも，政策転換や新規事業の推進などの際に，要のポストに組織の内外から人材を抜擢するやり方が有効であろう。2009年新設の消

費者庁では，2代目と3代目の長官に外部の人材（元市長と元生協連合会理事）が登用されている。2014年設置の内閣人事局で幹部人事の一元管理が行われることになったが，候補者の経験と能力を十分に審査し，政治家との個人的・党派的な結びつきを回避しつつ，政策の推進という目標を明確にした透明度の高い人事を重ねることが肝要である。それ以外の人事に自律性が維持されること自体は，経験的に特段の問題があるとはいえないだろう。

　次に，個人主義パタンの導入として，欧米型の公募制の活用が考えられる。具体的には，国と地方の双方で浸透しつつある公募による任期付採用を広げることで，相互性と受動性を基調とする職場文化に風穴があく可能性がある。任期付採用は数の上では特許事務や金融分野，あるいは育休中の職員を代替するケースが多いが，弁護士や建築家など「高度の専門的な知識経験」を有する民間人を，例えば特定の区画整理事業のために課長職級で採用する自治体も増えている。外部の人材が組織に縛られない自由な働き方を条件に，一定期間まちづくりなど公の仕事にかかわってみたいと強く希望する時，任期付採用は魅力的で刺激的な契約となる。実際，短期間に開発事業を進め得るような人材は，役所には珍しい起業者タイプであることが少なくない。

　閉鎖型任用制の課題は，同質化しがちな組織をいかに多文化にするかにある。新しい血の導入による多文化化の戦略は日常の調整コストを高めるかもしれないが，変化への対応や新しい課題解決において真価を発揮する。解決すべき課題を明確にし，ピンポイントで人材を広く公募することで，課題解決だけでなく組織文化の刷新にも効果が期待できよう。ハイブリッド化には，馬とロバの交雑種ラバに子孫ができないように，持続可能性が低いこともある。任期付採用は，そのリスクを抑えるための一つの有効な制度だと言ってよい。

3. 変化への対応と危機管理

　ここまでは，主に行政内部の物的・人的・組織的マネジメントについて説明してきた。だが，新公共管理が政策の過程よりも「成果」(outcome) に注目するように，組織内の管理活動が社会に対しどのような効果を及ぼしたかがより重要であろう。そして行政活動の新たなアウトプットは，「変化への対応」として理解されることが多い。以下，変化とは何か，変化への対応にはどのようなタイプがあるのか，そしてその中でもとくに困難なものとして危機管理について考えたい。

(1) 変化のタイプと見分け方

　政治行政には未来を予測し，来るべき社会を構想する政策型思考が不可欠である。ただし，政治家が現下の課題や次の選挙に関心を寄せがちな分，行政官には将来に対するより長期的で専門的な予測と構想力が求められる。

　一方，都市化した現代の社会は農村型の時代と比べると日々変化し，あるいは変化自体が制度化した社会ということができる。変化の制度化とは，環境が常に変動することを前提に，社会の制度や政策が柔構造に変質することを意味する。だが肥大化した行政組織では，社会の変化を的確に察知・予測し，先手を打ってその影響を吸収するような柔軟性がむしろ失われがちとなる。そこで改めて政治の出番となり，公共サービスの民営化などの改革が期待されることになる。

　21世紀の大きな変化を見ても，2001年に米国で起きた同時多発テロ，2008年のリーマンショックによる金融・経済の混乱，2011年の東日本大震災と福島原発事故など，危機と呼ぶべき出来事が続いた。危機管理については改めて論ずるが，変化にはどのようなタイプがあり，どう

見分けるべきかについて，C. フッドの整理を紹介しておきたい。

　環境の変化には，重要なものとそうでないもの，一方向のものと循環状況にあるもの，スピードの遅速，そして人々の反応の違いがあり，それぞれに識別眼が求められる。まず目の前の出来事が重大な変動の予兆なのか，重大に見えても例外的な現象と片づけてよいのかの区別が必要である。地球環境問題では暖冬や猛暑，百年に一度の大水害などについて，長期的な気候変動の中に位置づけることが肝要となる。この区別は対自然だけでなく，人々の心理，例えばエコ意識についても当てはまる。次に求められるのは，少子化は不可逆の傾向なのか一時的なものかといった判断であり，景気のように循環状況にある場合，転換点の捕捉が重要である。景気判断では株価と同様，上昇から下降へ（あるいは逆）の転換点の捕捉能力が行政に求められよう。第3に，変化のスピードも無視できない要素であり，携帯電話の普及や感染症の拡大の速度は，行政によるインフラ整備や規制のタイミングとも密接に関連する。

　以上に加え，一定の予測に基づく行政の対応自体に，人々がどう反応するかも念頭に置く必要がある。例えば，法人税率の変更は多国籍化した企業の海外移転とも連動し，その国の財政状況や雇用の動向にも影響する。あるいは，公務員の不祥事に伴う行政の透明化を求める市民の動きなどは，方向性と速度の判断を見誤ると大きな痛手を受けかねない。ひと言で変化のタイプと予測といっても，その内容は決して単純ではなく，また予測力を高める一般的な方法が存在するわけでもない。

（2）変化への対応の4パタン

　予測がいかに困難とはいえ，変化への対応をパタン化して把握しておくことはマネジメントにとっての助けになる。フッドは，政策立案の難易度と現状変更の程度の組合せから表8-1のようなパタンを提示した。

表 8-1　変化への対応のパタン

	現状変更　小	現状変更　大
政策立案 易	①微調整 （例：スタッフ増員）	②模倣 （例：海外事例の導入）
政策立案 難	③転用 （例：図書館の棚卸し）	④新規開発 （例：宇宙開発）

　まず①の「微調整」(piecemeal adjustment) とは，現行の制度・政策の枠内でスタッフを増員する，予算を増やす，対象を広げるといった部分的・連続的な修正を加えることで新しい課題に対応しようとするものである。政策立案は容易であり，現状からの変更の程度も小さい。人員・予算を増やすべきではないといった固定観念から諦めていた対応が，単なる増員や予算増で可能になることも多く，第一に検討すべきパタンである。実際，1997 年に保守党から労働党への政権交代があった英国では，警察官・教員の増員で治安や教育上の効果を上げている。

　次に②の「模倣」(imitation) とは，海外や他の自治体で行われている試みを文字どおり真似するパタンであり，行政の場合は特許もないので政策立案コストは低いが，現状変更の程度は大きい。日本の近代化をふり返ると，議会・内閣から警察・郵便・国有林まで，欧米の制度の模倣によらないものの方がむしろ少ないくらいである。近年でも，2000 年に導入された介護保険はドイツの制度の模倣という側面が強く，各自治体では福祉行政のシステム移行に多大な労力を要した。

　③の「転用」(recombination) とは，ある分野ですでに使われている制度・政策を他分野に応用するもので，理論上，現状変更の度合いは低いが，立案が必ずしも容易でないパタンである。例として，以前は 1 週

間以上を要した図書館の蔵書点検に，デパートの商品棚卸しの手法を取り入れ，閉館日を大幅に短縮できたケースがある。あるいは英国の自治体で「社会的孤立対策」として行われている，図書館の住民交流事業"Simply Connect！"もこの例であろう。東京都武蔵野市の「武蔵野プレイス」でも同様の試みが見られるが，公立図書館で人々の自由な会話と飲食を許容する制度の立案には長期の準備が必要だった。

④の「新規開発」(prototyping) とは，前例のない課題や挑戦に対し，ゼロから制度・政策を立案するパタンで，高い創造性と立案能力を要し，現状変更の程度も大きい。例として，宇宙開発におけるアポロ計画やスペースシャトル計画を挙げることができる。それは多大な立案コストとシステム変更のリスクを伴うため，最後の手段として考えるべきであろう。原子力発電はもともと新規開発の典型だったが，原発依存度の高まった先進国が脱原発に方向転換することも，同じく将来のエネルギー政策に向けた新規開発と考えられる。

（3）危機管理とリーダーシップ

最後に，危機管理に言及しておきたい。企業経営でよく使われる「リスク管理」と似た概念だが，リスク管理では想定される将来の危険の予防・縮減に主眼が置かれるのに対し，危機管理は災害や事故など実際に生起した危機にどう対処するかという事後対応を意味することが多い。危機管理はまた組織内の管理以上に，生命・財産の危険にさらされている公衆への対応が中心課題といえる。U.ベックがリスク社会の到来を予見したように，科学技術の発達にもかかわらず，あるいはその故に，現代では地球環境の変動に伴う新たな災害や感染症，大規模な事故などが不可避となってきた。そうしたリスクの予防と同時に，想定外の事態を含めた危機への対応力が行政には欠かせない。

危機に際しては，安全確保，人命救助，被害の最小化といった観点から政策の優先順位の明確化を迫られ，中枢と現場の双方で的確なリーダーシップが求められる。大規模の災害現場で医療者が用いるトリアージとは，平時と異なる基準で傷病者に行う識別救急のことであり，助かる見込みのない者や軽傷者にはあえて治療を施さず，処置の効果が期待できる負傷者の搬送と治療に集中する。同様に，震災時の消防も住民だけで可能な救出には手を貸さず，緊急度の高い火災現場に向かう必要がある。チームの長，自治体の首長，国の指導者には，状況を迅速に把握し，的確な判断を下し，明解な指示を行うことが求められる。だが，そこには救助か二次災害の回避かといったディレンマが常に付きまとい，必ずしも明確な判断基準があるわけではない。

　一方，同時多発テロ後の米国に見られたように，危機に直面した政治リーダーの果敢な決断によって組織の一体性が高まり，人々の連帯感が強まることもある。危機への対応はしばしば政治権力にとってその基盤強化の契機となり，裏返せば自らの権力基盤に不安をもつリーダーの側の欲求にそって危機が演出されることも珍しくない。フーコーによれば，17世紀のペスト流行は予測の状態に止まることも多く，危機とはいわば権力にとっての夢想を意味していたという。

　日本の場合，多くの短命内閣の中で比較的長期にわたって政権を維持した中曽根内閣と小泉内閣が，共に日本の財政を危機的状況にあるとして，それぞれ臨調行革，構造改革を断行したことは，危機と政権基盤の関係について示唆的である。他方，阪神淡路大震災時の村山内閣，東日本大震災時の菅内閣は共に危機への対応に成功したとはいえず，少なくとも支持を高めることなく退陣に至っている。国民から見る限り，危機におけるリーダーの役割は危機からの実質的な脱出以外の何ものでもないが，リーダーの立場から見た危機管理と支持獲得の関係は，常に前者

が目的で後者はその結果だとは言い切れない。

　米国ではポリティカル・マネジメントと呼ばれる専門領域があり，政治家の選挙運動，支持拡大戦略，メディア対策等に関する実践知を扱っている。冒頭にも記したように，マネジメントとは困難を乗り越え，事をなし遂げようとする主体的・能動的な活動であり，主体の側の隠れた目的や政治的な意図を離れて中立的にとらえることはできない。政治家と同様，行政官や経営者にもマネジメントはあり，NPOや市民グループにもマネジメントがある。マネジメントへの理解を深めることは，市民として政治行政をいかに統制するかという議論にわれわれを導くであろう。このテーマは行政統制の議論として，最終章でとり上げたい。

引用・参考文献

稲継裕昭『日本の官僚人事システム』東洋経済新報社，1996
F.W.テイラー，有賀裕子訳『新訳 科学的管理法』ダイヤモンド社，2009
P.ドラッカー，有賀裕子訳『マネジメント』全4巻，日経BP社，2008
中邨章編『危機管理と行政』ぎょうせい，2005
西尾隆「矯正施設のガバナンス」大山耕輔編『比較ガバナンス』おうふう，2011
西尾隆「行政管理の理論」宇都宮深志・新川達郎編『行政と執行の理論』東海大学
　　出版会，1991
M.フーコー，田村俶訳『監獄の誕生：監視と処罰』新潮社，1977
C.フッド，森田朗訳『行政活動の理論』岩波書店，2000
U.ベック，東廉・伊藤美登里訳『危険社会』法政大学出版局，1998
増島俊之『行政管理の視点』良書普及会，1981

9 | 公共政策と政策型思考

西尾 隆

《**目標&ポイント**》 公共政策の概念・構造・類型，および政策と制度の関係について基礎から学ぶ。政策学が提示する新しい視点を，政策型思考と制度型思考の相互補完性から理解し，個別の政策事例をとおして政策と制度の関係を検証する。
《**キーワード**》 問題解決と公益の実現，メガポリシーとメタポリシー，政策型思考と制度型思考，「目的－手段」関係の設計，政策共同体，政策転換

1．公共政策とは何か

　ここまでは，政府・内閣・官僚制・公務員など，主として行政の基本的な「制度」，およびその運営としての「マネジメント」について学んできた。ここからは「政策」に視点を移し，公的な問題解決について考えていきたい。両者に強くコントラストをつければ，制度は「である」ことに，政策は「する」ことに関係する。制度が秩序と安定を志向するとすれば，政策は変革と運動を志向すると言ってよい。しかし，制度にも実は秩序の形成と維持という「機能」があり，社会に対して一定の働きかけを行っている。その意味で，制度も広義の政策の一部であり，制度を含む広義の政策は，既存の体制から生ずる諸課題の解決をとおして新しい秩序を形づくろうしている。

　政治学者の丸山眞男は，日本では本来「する」論理に立つべき法や役職がしばしば「である」論理で動いているとし，民主政治における運動の意義を強調した。前章で触れた人事管理に関連していえば，職員はか

って試験にパスしたキャリア官僚「である」という身分ではなく，課題解決を「する」能力によって評価，配置すべきである。丸山は他方，休日や床の間などアソビの空間に見られるように，本来は「である」価値の領域に消費社会の「する」価値が侵入し，両者の倒錯が生じていると論じている。

　この章では，公共政策の概念・構造・類型を概観した上で，「する」価値に立って政策型思考と制度型思考の関係を考える。同時に，制度と政策の相互作用について事例をとおして学びたい。

（１）公共政策のコンセプトと目的
　公共政策には数多くの定義が存在するが，ここでは「公的な問題解決のための政府の行動指針」として議論を進めることにする。このことを理解するために，米国での議論からみていきたい。
　最も素朴な定義に，T. ダイによる「公共政策とは政府の選択的な作為もしくは不作為である」との説明があるが，いくつかの注釈を要する。まず，政策自体は企業や個人にもみられるが，無数の政策現象から公共政策を区別する指標は，政府が中心的な役割を担うか否かという点にある。確かに政策の形成過程には多くの社会集団が関与し，実施過程でも市民やNPOがその一端を担うことがあるが，政策を最終的に決定し，その責任を負うのは政府である。ここで政府とは国・自治体・国際機関を含み，民主主義の下では議会・大統領・内閣・首長など公選の政治家が介在することが正統性の根拠となる。
　次に，公共政策は政府による一定の作為・行為だけでなく，しばしば不作為も含む。例えば，米国でタバコの販売規制を行わないことはある時点までは政府の方針であり，明らかな意図と選択が働いていたとされる。公害や薬害事件では，たとえ明白な意図がなく不注意によるもので

も,政府の不作為責任が問われることも少なくない。また,政府の行為には「意図せざる結果」がつきものであり,例えば開発行為による公害の発生,増税による景気の悪化,貿易自由化による特定産業の衰退など,一つの政策の実施が別の領域で新たな課題を生む。したがって,環境保全において不作為と見える場合も他の政策活動と連動しており,作為・不作為が裏表の関係にあることも稀ではない。

第3に,ダイの定義は政策の目的については何も語っていない。だが,公共政策は問題解決に役立ってはじめて価値をもち,効果の面から不断にチェックを受ける。公共政策の対象は森羅万象に及び,目的も多岐にわたるため,「問題解決」の内実を腑分けすると,ハウレットらが指摘するように,「目的と手段の選択をめぐるアクター間の動的なプロセス」であることがわかる。解決すべき問題と政策が一対一に対応することは稀であり,一つの問題解決には複数の手段が組み合わされる一方,それぞれの手段は別の目的に仕えていることが多い。仮に目的自体に合意があっても,平和構築などにみられるように,手段の選択をめぐる対立は日常的である。

第4に,公共政策の目的は単に個別課題の解決なのか,それとも平和・安全・福祉・豊かさなどを含めた公益の実現なのかという問いがある。政治家の選挙公約や政府が掲げる政策目標には,人々の幸福の実現にかかわる文言が少なくない。だが,公共サービスは税負担を伴うこと,幸福の内容は個々人により異なることを考えると,政府の市民生活への介入には自ずから限界が存在する。これが「ミニマム行政」の考え方であり,いかに憲法が「文化的な生活」を謳っているからといって,享受すべき文化や芸術の内容まで特定して提供すべきではない。公共政策は理想を追い求め,公益の実現を目指しつつも,人々の幸福の実現を阻む貧困や環境汚染などの具体的な問題解決を優先すべきであろう。

（２）公共政策の要素と構造

　現実の公共政策を理解するためには，一体政策がどこに存在するのかを確認しておく必要がある。新藤宗幸は，政策を支える規範は分散的だと指摘し，各規範を「政策の公示形式」と呼ぶ。水の保全の場合，水質汚濁防止法をはじめ，同法に基づく政令・省令，関連する閣議決定，国会での大臣答弁から国際会議での発言内容，条約などの国際協定も加わる。さらに自治体の条例・規則，環境基本計画などの諸計画，国と自治体の諸事業と予算の中に政策に関する規範は書き込まれている。

　これらの公示形式の内容から，次のような構成要素を見ることができる。まず，公共政策には問題解決によって何を実現するのかという「目標」の設定が必要である。それはビジョンとも呼べるし，解決の方向性と言ってもよい。水質汚濁防止法の名称自体は課題解決型だが，第1条は「国民の健康を保護するとともに生活環境を保全し」と述べている。また，環境省は28の有害物質につき排水の許容限度を数値目標で表している。一方，福島原発事故により海洋の放射能汚染が現実のものとなり，常時監視されるようになったにもかかわらず，どこまでを汚染の許容限度とし，何を目標にするのかは明示されていない。

　次に，政策の「主体」と「対象」を明らかにする必要がある。水質汚濁防止法は，主務大臣である環境大臣および都道府県知事の権限と責務を明記し，基本方針・計画・基準の策定を義務づける。規制の主たる対象は排水を出す工場・事業者であり，有害物質を扱う施設には構造上の基準順守が課せられる。また生活排水対策として，国民も調理くずや廃食用油等の処理に関して責務を負う。自治体レベルでは，滋賀県の条例が琵琶湖の富栄養化を防止すべく，事業者と県民，さらに県内の何人にも燐を含む家庭用合成洗剤の使用を禁じている。

　第3に，政策の「手段」も多様であり，目標達成の方法を特定しなけ

れば有効な政策たりえない。水質保全の場合，前提として排出基準の設定，汚濁の測定，監視装置の開発などが必要となる。具体的な規制を行う場合，排出口での規制か総量の削減かという選択肢があり，改善命令・指導のほか，重点地域の特定，事故の場合の応急措置，悪質業者の公表といった手段もある。環境政策では，規制とは別に経済的インセンティブを高めることも有効であり，多様な手段の組合せによる「ポリシーミックス」がむしろ一般的といってよい。これら目標・主体・対象・手段の組合せにより，政策は構造化される必要がある。

（3）政策のタイプ

　政策のタイプも多様である。まず，社会の多層のレベルで政策は存在する。例えば雇用の確保は誰にとっても生活の基本だが，個人の問題であると同時に地域や国にとっても重要な政策課題である。「自助・共助・公助」との関係でいえば，雇用の確保にも自助努力の次元，知人や大学の就職相談などによる共助の次元があり，政府に目を向けると，国や自治体の失業対策という公助（公共政策）の次元がある。グローバル化が進む現代では雇用調整は国境を越えた課題であり，移民労働者とその家族に関する権利保護条約などの国際公共政策があるように，ひと言で雇用政策といっても複雑な重層構造をなしている。

　次に，公共政策は経済学でいう公共財の提供に関する方針だが，公共財と私的財の中間に準公共財が存在する。税に加えて利用料を徴収する公立の劇場や博物館などはその例であり，医療や教育のようにサービスの提供主体が官民双方であるものも含まれる。こうしたサービス提供の方針はすべて政府の政策とは言い切れず，3章で触れた「新しい公共」の考え方では，私企業やNPOなども広義の公共サービスの担い手ということになる。そこで政府の政策を「狭義の公共政策」だとすれば，

NPO・市民団体・財団・企業等による準公共財の提供にかかわる方針は，「広義の公共政策」と位置づけられよう。

　第3に，公共政策はしばしば複合的な内容をもつ。河川政策，道路政策，住宅政策などは単一の政策ととらえられるが，それらは相互に絡みあって国土交通政策の一部となっている。環境政策，景観政策，都市政策はどれも複合的な性格を帯び，総合的な取り組みが不可欠である。震災後の復旧・復興に関する政策の場合，ハードとソフトの全領域を含む一大複合政策となり，多層レベルの調整と計画が求められる。

　第4に，Y. ドロアによれば，通常の政策とは別の次元に，あらゆる政策の基本方針にかかわる「メガポリシー」，および政策決定システムにかかわる「メタポリシー」というタイプもある。メガポリシーとは政府のマスターポリシーであり，例えば政府の大きさに関する路線選択は，英国や米国の二大政党の対立軸としてよく現れる。日本では，2009年の総選挙で民主党が掲げた「コンクリートから人へ」の方針転換が，政策全体にかかわるメガポリシーと見てよい。一方，メタポリシーとは政策形成のあり方に関する方針であり，「制度政策」と呼ぶこともできる。明治維新や戦後改革のように憲法改正を伴う体制の転換がその典型である。「官治集権から自治分権へ」といった体制のシフトは，政策自体の変更というよりも，政策決定システムの変更により政策内容に修正を迫ろうとするものといえる。

　もう一点，T. ローウィは政府の強制のあり方に注目して，補助金などの分配政策，個人・企業に対する規制政策，社会保障に代表される再分配政策，制度・機構改革を含む構成的政策に分類した。詳述はできないが，政策類型によって政策決定のあり方が規定されるというローウィの見方は，政策を類型的に把握することの必要性を示している。

2. 政策型思考と制度型思考

　公共政策に関する研究は,「政策科学」「政策研究」「政策分析」など多様な呼称があるが,本書ではそれらを「政策学」と総称する。政策学はどのような背景で提唱され,どのような特徴をもつのだろうか。以下,政策学の特徴を政策型思考と制度型思考という視点から整理する。

(1) 政策学台頭の背景

　政策学の嚆矢とされるのは,米国の政治学者 H. ラスウェルの「政策志向」(The Policy Orientation) と題する 1951 年の論文である。ラスウェルは,学問が専門分化によって社会実践との接点を失いつつあり,それを回復して政策と意思決定を合理化するために諸学の総合が必要だと論じ,実践志向をもつ「政策科学」(policy science) を提唱した。

　ラスウェルはまた,政策科学の内容を政策過程について (of) の知識と,政策過程の渦中にいる当事者にとって (in) の知識とに分けている。前者については,20 世紀当初から始まった「政治過程論」が,政府や政党,利益集団の影響関係をすでに研究していた。その意味で政策科学の新しさは後者,すなわち政策の当事者にとっての知識をいかに充実させるかにあった。政策はどのように形成されるのかという分析に加え,一体どうすれば政策の過程および内容を改善することができるのか,その問題意識が「政策志向」の特徴といえる。

　戦後日本に目を向けるならば,米国で 20 世紀初頭から行われてきた政治過程分析は,半ば聖化されてきた政府の活動を客観的に研究するという点で,その科学としての性格が新鮮に映った。戦後日本の政治学は分析的な経験科学として,あるいは体制批判の学として発達してきたものの,政策の当事者にとっての知を探究しようとする姿勢は希薄であっ

た。その背景として，政策形成に関して官僚制への依存があったことも否めない。このことへの真剣な反省が生まれたのは，政策の劣化や官僚の不祥事が顕在化した1980～90年代であり，その後，公共政策に関する研究が拡充し，多くの政策系大学院が設置されるに至った。

　加えて，80年代に自治体から始まった情報公開への動きが，市民による政策への批判や提言を促したことも看過できない。この運動は2001年施行の情報公開法に結実し，行政活動と政策情報の透明化は役所の文化を変容させつつある。その意味で，政策学の台頭は単に学界内で生じた変化ではなく，政府と市民の関係変容とも連動していたのである。

（2）政策型思考とは何か

　政策学の特徴をひと言で示すならば，公共の問題解決に向けた規範的・実践的・構想的な「政策型思考」を重視する点にある。戦後の社会科学は政治学を含め，客観性を高めるために社会現象の因果関係を明らかにし，実証的な傾向を強めてきた。これに対し政策型思考とは，「原因―結果」の把握から「手段―目的」の関係を設計し，過去の経験に基づいて未来を構想する思考形態である。純粋科学が条件純化に基づき客観性と一義性を志向するとすれば，政策学は条件複合を所与とした上で，社会の合意性と選択性を追究するといってよい。

　松下圭一は，政策型思考とは特別なことではなく，市民が渋滞の中で目的地に急ぐ時，住宅の設計，あるいは恋愛での駆け引きでも，ごく日常的にみられると指摘する。公共政策が市民の日常思考や企業などの方針と異なるのは，法的手続によって正統性をもち，権限・財源など動員する資源の範囲が大規模になるため，問われる責任も要求される熟度も高まる点にある。だが，政策型思考のエッセンスは，将来（結果）の「予測」と手段（原因）にかかわる「調整」を2大要素とする点で共通

している。そして調整とは，党派間のイデオロギー対立ではなく，複数の政策目的と複数の政策手段の間のすり合わせとして，「妥協による合意」に近づくと指摘する。

　一方，戦争や危機管理の場合は目的がより鮮明になり，それに対する手段の選択が厳しく問われるという意味で，政策型思考が先鋭的に現れる。目的の大きさに比べ資源の希少さが顕著な場合，その緊張から生じる思考は「戦略的思考」と呼ぶことができる。ここで「資源」とは，権限・財源・マンパワーに加え，情報・専門知識・時間・政治的支持，さらに人々のネットワークや信頼なども含まれる。一方「戦略」とは，資源の最大動員のために個々の戦術を総合した手段の体系を指すが，実は政策の概念自体がそうした総合的な性格を帯びがちである。政策型思考も戦略的思考も，利用する資源や手続の活用と再編が課題となり，そこから制度型思考の必要が浮上してくる。

（3）制度型思考との関係

　政策型思考が目的を念頭に置いた手段の設計に関する思考だとすれば，手段である制度を軸に考える「制度型思考」も，図9-1が示すように基本的にその一部に含まれる。新規課題が生じた際，その解決にあたる担当官庁を決め，その権限を明確にし，財源を確保し，手続を整備し，先例の有無などを確認するのが，政策型思考から派生する制度型思考の健全な作動である。とはいえ，経験の浅い実務家や研究者にとって，権限・財源・手続の問題から利益団体の抵抗などを具体的に考えるのは容易なことではない。

　いま仮に10年後の脱原発を目指すとすれば，自由な発想に支えられた政策型思考では，必要となる火力および再生可能エネルギーの量を概略計算し，首相を説得して閣議決定にもち込めば十分可能だと考えるだ

ろう。具体的な進め方はドイツに学べばよいと言うかもしれない。政策型思考の真骨頂は，既存の秩序や先入観にとらわれない自由な構想力にある（政策型思考の円の上方部分）。他方，これに地に足の着いた制度型思考が加われば，目の前の障害をリストアップし，脱原発への道程と資源調達の方法を手堅く検討することになる（2つの円の重なる部分）。だが，目的意識を欠いた制度型思考は，

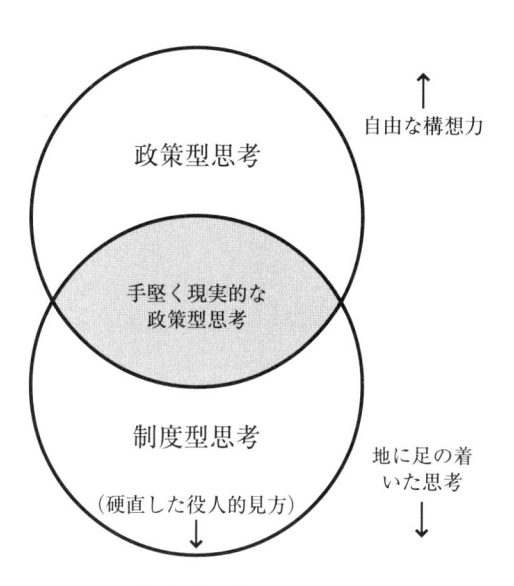

図9-1 政策型思考と制度型思考の関係

「廃炉のコストが高すぎます」，「電力会社との関係をお考え下さい」，「隣国から電力を買えるドイツは参考になりません」，「今の与党幹部の顔ぶれでは無理です」などと不可能な理由を並べかねない。

　制度重視の姿勢が硬直化すると，いわゆる「役人的なものの見方」に傾き，それが病理の域に達すると思考停止に陥る（下の円の底の部分）。日本では長く続いた官治集権体制の下で，制度型思考が政策型思考を抑圧気味であった。半面，制度型思考は新しい発想に「枠」を与え，定型化へと導く思考であり，政策の実現には必要ともいえる。一般に「制度」とは，広く人々に共有された決まりごとや行為パタンを指し，コンセンサスを重視する稟議書のように，良くも悪くもその社会の歴史・文化に根ざし，それ自体が価値を帯びてくる。有権者の意向に無原則に応答しがちの政治家や理想肌の研究者と比べると，制度型思考に

は経験知に基づいたある種のリアリズムが含まれている。

　以上を，明暗を濃くつけて整理すれば，政策型思考が未来を展望し，先例にとらわれない自由な発想で問題解決の方向を構想するのに対し，制度型思考は既存の秩序と経験を重視し，伝統的な行為パタンの枠内で着実に問題解決を図ろうとする。国により，また時代により，政策型思考が優勢になったり制度型思考が支配的となったりするとしても，両者は相互補完的に政策形成を支える不可欠の思考様式なのである。

3．政策転換と制度改革

　公共政策がゼロから立案されるというケースは少なく，通常は現行の政策に微調整または比較的大きな軌道修正を行うことが多い。だが，意外に困難なのが長期間持続してきた政策の転換である。それは，政策が政府の構造や社会の制度と分かちがたく結びつき，関係者間で「政策共同体」もしくは「政策サブシステム」と呼ばれる体制を築いていることによる。そこで，政策と制度との関係をもう一度整理し，農林政策の例から政策転換と制度改革の関係を考えることにしたい。

(1)「政策と制度の関係」再考

　「政策」とは将来を展望した問題解決のための指針であり，「制度」とは過去の経験の上に形成された現在の秩序である。政策が「動」だとすれば，制度は「静」であり，鉄道でいえば列車と線路の関係に譬えられる。列車の改良は19世紀から不断に行われ，技術が成熟した現在でも毎年新型の車両が登場する。だが線路の方は，国鉄・JRに限れば，明治初期に新橋―横浜間で開通した狭軌軌道と，新幹線の広軌の2タイプしかなく，これは近代日本に憲法が2回しか作られていないことにも似

ている。在来線でも車両の改良で高速運行は可能であるが，新幹線の新規格で初めて実現するスピードや安全性があることも事実であり，そこに制度改革がもつ意義の大きさを見出せよう。

　一般に，制度（軌道）は政策（車両）と比べると静的かつ地味であり，変更の直接の効果が見えにくい。また在来線とは別に敷設された新幹線と異なり，制度の変更はその日常的運用を続けながらその基本システムを交換することになり，混乱やリスクも避けがたい。自治体では特区制度を使った実験が可能だが，現内閣を運用しながら新型内閣の試行はできない。そこで，政策と制度の関係に関する観察を重ね，そこから公共政策の転換にかかわる原理を把握することが必要となる。

　社会学者のP. セルズニックが注目したのは，一定の政策に仕えるべく道具性をもってつくられた公的組織が，時間の経過とともに組織内外の社会構造に根を下ろし，「制度化」していく過程である。この動的なプロセスは，「組織過程は形成されうる政策の種類に深く影響を及ぼし，一方政策も，能率的な業務遂行という前提から説明のつかない様式で，逆に組織を形成する」と要約される。やや抽象的な一文だが，例えば財務（旧大蔵）省や農林水産省といった古い官庁は，いく度もの改変を生き延びて制度として定着し，組織内部（キャリア官僚・技官等）および外部（金融界・農協等）との間に強固な関係を築いている。その構造がある種の政策の立案・実施を容易にする一方，別種の政策を拒否するような体質をもつようになる。しかし，社会や技術の変化に対応した政策の変更が，組織構造に予期せざる結果をもつこともある。

　典型的な例では，道路・港湾・空港の建設といった公共事業が，無駄や非効率を指摘されながら容易に削減できずにきたのは，所管官庁・業界・族議員の間に，カネ（予算・献金）とヒト（天下り）と情報（技術・入札）を媒介とした一種の政策共同体が形成されてきたことの影響

が大きい。他方，民営化による JR や NTT の変質，業界全体の変容は，技術革新も手伝って，改革者の予想を超えて進んだということができる。以下，農林行政から制度と政策の関係を考えたい。

（2）農業行政にみる政策転換の困難

　戦後日本の農政は，数百万の小作農への農地解放に始まり，1952年の農地法制定により耕作者の地位の安定化が図られた。また，戦中から続く食糧管理体制の下で米の増産が奨励され，1967年の米の完全自給化でその目標は達成されたかに見えた。ところが70年代以降，米の在庫が増加の一途をたどり，以前から政府の買取り価格が売渡価格を上回る逆ザヤが続いたこともあり，食管会計の悪化を招いた。そこで政府は減反政策に転換して米の生産調整に乗り出し，95年には食管法を廃止した。他方，国際的にきわめて高コストの米作の効率を上げるべく，農地集約と経営規模拡大のための構造改善事業を推進した。

　この間，政府は財政面で米の価格支持（下支え）を続けるとともに，区画整理・水路・農道建設などに多額の公共事業予算を投じてきた。政治家は与党の農林議員（族）を中心に地元農家の声を代弁しつつ，活発な圧力活動を続けた。にもかかわらず，規模拡大は進まず，主業農家の経営は悪化し，耕作放棄地が拡大していったのはなぜだろうか。経済学の立場からは，「市場の失敗」(外部不経済) 以上に「政府の失敗」(保護・規制による非効率) が大きかったと分析され，農水省の元幹部からも背後にある政官業癒着の構造が批判的に，あるいは自戒をこめて論じられている。そして，戦後農政の制度構造が有効な政策対応を阻んできたという見方で両者は一致していた。

　経済学者の八田達夫らは，農地法による農業への参入障壁が株式会社の参入と農地の大規模化を妨げ，価格支持政策が小規模兼業農家を農業

につなぎとめてしまったとみる。その背景には，31万の職員を抱える農協にとって小規模兼業農家が多数を占める組合員の維持が自己目的化したこと，自民党と農林族にとって農家戸数を維持する農協は集票マシンとして有益だったこと，さらに農業振興のための補助金と公共事業は農林省にとっても予算獲得面で好都合だったことがあげられる。農地法の基本的考え方は，耕作者自身が農地を所有すべきだというものであり，2009年の法改正で株式会社へのリースが自由化されたものの，市町村の農業委員会の許可を条件としており，この制度がいわばヨソモノである企業の参入を阻んでいると考えられる。

一方，元農林事務官の山下一仁は，戦後の農林官僚が専門性や政策能力よりも政治家や諸団体との利害調整能力で評価されるようになり，天下り先の確保を含めた組織の維持拡大を優先して考えるようになったと指摘する。政治化した農政分野では，調整の比重が次第に高まり，合理的な政策形成を阻む政官業の「農政トライアングル」が形成されていく。だが，閉じたシステム内で諸課題を決定できたわけではなく，グローバル経済の中での国際貿易交渉，財務当局との折衝，消費者や国民の声への応答も重要課題である。しかるに，この構造ゆえに国際交渉に際して政府の統一見解を容易にまとめられず，他方，国内でも米価決定で政府と農林族と財務当局の板挟みになった幹部が自殺するなど，矛盾が深刻化し，今や根本的な改革が不可避となっているとみる。

ここで海外に目を向けると，どの先進国も農業振興には頭を悩ませている。自律的な農業経営が可能なオーストラリアを除けば，一戸当たりの農地面積が日本の10倍から100倍の欧米諸国でも何らかの助成・保護策がとられている。問題は保護政策自体ではなく，それが市場を補完して生産効率を高めるよう合理的な内容をもっていないことにある。そしてその原因を探っていくと，内閣が政策型思考に立って政府の方針を

明確にし，実行に移すだけのリーダーシップを欠いている点に行き着く。換言すれば，既得権者同士の相互性パタンが健全なヒエラルヒーの作動を阻んでいることこそが課題なのである。そこに気づけば，この制度構造にどうメスを入れるべきか，方向性は自ずと見えてこよう。

(3) 森林行政にみる政策転換と制度課題

　最後に，農政と隣接しているため一見同様の構造を連想しがちな林政分野での異なる状況を見ておくことにしたい。日本の森林政策の特徴は，農政とは逆に政治の介入も支持も弱く，林業技術ないし技官の支配が続いてきた点にある。とくに注目したいのは，農林業ともに国際的にみて生産性が低いにもかかわらず，農政部門では米の778％をはじめとする強固な関税障壁が築かれているのに対し，林政部門では自由な外材輸入により国産材価格が低迷し，林業の衰退が続いていることである。この対照につき，少し歴史をさかのぼって考えてみたい。

　近代日本の森林政策は，国有林の創設とドイツ型森林経営の確立を軸に展開された。「保続」(持続可能性) を理念とするドイツ林学は，農商務省山林局の林業技術者にとっては組織の哲学として内なる使命感を高め，組織の一体化に貢献した。この思想と技術は国有林経営において貫徹される一方，民有林や入会利用の多い公有林は合理的経営の対象外として後回しにされた。また大正期の技術上の転換は，技師増員とその能力活用への期待に基づいていたし，保続理念に逆行する戦時大増伐も技術者の地位向上運動と連動していた。こうして，組織や人事に関する制度条件が政策の方向性を規定する状況が強まっていった。

　この間，日本は1921年に木材輸出国から輸入国に転ずるが，戦後の自由化と異なるのは，木材関税のあり方が大きな論争となったことである。商工省は関税引き上げに国内産業保護の立場から反対し，大蔵省も

消極的であり，農林省幹部は政党の方針との関係で揺れていた。一方，民間では林業・木材関係団体の組織化が進み，各府県の山林会を束ねた全国山林会聯合会も成立するが，これを推し進めたのは渡辺全という一山林技師であった。渡辺は技術者ながらその政治的手腕を買われ，若くして林産課長に抜擢され，他の技術者と異なり国有林ではなく民有林行政に傾斜していった。渡辺は関税引き上げこそ官民を超えた日本の林業振興の鍵だと考え，1926 年に山林局長が政友会系に交代したのを機に，高い関税障壁を次々に構築していった。このことは，政策型思考に立った技術と政治力の結合の稀有な成功例であると同時に，制度的にはそれを阻む戦前の林政システムの欠陥を物語っていた。

さて，戦後の経済発展の下で木材需要が急増すると，価格の上昇と国産材の供給不足が顕著となった。1960 年前後には国内の大増伐に加え外材輸入の拡大が不可避となり，経済成長路線に立つ池田内閣は当然にこれを加速させたが，大正期に見られたような関税に関する議論は皆無に近かった。その結果，世界有数の森林国である日本は，戦後の拡大造林で森林蓄積を高めてきたにもかかわらず，今や世界一の木材輸入国となっている。長期の計画性と保続原理に立つべき林業技術者の視点は，戦後林政になぜ生かされなかったのだろうか。

戦後改革で農林省外局となった林野庁では，長官に技官が座るようになり，また特別会計制度の導入により自律的な国有林経営の基礎が築かれた。しかも林野庁長官の多くは退官後に参議院議員となり，技術的視点の政治への反映は一見容易になったと思われた。ところが，林野庁幹部および同庁出身議員は，国内林業を保護すべく自由化に抵抗するどころか，むしろ体制の意向に積極的に応じているのである。このことは，技官集団が長期的視野に立つ政策型思考よりも，短期的で集団利益優先的な発想から行動していたことの証しというべきである。

「農政トライアングル」の場合，当事者の強すぎる結束と政治的圧力が政策転換を阻んできたとすれば，林政では政・業の結束の欠如，利益表出の弱さ，必要な政治的対立さえ回避しようとする官の保身的体質が林業衰退の遠因となっていた。現代の農林業は，効率化と同時に環境保全との関係でその外部性がより重視されており，広い視野からの政策再編が不可欠である。いずれの政策分野でも，将来ビジョンを鮮明にし，政策型思考に立って制度と政策を再構築する意志を欠けば，問題の解決はさらに先送りされるであろう。

引用・参考文献

秋吉貴雄・伊藤修一郎・北山俊哉『公共政策学の基礎』(新版) 有斐閣，2015
新藤宗幸『概説 日本の公共政治』東京大学出版会，2004
Y. ドロア，宮川公男訳『政策科学のデザイン』丸善出版，1975
西尾隆『日本森林行政史の研究』東京大学出版会，1988
八田達夫・高田眞『日本の農林水産業』日本経済新聞出版社，2010
松下圭一『政策型思考と政治』東京大学出版会，1990
丸山眞男『日本の思想』岩波新書，1961
宮川公男『政策科学の基礎』東洋経済新報社，1994
森田朗・金井利之編『政策変容と制度設計』ミネルヴァ書房，2012
山下一仁『「亡国農政」の終焉』KK ベストセラーズ，2009
M. Howlett, M. Mamesh, A. Perl, *Studying Public Policy : policy cycle and policy subsystems*, 3 rd ed., Oxford, 2009
P. Selznick, *Leadership in Administration*, Harper and Row, 1957

10 | 政策過程とそのサイクル

大森佐和

《**目標&ポイント**》 本章では公共政策の策定過程の最も一般的な説明である政策サイクルを紹介し，そのサイクルの各ステージがどのような過程であるかを説明し，各政策過程への理解を深める。また，政策過程全体を説明する理論として唱道連携フレームワークをとりあげる。
《**キーワード**》 政策サイクル，アジェンダ設定，政策形成，意思決定，政策実施，政策評価，唱道連携フレームワーク

1．政策サイクルとは何か

（1）はじめに

　公共政策を策定する過程は，どのように説明されるであろうか。実際には多くの法案や政策が同時進行でさまざまな委員会や省庁で検討され，議論や審議がなされ，決定されている。しかし，日本・海外を問わず公共政策の教科書では「政策サイクル」と呼ばれる過程で政策策定過程を説明することが多い。本章では，まずこの政策サイクルとは何かについて概要を説明する。その後，この政策サイクルのそれぞれの政策過程について，だれが主なアクター（行為主体）か，それぞれの政策サイクルの過程での代表的な議論を説明する。さらに，各政策過程を個別に見るというよりは，より統合した過程として政策過程をとらえ政策策定過程を説明する理論として，「唱道連携フレームワーク（Advocacy Coalition Framework）」をとりあげる。

（2）政策サイクルとは何か

　公共政策過程とはどのような過程をいうのであろうか。公共政策過程は一般に図10-1のような政策サイクルの過程として説明される。

　政策サイクルの過程の第一の段階となる「アジェンダ設定」過程におけるアジェンダとは，「社会や市民・議員・官僚などが，解決が必要であると注意を向け，争点となる問題」を指し，アジェンダ設定過程とは，社会に多くある問題の中でも，解決しなくてはならない重要な争点となる問題として議員や官僚などの政策エリートの関心を惹き，優先度の高い政策課題として認知され議論されるに至る過程をいう。こうした争点となる問題の原因は何か，現在の解決方法では何がたりないか，どう政策上対応していくべきか等の問題への注意・認識・定義・解決方法を含めてアジェンダとしてどう設定されていくかが，政策過程に参加するアクターの間で重要な争点となる。従って，アジェンダ設定過程は，社会に満ち溢れる様々な問題の中で，何が最も重要で優先度が高い問題

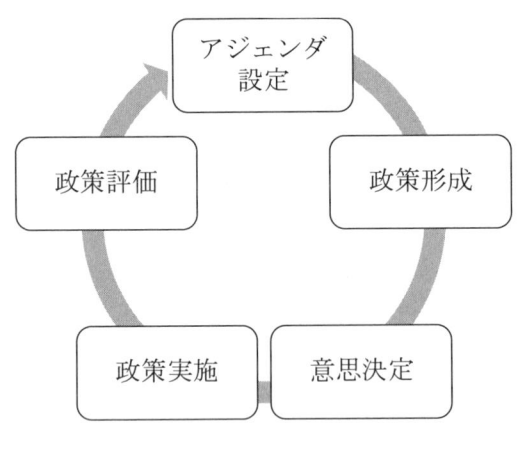

図10-1　政策サイクル

かを政府が客観的に適切に判断して問題として取り上げる過程というより，利益団体や市民団体のグループ間や政党・省庁・国会議員等の間で，どのように問題を認知し定義するべきかをめぐって激しい駆け引きや論争が起こり，政府がこうした問題をとりあげるべきか否かが社会的意味の構築も含めてなされていく政治的意味合いをもった過程である。またメディアも重要な役割を果たす。

　「政策形成」とは，問題を解決するために利用可能な選択肢を検討する過程を指す。こうした選択肢はアジェンダ設定過程ですでに提起され，解決策として示されていることもあるし，課題が設定された後に，問題解決に向けて政策案を検討・作成することもあるが，いずれにせよ様々な政策案の選択肢は政策形成の過程で実際に政策決定者が受け入れることが出来る範囲の選択肢に狭められていく。このように様々な政策の選択肢の可能性を検討し，受け入れられるものと受け入れられないもの，実現可能なもの，実現可能でないものとを分け，政策案を作成していく過程が政策形成である。この政策形成過程もアジェンダ設定過程と同様に，ある問題の解決が必要と認識された後でも，ではそれをどう解決していくべきか，またどのような解決が可能か否かに関して政策の選択肢や政策案の内容が争点となり，グループ間やアクター間で論争や駆け引きがなされる。この政策形成の過程では，どんな選択肢が実際には実施可能であるかを考える政策立案者として官僚が重要な役割を果たすことになる。

　「意思決定」の過程とは，政府がいくつかの政策の選択肢の中から最終的に一つを選択し決定する，あるいは決定しないことを指す。この決定しないという選択をするという事は従来の政策が変更されず維持される事を意味する。この意思決定の過程は，アジェンダ設定や政策形成の過程と密接に関係しており，たとえ結果が決定しないという選択であっ

たとしても，現状維持を望む勝者と変更がかなわなかった敗者が生まれるという政治的な過程である。

「政策実施」とは，決まった政策やプログラムが実施される過程であり，計画が実行に移されることを言う。どのような政策手段を用いるのかも重要である。どの程度計画通りに政策が実施されたか，計画と実施の間に食い違いが生じた場合には，このような目的と実施の乖離はなぜ生まれるのかが課題となる。最後の政策過程は政策評価であり，「政策評価」とは政策が政策過程の中で計画通りに実施されたか否か，どのような効果が得られたかを評価する過程である。政策評価の結果を踏まえ，そのまま政策を維持すべきか，政策変更がなされるべきか，あるいは政策中止とすべきかが決定される。

2．政策サイクルそれぞれの政策過程

第2節では，政策サイクルのそれぞれの過程で用いられる概念やそれぞれの過程を分析する視角について述べる。

(1) アジェンダ設定過程

政策サイクルの最初の過程となるアジェンダ設定過程では，私たちをとりまく社会にはさまざまな問題がある中で，世論や，議員・官僚などの政策エリートに，その問題がとりあげるべき政策課題であると認識される必要がある。その際，前述のように，その問題がただとりあげられればいいというものではなく，その問題がどう認識されるのか，問題が起こる原因は何かなど，問題がどう定義されるべきかもアジェンダ設定過程では重要な争点となる。R．コブとC．エルダーは，こうしたアジェンダ設定過程の分析のため，アジェンダを「システム・アジェンダ

（systemic agenda）」と「制度的アジェンダ（institutional agenda）」の二種類に分けている。一つ目の「システム・アジェンダ」は，政治の共同体のメンバーから，公的な注意を引くに値すると思われ，また懸念に値すべき事項であると思われている全ての問題である。こうした公的な注意に値するすべての問題であるシステム・アジェンダの中から，特に意思決定者が真剣な議論を行えるよう設定された議事項目のリストにまで達したアジェンダを，「制度的アジェンダ」と呼び，例えば国会の審議予定などが含まれる。T．バークランド（2010）はさらに，この制度的アジェンダの中から，法案の採決や規制の策定などの政府の行動が伴う決定に至るものを「決定アジェンダ」としている。

　すべてのシステム・アジェンダが制度的アジェンダとして選ばれ，さらに決定アジェンダにまで至るとは限らない。たとえば制度的アジェンダとして国会で審議された法案が，会期末に廃案となって決定アジェンダには至らないこともある。また，システム・アジェンダで優先課題と国民からみなされる政策の問題が，同じ優先度や緊急度で制度的アジェンダに反映されるとは限らない。なぜなら，前述のようにアジェンダ設定過程とは，特定の問題が自分たちの思うような角度から取り上げられる事を目的として，利益団体や市民団体等の私的アクターや官僚・省庁・国会議員・政党などの公的アクター間で激しい競争が起こる過程であるため，必ずしもシステム・アジェンダでの問題の重要性の認識が公的アクターで共有され制度的アジェンダに反映されるとは限らないからである。

　R．コブとC．エルダーによれば，より多くの資金等の資源をもっている利益団体はアジェンダ設定に影響を与えるのに有利である。また，何度も繰り返し取り上げられてきた問題の方がすでにアジェンダに組み込まれているため，全く新しい問題よりも取り上げられやすい。メディ

アの問題の取り上げ方も世論を形成する上で重要である。利益団体等が議員や官僚に働きかけ，議員や官僚がこうした団体の要求に受動的にこたえようとするのみではなく，議員も自分たち自身で問題を定義し議論するなど，アジェンダ設定に積極的に関与する。政策決定者自身が正式なアジェンダをコントロールするため，与党内の重要ポストにある有力議員の同意がないと，制度的アジェンダや決定アジェンダにならないこともある。従って利益団体は，より有力な政治家や政党や担当省庁の官僚，あるいはメディアとのつながりを求めようとし，こうした人脈があるグループの要求の方が，制度的アジェンダに取り上げられやすくなる。このように，アジェンダ設定過程はさまざまなアクターが関わる極めて論争的な政治的過程である。

(2) アジェンダ設定の変化：焦点化する出来事

アジェンダ設定に変化をもたらし，その後の政策が変化する要因としてT. バークランド (1998) は，「焦点化する出来事 (focusing event)」の影響をあげた。「焦点化する出来事」とは，以下のような特徴をもつ。突然起こる，比較的珍しい，現在のみならず将来にわたって害をもたらしうるような問題を引き起こす出来事である。またその被害が，特定の地域やコミュニティーに限局して起こり，政策エリートと社会とが同時にその出来事を通して問題を知るようになる出来事である。

バークランドによれば，焦点化する出来事が起こった後には，以下のような政策過程の変化が起こりうる。メディアや政府のリーダーたちがその出来事を受けて新しい問題を特定しようとしたり，または注目されてこなかった問題に焦点をあてたり，明らかな政策の失敗に対して解決方法を探そうとする。この問題に関する政策変更を求めるグループは，この出来事をきっかけに従来の政策の失敗をなるべく広く社会に訴えよ

うとし，これらの訴えによって有力なアクターが政策の変更を求める側につくことも起こり得る。また，多くの注目がこの問題に向けられ，現在の政策への否定的な評価がなされるようになり，この政策により利益を得てきた集団や政策策定者に対して厳しい評価が下され，政策変更に向けての圧力がかかる。そのため，現在の政策を維持してきたグループは，問題が取り上げられるのを妨げようとしたり，政策過程で非常に強い影響力をもっている場合には，起こった出来事の重要性や解釈の仕方についての違う見方を社会に提示することにより，焦点化する出来事のもつ意味の重要性を低下させて示そうとしたりする。焦点化する出来事の例としては，2001年9月11日のアメリカでの同時多発テロ事件や，2011年3月11日の東日本大震災，その後の福島第一原子力発電所事故のような大きな事件や災害，事故などがあげられる。

　ここでは焦点化する出来事とその後の政策変化の事例として，原子力安全規制行政の変化を例にとる。2011年3月に起こった福島第一原子力発電所の事故によって，事故前には原子力発電推進行政を担う資源エネルギー庁と原子力安全規制行政を担う原子力安全・保安院が両方とも経済産業省の下におかれ，原子力発電推進政策と原子力安全規制政策の両方が経済産業省により一元的に担われていたが，事故の影響で，原子力安全・保安院は2012年に解体され，2012年9月から環境省外局として設置された原子力規制委員会とその事務局である原子力規制庁が原子力安全規制行政を担うこととなった。福島第一原子力発電の事故は，焦点化する出来事として突然原子力発電の安全規制がマスメディアや世論の注目を集め，政治家や官僚も同時に問題に対応せざるを得ない事態を招いた。この事故を契機として，従来は弱い力しかなかった反原発の立場の市民運動も盛り上がりを見せ，従来の原子力安全規制を推進してきた東京電力や原子力安全・保安院などには厳しい目が向けられること

なり，独立性を高めた原子力規制委員会と原子力規制庁を設置するという政策変更へとつながった。しかし，原子力発電をやめるか否かという原発事故直後には大きな争点となった日本のエネルギー政策の今後の方向性に関しては，2012年12月・2014年12月の総選挙では主要な争点にはならず，原子力発電の再稼働を目指す自民党が圧勝したことにより，原子力発電の再稼働をめざし，原子力発電を推進する立場の政策へ戻ったと言え，焦点化する出来事の影響は限定的にとどまり，揺り戻しが起こったと言えるであろう。焦点化する出来事が原因となってアジェンダ設定に変化が起こり政策変更が起こり得るが，政策変更が起こった場合のその変化の大小や変化が継続するか否かは，政策変更と政策維持を求めるさまざまな利益団体や市民運動，与党・省庁・野党等のアクターの政策過程への影響力の強弱によって影響を受けると言え，後述の唱道連携フレームワークとも呼応する。

（3）意思決定過程：アリソンによる三つのモデルの理論

　意思決定過程における代表的な議論として，G・アリソンがキューバ危機におけるソビエトやアメリカ政府による意思決定を事例とし，三つの理論を用いてそれぞれどう同じ事例を説明できるかを示した『決定の本質』から，三つの意思決定の理論を紹介する。

　1962年に米国政府はキューバの領土内にソ連がミサイル配備を行った事への対抗措置として海上封鎖を行った。結局ソ連のミサイルは撤去され，核戦争も辞さない冷戦下での米ソ開戦の一触即発の危機はからくも回避された。その際に米ソ両国政府が行った意思決定をアリソンは，合理的行為者モデル，組織過程モデル，政府内政治モデルの三つの理論から検討した。ここでは米国政府の意思決定を例に説明する。

　第一の合理的行為者モデルにおいては，アクターは個人とは限らず，

例えば国家を単一の集合的アクターとみなす場合もある。合理的行為者モデルでは，行為者は戦略的で合理的な選択をすると仮定する。すなわち，行為者は目標を戦略的に定め，その目標を達成するための最も好ましい選択をする為に最適な選択肢は何かを検討する。その際には選択肢を比べ，選択肢のアウトカムやその選択肢による便益や費用，どのくらいの確率でこうしたそれぞれの結果が起こりうるかを検討し，その上で最も高い効用が期待できる行為を合理的に選択すると仮定する。この様な仮定に基づく理論は「合理的選択論」として経済学や政治学でアクターの行動を説明する考え方として広く用いられている。このモデルでは米国は国益を最大化するという目標を達成するために，緻密に選択肢を検討した結果，核戦争のコストを避け海上封鎖という戦略的に最善の選択をしたとみなす。このように，合理的行為者モデルでは国家や議員等のアクターが戦略的目標を最大化するために合理的選択をするとみなすが，その目標は例えば外交交渉では国益の最大化や，国会議員であれば次の選挙で再選されること，官僚であれば所属官庁の予算の最大化を目指す等が考えられる。

　第二のモデルは，組織過程モデルと呼ばれる。このモデルでは，政府は単一のアクターではなく，特定の政策領域に専門化したゆるやかな半自立的な組織の集合体であり，それぞれが複雑な日常業務を独立して行っているとみなす。このような異なった組織が相互に協力する為には「標準作業手続」が必要であり，この手続きに従って協力する事で多くのプログラムを遂行することが可能となる。何か問題が起こった際には組織全体（ここでは国家）のリーダーが対処しようとするが，それのみではなく，各組織が問題にどう対処しようとするかが全体の意思決定に影響を与えることになる。組織は省庁権益の拡大等それぞれ自己利益の追求に追われており，また日常の標準作業手続にしばられているため，

問題に対処する為のレパートリーの選択肢は狭いものとなる。その上，安全な予測できる結果の範囲で選択しようとする為に，意思決定による変化の幅は小さいものとなる。そのために，このモデルでは問題が起こった際には組織は必要に応じて大きな変革を伴う決定を素早く下すことはできないと説明する。この組織過程モデルを用いることによって，アリソンは米国がなぜ迅速にソ連によるキューバでのミサイル配備の発見に対処できなかったかを，国防省とCIAの縄張り争いによるものと説明した。このモデルの考え方は，C. リンドブロムが提唱した政府の行う意思決定は過去の決定の影響を強く受けるために，過去の政策からほんの少し変化した決定にしかならず，革新的な政策の意思決定はなされにくいとする「インクリメンタリズム」の立場に通じる。

　第三の政府内政治モデルは，政府の意思決定は，それぞれ意思決定権をもっている地位を有するアクターの間で，譲歩や駆け引きや連携などの政治的取引が行われた結果であると説明する。大統領や各省庁のトップ等の中心的アクターは自分の所属する地位に基づき今何をすべきかを各々判断しており，国益を追求するというよりは，組織的利益や個人的利益など，それぞれがさまざまな利益を独自に追求して交渉していると仮定する。すなわち，中心的アクターが各自決定権をもちながらばらばらに判断をしており，お互いの説得や交渉や妥協の結果が政府の決定となって戦略的に国家全体としての決定がなされるわけではないため，全体としては予期せぬ結果を生むこともある。キューバ危機では，ケネディ大統領と連携を強めたのが，空爆という選択には慎重であったロバート・ケネディ司法長官やマクナマラ国防長官であり，その連携の結果，海上封鎖が選択されたと説明する。

　このように一つの事象であっても三つの理論的視座からそれぞれその決定を説明することが可能である。アリソンによる三つのモデルは，一

つのモデルのみが他の二つのモデルより正しいと言うよりは相互補完的であると言え，意思決定過程のみではなく，公共政策過程を分析する上で重要な分析視角を現在でも提示している。

（4）政策実施過程

　政策実施に関しては，1970年代までは，決定された政策は計画通り実施されると仮定され，政策実施過程は実質上無視されていた。しかし，J．プレスマンとA．ウィルダフスキーは，アメリカのカリフォルニア・オークランド市のインナーシティでの失業者のための連邦プログラムを調査し，意思決定と政策実施の乖離を指摘した。この連邦プログラムでは，港のターミナルの建設が予期せぬ反対で遅れたり，港のターミナルを利用した職業訓練プログラム事業が，連邦政府の省庁の縄張り争いで結局認可がおりず，またプログラムを推進したオークランド市長が不人気から再選のための出馬を取りやめたり等，当初の計画に反して少ししか雇用が生まれなかった現実とその理由を詳細に検討した。

　その後，政策実施に関する研究は，政策実施が成功する要因は何かに着目したトップダウン・アプローチと，現場で裁量をもって政策実施に従事する現場職員への着目を重要視したボトムアップ・アプローチとに向かった。トップダウン・アプローチでは，P．サバティエとD．マツマニアンは，政策実施が成功する条件として，法律や規則で目的が複数ある場合には，その目的間の順位が明確に定められていることの必要性を強調した。その他にも，多機関連携がスムーズになるよう，実施担当機関が複数ある場合にはその上下関係が明確に定められていること，政策実施に必要な資金が十分にあること，周辺住民の賛成や世論の賛成があること，職員のスキルが十分あることまで，政策実施成功に必要となる多くの要因を挙げた。

一方ボトムアップ・アプローチでは，M. リプスキーが，公共政策を形作るのは，職務の遂行について裁量をもち現場で市民と関わり政策実施にあたっている，警官・ソーシャルワーカー・自治体職員などの行政サービス従事者であるとし，こうした「ストリートレベルの官僚」に焦点をあてた。例えば行政サービスが職員個人の偏見に左右され悪化したり，一つの事例に思い入れが強すぎて時間をかけすぎ非効率になったり，限られた予算で多くの事例をさばかなくてはならない多忙な日常から，裁量性が高く業績評価があいまいなため独自の優先順位やルーティーンを作ってしまい当初の目的とは食い違ってしまうなど，事業の改革の妨げになる危険性を指摘した。このように「ストリートレベルの官僚」がもつ現場での自由裁量が，非効率な行政サービスの効率性を上げるための改革の障壁となりうるというのが，リプスキーの見方である。その一方で，効率性向上のため投入される政策資源が減少する中でも，現場の裁量でサービスを悪化させることなく良質なサービスを提供し続けている場合も起こり得るだろう。従ってこれら政策実施をどう評価するかは，政策評価にも関わる問題である。政策実施過程については第11章を参照されたい。

（5）政策評価

　山谷清志によれば，政策評価の種類には，政策のプログラムのデザインがきちんと論理的に因果関係に基づいて行われているかを確認するプログラム評価や，設定された目標の数値が適切かを調べる業績測定，費用と便益の定義を調べるプロジェクト評価などがある。また，誰が評価を行うかによって，政策を実施している政府の各省庁自身が行う評価を内部評価，行政監察局等による省庁を横断する准内部評価，会計検査院や議会政府以外の評価機関・市民団体などが行う外部評価に分けられ

る。

　ここではプログラム評価の中でも，プログラムが原因と結果といった明確な因果関係に基づいて正しく行われているかを評価する「セオリー評価」という，評価方法の中で最もシンプルな「ロジックモデル」について述べる。ロジックモデルの流れは以下のようである。

　　　投入（インプット）→活動（アクティビティ）→活動結果（アウトプット）→成果（アウトカム）

　龍慶昭と佐々木亮によれば，ここでインプットとは，財政・人・時間などの資源を組織的に用いることをいう。アクティビティとはサービスの生産活動をいう。アウトプットは，サービスの生産結果とサービスを受益者がどれだけ利用したかの結果を指す。また，アウトカムはサービスによる受益者の改善効果をいう。このロジックモデルは，サービスの提供が意図した結果や成果を産まない場合に，その原因を特定するのに利用することができるため効果的である。

　例えば途上国で医療を提供する場合を例にとると，診療所建設資金や医師や看護師を雇う費用をインプット，診療所を建設して医師や看護師により医療サービスを提供することを活動，診察を受けた患者数がアウトプット，これらの医療サービスによる乳児死亡率の減少や特定の疾病の死亡率の減少や，平均寿命の延長などがアウトカムとして考えられる。ただし，アウトカムは必ずしも直接的なサービスによる効果のみでなく，ほかの社会経済的要因の影響も受けることに留意する必要がある。例えば経済危機による不景気によって経済状態が悪化し，栄養状態が悪化して乳児死亡率が上昇した場合は，アウトカムに提供した医療サービスの効果以外の要因が混じることとなる。従ってこのようなその他の要因の影響を受けないように，提供したプログラム等の純粋な影響を図る場合をインパクトと呼ぶこともあるが，アウトカムとインパクト

を区別せずに用いることも多い。

　日本での政策評価は，1997年に行政改革会議の最終報告にて，政策評価の導入が提言され，中央省庁改革等の柱の一つとして2001年6月に「行政機関が行う政策の評価に関する法律」(政策評価法) が成立した。この法律では，政策評価の目的を，1) 政策評価の結果を適切に政策に反映させること，2) 政策評価に関する情報公開により効果的かつ効率的な行政を推進すること，3) 国民への説明責任を果たすこと，と定めている。政策評価の実施主体は担当官庁であるため内部評価であり，2002年4月からこの法に基づいた政策評価が行われている。

3. 唱道連携フレームワーク

(1) 唱道連携フレームワークとは

　政策サイクルのように一つ一つの政策過程を独立して考えるのではなく，なぜ政策が策定されるのか，なぜある政策が変更されるのか等を説明する政策過程全体を通じた理論が必要であるとして，H. ジェンキンズ－スミスやP. サバティエらが唱えた「唱道連携フレームワーク」をここでは紹介する。

　「唱道連携フレームワーク」によれば，現代の政策過程は大変複雑であるため政策変更に影響を与えるためには政策に関与する者は専門化する必要があり，「政策サブシステム」とよばれる単位を形成している。政策サブシステムとは，特定の政策領域に興味がある公的あるいは私的な組織の参加者が専門化して長期間にわたり相互行為を行っている状態を指す。唱道連携フレームワークでは，政策サブシステム内でいくつかの「唱道連携グループ」が形成され政策変更や維持を求めて競争しており，従来から政策過程への主な参加者であるとみなされてきた政治家や官

僚，利益団体のみでなく，大学や調査機関の研究者やジャーナリスト，政策アナリストなども専門化した政策エリートであり重要な唱道連携グループの参加者であるとみなす。

　唱道連携フレームワークの特徴は，同じ唱道連携グループ内の参加者が特定の核となる強い規範的信条を共有しているとみなすところにある。唱道連携グループにおいて参加者が共有する規範的信条には，以下の三つの層があるとされる。第一に，同じ唱道連携グループ内に最も広く行き渡っているのは個人の哲学的信条を反映するような深いレベルでの規範を指す「深い核となる信条」(deep core beliefs) である。これらは人間をどうみるかという基本的な認識や，市場対政府といった根本的な信条であり，変更することが極めて困難でありほとんど変わらない。第二は，「政策の核となる信条」(policy core beliefs) であり，「深い核となる信条」を実現する為にとるべき基本的戦略や政策上の信条を意味する。例えば，何を政策上優先すべきかについての価値や，政府の果たすべき適切な役割や，何が問題の原因であるかについての基本的理解を指し，このレベルの政策的信条も同じ唱道連携グループ内の専門家の間ではよく共有されており変わりにくい。第三は「第二の信条」(secondary beliefs) であり，前述の「政策の核となる信条」を実施するための具体的な政策であり，この「第二の信条」に関しては他の唱道連携グループ等との交渉の過程で妥協し変更することが可能である。

（2）政策変更の要因

　唱道連携フレームワークによれば，信条や政策が変更しうる原因は主に二つある。唱道連携グループ自身による政策志向型学習による場合と，大きな政策変化をもたらすような外的なショックによる場合である。唱道連携グループによる政策志向型学習では「第二の信条」レベル

の小幅な政策変更に留まることが多く，大きな政策の変更は外的なショックによって起こることが多い。

　政策サブシステム外から唱道連携グループに影響を与える外的条件としては，長期にわたって変化の少ない安定的な要因と政策変更につながる短期的な要因とがある。長期的安定要因としては，その国の資源などの条件や憲法による基本的制度があげられる。またその国の政治システムがどの程度唱道連携グループにアクセス可能な機会を提供しているか，つまりどの程度，利益団体や市民団体が国会議員らにアクセスしやすく政策に影響を与えやすい政治システムか（機会構造という）も長期的安定要因となる。政策変更に影響を与える短期的要因としては，外的ショックがあり，経済危機，政策に関係する技術革新，連立政権を構成する政党の変化や，前述の災害等の焦点化する出来事の影響があげられる。こうした外的ショックがあると，それまで優勢であった唱道連携グループが力を失い，少数派であったグループが力を得るなど，政策サブシステム内で競争している唱道連携グループ間のダイナミックスが大きく変化するために，政策変更が起こりやすくなる。

（3）唱道連携フレームワークの適用

　前述の福島第一原子力発電所の事故の影響による政策変更も，この唱道連携フレームワークによる説明が可能である。原子力発電推進派の唱道連携グループは，電力会社・自民党・経済産業省・原発に関わる企業・原発支持のメディアなどからなり，原子力発電を地球温暖化の原因とならないクリーンで低コストのエネルギーであり，今後の日本の経済成長に必要ととらえ，原発を再稼働・推進する政策的立場をとる。その一方，原子力発電反対の唱道連携グループは，社民党や共産党，その他の原発反対の信条を有する国会議員，市民運動，反原発の立場の専門

家・原発反対のメディアなどからなり，福島第一原子力発電所事故は地震大国日本では原子力発電は安全であるという前提がなりたたない証左であり，原発は放射能汚染によって人や環境への将来にわたる害を生むため原発反対という政策信条をもつと言えるであろう。これらの唱道連携グループの力のバランスが福島第一原子力発電所事故という外的ショックによって変わり，前述のように2012年9月からの原子力安全・保安院の廃止と原子力規制庁発足という政策変更が起こったといえる。しかし，その後の2012年12月の総選挙の結果を受けた自民党への政権交代で，原発推進の唱道連携グループが再び優位になったととらえることができる。例えば，こうした政策の揺り戻しは，2015年8月の鹿児島県の川内原発一号機の再稼動や，2014年にはゼロであった原子力発電を，2030年には20〜22％のベースロード電源とするという「長期エネルギー需給見直し」が発表されたことからも見てとれよう。

　このように唱道連携フレームワークは，政策サイクルを別々にとらえるのではなく，ある政策サブシステムにおける政策信条を共有する唱道連携グループ間の力関係の変化とその要因に焦点をあて，政策過程全体を通じてどのように政策変更がもたらされうるかを因果関係として説明しようとするものである。

参考文献

グレアム・アリソン,宮里政玄訳『決定の本質:キューバ・ミサイル危機の分析』中央公論社, 1977

マイケル・リプスキー,田尾雅夫・北大路信郷訳『行政サービスのディレンマ:ストリート・レベルの官僚制』木鐸社, 1986

山谷清志『政策評価』ミネルヴァ書房, 2012

龍慶昭・佐々木亮『増補改訂版「政策評価」の理論と技法』多賀出版, 2004

Birkland, Thomas A.. 2010. *An Introduction to the Policy Process : Theories, Concepts, and Models of Public Policy Making, Third Edition.* Armonk : M. E. Sharp.

Birkland, Thomas A.. 1998. "Focusing Events, Mobilization, and Agenda Setting." *Journal of Public Policy* 18(1) : 53-74.

Cobb, Roger W. and Charles D. Elder. 1971. "The Politics of Agenda-Building : An Alternative Perspective for Modern Democratic Theory." *Journal of Politics* 33(4) : 892-915.

Pressman, Jeffrey L. and Aaron Wildavsky. 1973. *Implementation : How Great Expectations in Washington are Dashed in Oakland.* Berkeley : University of California Press.

Sabatier, Paul and Daniel Mazmanian. 1980. "The Implementation of Public Policy. A framework of Analysis." *Policy Studies Journal* 8(4) : 538-560.

Jenkins-Smith, Hank C., Daniel Nohrstedt, Christopher M. Weible, and Paul A. Sabatier. 2014. "The Advocacy Coalition Framework : Foundations, Evolution, and Ongoing Research," in *The Theories of the Policy Process, Third Edition.* Boulder : Westview Press.

11 | 国の意思決定と執行過程

西尾　隆

《**目標＆ポイント**》　国レベルのさまざまな意思決定過程を題材に，日本的な決め方の特徴と課題を考える。政策の流れと手続の関係，稟議制と予算編成にみられる積み上げ方式とその功罪，政策執行過程の諸課題を複数の事例をとおして検証する。
《**キーワード**》　政策過程と政治行政手続，稟議制，コンセンサス重視，与党の事前審査，予算編成，裁量，政策システム，第一線職員

1．意思決定過程と政治行政手続

　前章では，政策過程とそのサイクルに関する諸概念および理論を紹介した。本章から14章にかけては国・自治体・国際レベルの順に，政策課題とその解決のプロセスを考えていくことにしたい。本章では，日本の国レベルの意思決定と執行（実施）過程を検証する。意思決定というテーマは，政策の「立案」か，「形成」か，「決断」かという表現の違いにより注目点が微妙に異なるように，さまざまな段階で異なる作業や判断が介在し，それは執行過程にまで及ぶ。
　以下，まず政策過程と手続の関係を説明し，日本特有の稟議制の功罪を明らかにした上で，国会答弁資料作成の実態を紹介する。意思決定とは諸価値の間の選択という意味で政治的な行為にほかならず，一見ルーティンに見える活動の中にある政治的要素にも注目していきたい。

（1） 政策の流れと手続の関係

　政策形成・制度設計の分野は「社会工学」とも呼ばれ，エンジニアリングのたとえが理解の助けになる。万単位の部品からなる自動車は一体誰がどう作るのか，その特定が難しいように，政策形成の主体と過程の見きわめも簡単ではない。ベルトコンベア上で車両が組立てられていく工程ではトップの関与の余地はなく，日常ルーティンの中で車の量産が行われている。だが，新車種の決定では高度の経営判断が下され，マイナーチェンジなどは両者の中間に位置づけられよう。

　政策過程の場合，これを多様な入力のフローとして把握する見方と，いくつかの決定手続の連鎖ととらえる見方があり，この違いをまず確認しておく必要がある。政策過程がルーティン化した流れに見える場合にも，組織内では通常「標準作業手続」が確立している。例えば，人事院の公務員給与勧告（人勧）は民間給与の調査に基づき，一定の手順を経て官民格差が導き出される。その結果に基づく勧告，それを受けた政府による実施の判断は人事官会議や閣議という手続を踏むものの，通常は既定路線上の流れのように見える。だが，長らく完全実施されてきた人勧が1982年に凍結となったり，東日本大震災への対応として2012年に給与削減の特例措置がとられたように，時に内閣による非ルーティンの決断がある。その際は，責任も通常とは異なる形で問われよう。

　政策過程は自然河川のような滔々たる流れではなく，節目ごとに人工の堰があり，大小の堰による複数のチェックを受けると見た方が実態に近い。すなわち，堰が政策責任者による決断という政治行政手続だとすれば，堰と堰の間の流れは，比較的時間をかけた立案作業や交渉の過程に相当する。とはいえ，時代とともに河川の流れに利害関係をもつ集団が増えると，この円滑化した流れを区切ろうとする力が働き，新たな堰や水路が作られる。水利を求める集団やコスト削減を求める市民によ

り，水路の変更や追加，ダムの建設やその中止が行われ，時とともに川はその姿を変容させることになるのである。

注目すべき変化としては，1994年に行政手続法が，また2001年に情報公開法が施行され，透明化を求める市民が政策の既定路線をブロックする契機となった。行政手続法は特定の行政処分や行政指導に対して市民が説明責任を求めることを可能にし，情報公開法は市民による行政監視と参加という二重の水路を開いたと言ってよい。

（2）稟議制とその批判

さて，日本の行政に特徴的な意思決定のあり方として，まず取り上げられるのが稟議制である。稟議とは，もともと上位者に伺いを立てるという意味で，末端の職員が起案した文書を順次上位の職員に回覧して承認を得，最終的に専決権者の決裁を受けるというボトムアップ型の手続を指す。辻清明は，これが日本官僚制の非能率，責任の分散，指導力不足の原因になっていると批判したが，ハンコ行政と呼ばれるこの慣行は現在も続いている。外務省は外交政策にこの手法を使っていないとするが，官庁以外にも公益団体等で今も広く用いられている。

これに対し元農林官僚の井上誠一は，中央官庁での意思決定方式は実際には多様であり，稟議制だけでは説明しきれないとする。井上によれば，定型的な事務処理や軽微な案件では「順次回覧型」が用いられ，係員から始まって局長の決裁により決定する。通常「起案文書」と呼ばれる稟議書の回覧順序は，担当係の起案者から課長補佐，法令担当補佐，総括担当補佐を経て主管課の課長に至り，そこから総務課に回って法令担当補佐，総括補佐，総務課長を経て審議官，次いで局長決裁となる。なおIT化が進んだ現在では，軽微な案件ではパソコン上の電子決済も行われている。以上は，辻が問題にした稟議制のイメージに近い。

だが，法令の制定・改廃など政策的・政治的により重要な案件に関しては書類の回覧だけではなく，説明のために担当職員が関係者の席に書類を持参し，内容と経緯を説明した上で押印を求めて回る「持ち回り決裁型」がとられる。どの案件が「順次回覧型」で，どれが「持ち回り決裁型」かについて明文規定があるわけではないが，組織内では共通の理解があり，逸脱する者はいないという。その流れは図11-1のとおりである。その際，担当者の説明で初めてその案件を知るということはなく，書面の持ち回り以前に関係者間での実質的な意見の調整が行われている。「局長が反対するかもしれない稟議書に，それを承知しながら押印する課長など存在するはずがない」のである。

　稟議に先立つ実質的な調整には，垂直的調整と水平的調整があり，それぞれ異なるプロセスを経る。垂直的調整では，案件がヒエラルヒー構造のどのレベルで決裁されるべきものか，大臣決裁の場合は一局限りで処理しうるものか，複数の局にまたがるか，といった判断がなされる。その上で起案が決裁権者の意を体して行われ，その事実が関係者の間で共有されることが重要である。日常接触の中で上司との信頼関係が築かれていれば，起案者の実質的な決定権は大きい。同時に，課内のコンセンサスや総務課による承認も必要条件となる。

　水平的調整とは利害関係をもつ別の課や局との調整であり，紛争を未然に回避するためにも相手方の選定は慎重に行う必要がある。水平的調整で特徴的なことは会議の開催であり，係長や課長補佐レベルの会合で調整がつく場合もあれば，局長室で関係課長と総務課長・審議官が同席して協議する場合もある。局を越える場合，どの課との調整が必要かについて読めなければ，全体を把握した総務課長同士で調整が行われる。この段階では，水平的調整と垂直的調整は同時進行となる。

　図には示されていないが，法案の場合は内閣法制局による審査があ

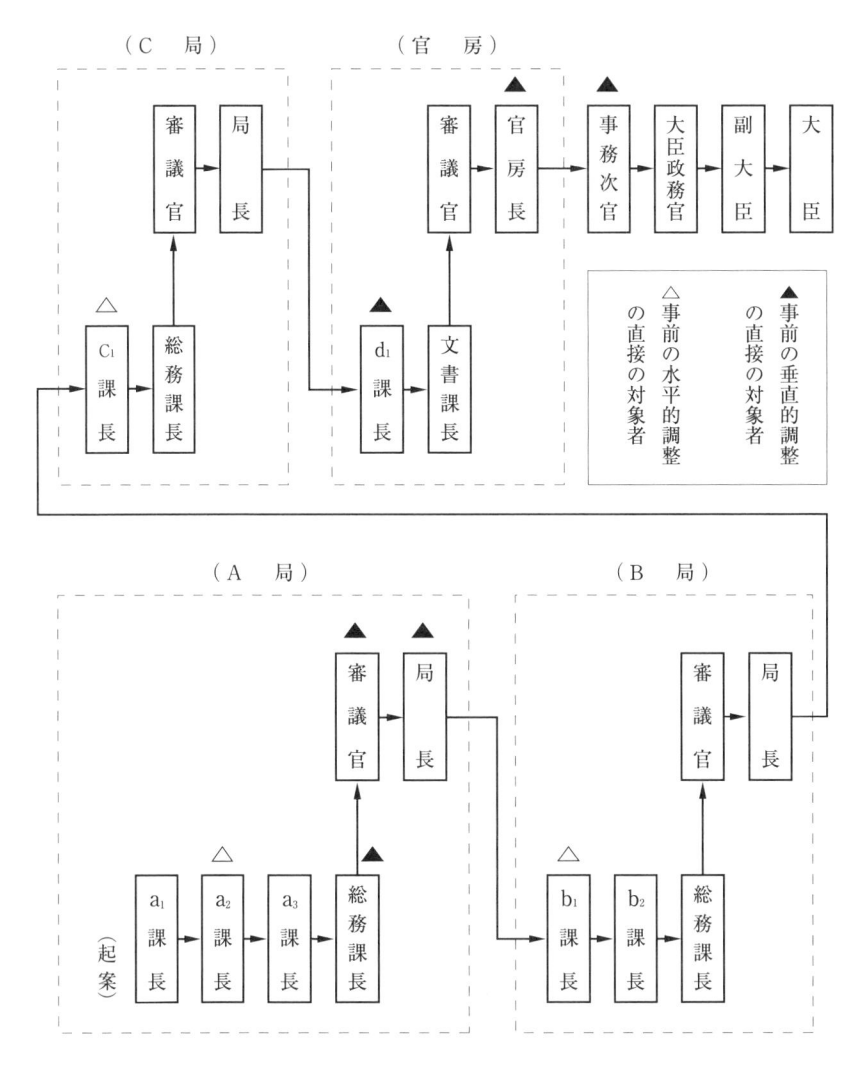

出典：井上誠一『稟議制批判論についての一考察』行政管理研究センター，1981
（大臣の前の「政務次官」を削除し，「大臣政務官」と「副大臣」を加えた。）

図11-1　持ち回り決裁方式における稟議書の流れ

り，大臣や与党の機関による判断，有力政治家（族議員）の意向の確認と調整も職員によって行われることが多い。

（3）国会答弁資料の作成

　井上によれば，官庁内の意思決定には稟議書を用いるものとそれ以外の方式があり，後者には予算の概算要求の決定，国会答弁資料の作成などがある。予算については後述するので，ここでは国会答弁の準備について説明しておく。国会での質疑は主に野党議員と閣僚の間でなされるが，閣僚の応答はしばしば政府の方針の表明となることから，答弁内容の確定は重要な意思決定ととらえられる。ことの是非はさておき，実態として閣僚の答弁の多くは官僚によって作成されてきた。

　答弁資料作成の流れは，まず議員からの質問通告を受け，職員が質問内容を聞き取るべく議員と接触する。通常，質問通告を受けるのは官房総務課であり，質問取りは担当課の補佐クラスが多く，質問が届くのは前日の夕方頃という。答弁者が決まると，答弁作成について各局総務課の総括補佐が指示を出し，担当の補佐や法令係などが作成する。これをまず総括補佐，次いで課長が閲覧し，修正を加える。各課が作成した資料は課の職員が持ち回り，総務課の法令係長，総括補佐，総務課長，審議官，局長の順に閲覧する。時間が限られていれば局長以外の職員は省略されることがあり，閲覧者は自由に修正を加えることができる。押印やサインなどの手続は不要で，官房総務課長から国会対策の責任者である官房長に届けられ，大臣答弁の内容が固まる。

　質問の受理から答弁資料確定までの所要時間は3時間程度といわれ，答弁前夜に確定した資料が大臣秘書官に届けられる。翌朝，答弁の内容について関係局長から大臣への説明（大臣レク）が行われ，大臣は国会に臨む。この答弁資料の作成手続は，稟議制との関係でいえば，ごく限

られた時間の中で迅速に事案の処理ができるよう，持ち回り決裁方式を最大限に簡略化したものといえる。

　以上は，大臣を補佐する官僚機構の守備範囲内における意思決定の流れであり，大臣が資料を見ながら自らの判断と言葉で答弁するのは当然のことである。だが，法令の解釈や過去の経緯などの文脈を十分考慮せずに答弁を行うことは，時に審議停止などの事態をもたらしかねない。日本特有の対決型国会運営の下で，多方面から実務的な，あるいは政治的なチェックを受け，そのコンセンサスに基づいて答弁を行うことには，それなりの合理性がなくはないのである。

　なお，大臣の口頭での答弁とは別に，議員からの「質問主意書」に対し書面で答える応答形式があり，これには閣議決定を要する。7日以内に答弁書を提出することが求められ，口頭の答弁よりも時間はあるが，詳細な調査を伴う案件もあり，通常の稟議形式が用いられる。

2．立法過程と予算編成

　ここまで，稟議と国会答弁資料の作成を中心に官庁内の事務手続を紹介したが，重要政策の策定過程では当然，政治家や利害関係者を巻き込むことになる。本節では，立法過程における政府と与党の相互調節をふり返り，事例を紹介した後，予算編成過程にも触れておきたい。

(1) 立法過程と与党の事前審査

　立法過程とは，国会審議以前に，政府内・与党内，さらに社会の関係集団も交えた政治的で複雑な調整過程でもある。前章で紹介したアリソンの理論を適用すれば，筋論が前面に出る国会での法案説明は「合理的行為者モデル」に映ずるかもしれないが，法案の準備段階ではしばしば

本音の利害調整が軸となり、「政府内政治モデル」の色彩が濃厚となる。その際、インフォーマルな調整と同時に審議会が活用されることも多い。なお、順次回覧型の稟議方式は「組織過程モデル」に当てはまろう。戦後民主主義の中で、政策過程の主要アクターに成長した政治主体は「国権の最高機関」たる国会というよりも与党、特に自由民主党であった。官僚機構だけでなく、内閣といえども与党の承認なくして法案を国会に提出することは至難である。立法には大別して内閣提出法案と議員提出法案があり、数の上では前者（閣法）が大半を占める。図11-2は、法案提出から成立に至る流れを厚生労働官僚の中島誠が整理したものである。閣法の場合、与党の事前審査で承認される

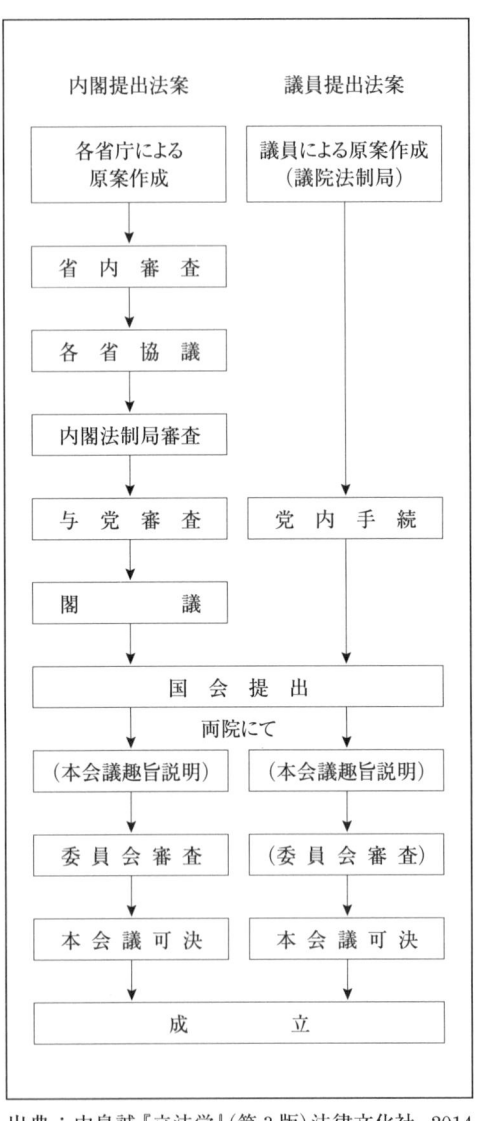

出典：中島誠『立法学』（第3版）法律文化社, 2014

図 11-2　立法過程の流れ

ことが法案提出の必要条件とされ，全員一致が原則となっている。

　報道で「政府・自民党」と言われるように，政府と与党は一体として理解されることが多いが，実際には新規立法や法改正は既得権の侵害を伴いがちなため，しばしば反対勢力が抵抗し，与党とても一枚岩からは程遠いのが実態である。対立軸にはタカ派とハト派，都市派と農村派，生産者側と消費者側などがあり，モザイク状の利害対立をボトムアップ方式で調整していかなくてはならない。具体的には，中央省庁および両院委員会に対応した政務調査会の各部会（外交・農林・国土交通等）で法案の審査を行い，政調会審議会の了承を受け，総務会で決定する。政調会では政策内容に関する審査が焦点となるのに対し，総務会では国政および党全体の運営という観点から判断が下される。

　与党の事前審査について，国会審議の円滑化，党内民主主義の確保，複雑化した利害の調整といった効用を認めることはできなくはない。だが，政府・与党の二元体制が生み出され，責任の所在が不明確となり，国会の審議が形骸化し，何よりも内閣のリーダーシップを阻むといった問題を引き起こしている。加えて，個々の族議員は官庁の方針に異議を唱える「干渉者」であると共に，省益を擁護してくれる「支援者」でもあり，彼らを説得し良好な関係を維持するために多数の官僚が根回しに巻き込まれ，膨大な人的資源の浪費につながっている。

　行政組織の稟議制と与党の事前審査は異なる手続によっているとはいえ，コンセンサス重視という意味では共に相互性のパタンに位置づけられる。これが政策転換を困難にしていることは疑いない。

（2）電力事業法の改正

　ここで，コンセンサス重視の政治秩序の中でも特に強固な政策共同体が形成されてきたエネルギー政策の分野で，「常識はずれのアイデア」

ともいわれた法改正が実現したケースを紹介しておきたい。戦後日本の電気事業は9電力会社による地域独占が行われ，電力業界・通産省・族議員が結束する中で，欧米のような自由化の気運は微弱であった。だが1995年，電気事業に大胆な規制緩和が行われ，企業による売電と一般電気事業者の電源調達の入札制度に道を開くこととなった。

　この改革の「創発」(複雑系における初期変化)は電力を所管する資源エネルギー庁公益事業部内で起こったが，その背景には国際的にみても割高な日本の電力料金問題があった。それは多くの製品価格に影響し，消費財の内外価格差を調査してきた同省産業政策局物価対策課にとっても，国際競争力の点から改革すべき課題であった。一般に，既存路線の転換には組織内外の支持を高める「共鳴プロセス」が必要になるが，初期段階で鍵を握るのは改革への障害を熟知した原課での共鳴である。これを可能にしたのは若手職員による非公式の勉強会であり，1992年頃から精力的に研究を重ね，このボトムアップ運動と予算・法令を担当する計画課のイニシアティブが共鳴することになった。

　次に，公益事業部の外での共鳴プロセスとしては，資源エネルギー庁長官官房の法令審査委員と通産大臣官房の法令審査委員による理解が大きい。両官房の権限は計画課の上に位置するが，法令審査委員は年次的に計画課総括補佐と1～2年の違いに過ぎず，緊密なコミュニケーションが可能であった。これ以外にも双方の官房に公益事業部の出身者がおり，その人的関係が組織内の共鳴プロセスに役立った。

　一方，外部社会との共鳴をみると，業界の協力は簡単には得られなかった。だが，これを可能にしたのは総合エネルギー調査会など審議会等での学識者の支持であり，当時の細川内閣の下で経済改革研究会が「経済的規制＝原則自由」の方針を示したことも追い風となった。さらに準備作業として，鉄鋼・化学・ガス・石油などの業界からのヒアリン

グと電力会社との意見交換を経て，潜在的新規参入業者の支持と電力業界の承認が得られ，電力事業法の大改正が実現したのである。

　これをアリソンの理論から見ると，全体の展開としては政府内政治過程モデルがベースにあり，形式的には組織過程モデルに沿った持ち回り型の手続がされたとしても，創発段階では合理的行為者モデルに近かったと解釈しうる。一見，コンセンサス重視のボトムアップ型の意思決定ではあるものの，産業界や消費者の意向を酌んだ若手職員によって小さくない政策転換も可能であることを示している。

　だが，法改正が電力料金の引き下げを目指した点からいえば，新規参入企業は送電線を所有する電力会社に託送料を支払う必要があり，目標には程遠い状況であった。そこに 2011 年 3 月の大震災と津波による福島第 1 原発事故が起き，政府の内外で原発見直しや「発送電分離」への動きが噴出した。2013 年の同法改正により，地域独占の解消，および 2020 年までに発送電分離を実施することが決まっている。大事故でもない限り，電力自由化は閉じた政策共同体からは容易に出てこない発想であろう。その意味でも，稟議制に象徴されるコンセンサス重視の意思決定システムにいかに合理的な判断を介在させられるかは，日本の政策過程にとって今なお基本的な課題なのである。

（3）予算編成過程

　国の意思決定のもう一つの局面として，予算編成過程を見ておきたい。政府の意思決定が単独で行われることは稀であり，他の政策との関係や資源配分という文脈で制約を受け，そのつど妥協を余儀なくされる。だがその制約は，重複や類似する政策との統合の契機でもあり，決してマイナスだとは言い切れない。こうした複数の政策の創造的再編のために存在するのが，予算制度である。予算とは，資源配分・所得再分

配・景気調整の機能を担う国の財政を年度単位で表現したものと見ることができる。

　日本の予算編成は数か月を要するボトムアップの積み上げ方式をとっており，ミクロにみれば稟議制に似た組織過程モデルがあてはまる。だが稟議書ではなく，財務省指定の書式が用いられ，また全員が最終案に目を通すという手続はとられない。当年度の予算執行が始まってほどなく，次年度予算の要求に向けた作業が動き出す。マクロの視点からこれに政治的な統制を加えるためには，遅くとも夏までに一定の指針を示す必要がある。2001年に誕生した小泉政権は内閣府に新設された経済財政諮問会議を活用し，同会議が毎年6月頃に示した「骨太の方針」は2009年の政権交代まで予算編成の基本方針となった。とはいえ，旧来の大蔵省主導の予算編成手続がこれで一変したわけではない。

　各省の各課は5月ころから次年度の予算要求原案の作成を始め，6月から局の総務課で各課の要求案を取捨選択する。省としての概算要求は7～8月に固められ，8月末に財務省に提出される。その際，閣議了解に基づく概算要求基準（シーリング）が示されるが，その枠は年々厳しくなり，1980年代からゼロシーリング，さらにマイナスシーリングも設定されるようになった。9月以降は財務省主計局に場を移し，主計官と主査が格上の各省担当者を相手にヒアリングを重ね，査定を行う。査定方針の調整は主計局の局議で行われ，主計官は要求する省庁を弁護する立場で説明し，主計局長・次長らがこれを査定する。12月下旬に財務省原案が内示されると，数段階の復活折衝が始まる。まず，各局総務課長と主計局主査，次いで局長と主計官，事務次官と主計局次長による折衝が行われ，大臣と主計局長，最後は大臣と財務大臣による折衝を経て決着にいたる。この過程で，査定者は次の段階では要求側を弁護することになり，「今日の敵は明日の友」の関係が成り立つ。

こうして決定を見た政府予算案は，末端からの確認を経ることなく，個別の査定結果の積み上げにより確定される。閣議決定された予算案は年明けの通常国会に提出され，両院の審議を経て通常は政府案どおりに成立し，執行段階に入る。その1年後に年度が改まると，前年度の予算執行に対する会計報告および会計検査が始まり，それらが国会の決算委員会で承認されて，予算のサイクルは終了することになる。

　国の総合計画に相当する予算制度には，膨大な財政赤字のほか補正予算や特別会計など改革課題が多い。だが，政治のリーダーシップに基づく予算編成の必要も1960年代から指摘されてきたテーマである。2009年に成立した民主党政権は事業仕分けにより，予算の透明化と効率化に一定の貢献を行った。しかし，各省の政務三役と仕分けチームの対立構図を持続させることが困難となり，2012年末に政権が自民党に移ると経済財政諮問会議が再開され，政治主導による予算編成の改革は今も模索中といえる。政官ともに骨太の方針，事業仕分け，政権交代の実際を経験し，国民もその意義と限界を確認したことで，財政逼迫下での予算編成のあり方につき新たな教訓を得たことは疑いない。こうした改革はメタポリシーということができ，目標の設定から多様な手段を組み合わせていく政策型思考はここでも厳しく問われている。

3．政策の執行過程

　ここから，政策過程の次なる段階として政策の執行ないし実施過程を概観しておきたい。行政とは「政策の執行（implementation）」を意味するという素朴な理解からいえば，執行過程こそは行政学が取り組むべき研究対象だと考えられる。ところが，実際に政策執行の研究が本格的に始まったのは1970年代であった。本節では，執行過程が注目される

に至った背景，執行過程と「政策システム」の関係をふり返り，航空管制のケースから「人の要素」について考えたい。

（1）執行過程への視点

　行政学・政策学が執行過程に注目するようになったのは，次のような経緯による。10 章で紹介したように，J. プレスマンと A. ウィルダフスキーは，米連邦政府の補助金事業がなぜカリフォルニア州オークランドで当初目的を達成できなかったのかと問題を提起し，実施過程にさまざまな要因が介在することを指摘した。政策が適切に設計され，財源が確保され，関係者間の合意ができていても，政府間関係，実施体制，マネジメント，集団の圧力，職員の能力などの諸条件で執行にしばしば支障をきたす。執行とは政策の機械的実施・自動的実現とはほど遠く，基準（幅）の設定，対象集団とのやり取り，異なる状況への対応などにより裁量の余地と必要が小さくないのである。

　法学的視点から立法を政策の策定ととらえた時，法律の施行令（政令）や施行規則（省令）の制定，内部的ガイドラインの設定，さらに自治体の計画や規則制定のいずれも，法律の範囲内における政策の具体化である。それは規範の定立であると同時に政策の執行といえるが，ここでは社会に対する直接的な規制やサービス提供といった活動に焦点を当てることにしたい。そこに現れてくるのは，1 章で論じた「現場」にほかならず，社会とのインターフェイスでは職員と市民の間の対立，行政・企業・NPO の協働も日常的に生じている。したがって，執行過程というテーマはガバナンスの諸問題にほかならず，かつ公共管理におけるモノ・人・社会のマネジメントとも重なってくる。

　一例として空港建設をとり上げるならば，羽田に代わる首都圏の新国際空港の建設予定地として千葉県成田市三里塚が閣議決定されたのは

1966年であった。しかし用地買収は困難をきわめ，1978年の開港直前に過激派が管制塔を占拠するなど，根強い反対運動により閣議決定から約半世紀を経た今も第3のC滑走路は建設されていない。計画の執行は今なお継続中なのである。他方，計画時には技術的に困難とされた羽田沖の拡張が可能となり，羽田空港の再国際化により首都圏の空港整備は複雑な調整局面に入っている。空港建設に限らず，都市計画道路の建設や市街地再開発など，実現に10年単位を要する事業は少なくない。

（2）執行過程と政策システム

　執行過程の理解を深めるためには，「政策システム」への視点が欠かせない。政策システムとは，政策の立案から決定・実施・評価への諸過程における制度的・技術的・財政的・人的な環境条件の総体を指す。空港の例でいえば，それは内閣・国土交通省・公団・自治体・住民・内外の企業の相互作用からなる有機的システムであり，政策の決定段階では決め方のルールである「メタポリシー」と関係する。また執行段階では，実施のための組織構造や技術水準，職員の能力，関係集団からの支持などが関係する。ここで政策システムの包括的な議論はできないが，国―地方関係という制度条件と人的条件が特に重要である。

　まず，政策の執行は通常出先機関や自治体をとおして行われるため，国と地方の関係如何によりしばしば政策の成否が分かれる。国と自治体が上下の関係にあれば，政策は一見スムーズに執行されそうだが，地域の実情や住民の意向を十分に把握せずに事業を断行すれば，期待された効果が生じないばかりか，予期せぬ副作用など弊害の方が大きくなる。政策の失敗とは上意下達のヒエラルヒー型組織条件の欠如よりも，むしろトップと現場との有機的なコミュニケーションの欠如によって引き起こされがちである。

他方，与党幹部・担当省庁・関係自治体・業界の間で目的が共有され，人的な交流もある場合，政策のスムーズな執行が予想されるが，それを単純に成功ととらえてよいかと言えば，そうとは言い切れない。例えば原発政策では，関係者間で強固な政策共同体（サブシステム）が形成されているが故に外部からのチェックが働かず，ひとたび事故がおこれば地元住民だけでなく国民全体にとって深刻な結果をもたらしかねない。政策過程には，不断に現場からのフィードバックが行われる必要があり，サブシステムの開放化による新たなチャンネルの設定が課題となる。

　人的条件の重要性については，用地買収の困難を考えれば容易に理解できよう。紙切れ一枚の通知で公共事業の用地が取得できることなどあり得ず，忍耐強い説明，計算された交渉手順，相手の心を読みつくした説得術など，担当職員の経験・力量という要素が決定的となる。リプスキーはそうした第一線職員を「ストリートレベルの官僚制」と呼び，彼らのもつ裁量の大きさ，ディレンマの深さを指摘した。具体的には警察官や刑務官，ケースワーカーなどが例として挙げられるが，業界に対する官僚の行政指導も第一線職員のもつ裁量の一例といえる。政策的効果を高めるための職員の柔軟な判断と同時に，裁量幅の制限や行政指導の透明化も執行過程のもう一つの課題と言える。

（3）航空管制官の場合

　執行過程の最後に，第一線職員の例として空の安全を担う航空管制官について紹介しておきたい。航空保安のために，現在さまざまな国際的ルールと各国の規制が設定され，その枠内で民間の航空機メーカー・エアライン・パイロット・整備士・航空管制官たちが連携しながら日常の保安業務を担っている。日本の航空法は，安全かつ円滑な航空交通の確

保のために国土交通大臣が離発着の順序や飛行の方法について指示すると規定しているが，実際にパイロットと交信し指示を出すのは専門職の航空管制官である。個々の航空管制官は独任制の機関と位置づけられ，その指示は公権力の行使という性格をもつ。

　とはいえ，地上からの一方的な指示で保安問題が解決するわけではなく，故障や悪天候などの緊急事態ではパイロットからの要請に管制官が柔軟に対応する必要が生ずる。2011年3月の東日本大震災の直後，羽田・成田を含む複数の空港が閉鎖されたため，80機以上の旅客機が別の空港への着陸を余儀なくされ，燃料切れ寸前となった14機は緊急事態を宣言し，新千歳や関空などに何とか着陸している。管制官の業務は法の機械的執行やマニュアルどおりの業務ではなく，裁量と責任に満ちた仕事というべきである。緊急事態以外でも，「安全かつ円滑な」航空交通のため，管制官には定時運行や燃料効率にも配慮しつつ，刻々と変化する状況下で最適な判断と指示が求められる。その意味で，権力的業務というより情報サービスの提供という性格も帯びている。

　しかし，管制官の指示あるいは情報提供は，一つ間違うと大惨事を招きかねない。2001年には，2機の旅客機が接近した際，管制官の便名の言い違いがニアミスを生じさせ，パイロットの衝突回避操作で多くの乗客が負傷する事故が起こった。刑事事件として管制官2名が禁固刑を受け，自動的に失職した。公務員が収賄などの不祥事ではなく，職務上のミスで個人責任を問われるケースは稀であり，航空管制業務がいかに重い責任を伴っているかを物語る事例である。

　他方，こうした管制官の能力・責任問題を離れて，制度としての航空管制業務に目を向けるならば，採用から育成・研修・評価・給与といった人事管理上の諸問題があり，さらに英国のように航空管制業務全体を民営化したような国もある。加えて，今後の航空行政の課題として，一

方では航空需要と管制業務の増大があり，他方で人件費・職員数削減の圧力があり，その狭間で安全かつ効率的な航空行政を実現するために，技術系を含めた政策システム全体の設計が求められている。第一線職員が直面するディレンマは，行政そのもののディレンマと言ってよい。

引用・参考文献

縣公一郎「法令の制定と省庁の意思決定」西尾勝・村松岐夫編『講座行政学4・政策と管理』有斐閣，1995

井上誠一『稟議制批判論についての一考察―わが国行政機関における意思決定過程の実際』行政管理研究センター，1981

大橋洋一編『政策実施』ミネルヴァ書房，2010

城山英明・鈴木寛・細野助博編『中央省庁の政策形成過程―日本官僚制の解剖』中央大学出版部，1999

新藤宗幸「予算の編成」西尾勝・村松岐夫編『講座行政学4・政策と管理』有斐閣，1995

辻清明「日本における政策決定過程―稟議制に関連して」『新版 日本官僚制の研究』東京大学出版会，1969

中島誠『立法学』(第3版) 法律文化社，2014

西尾隆「行政手続」森田朗編『行政学の基礎』岩波書店，1998

西尾勝『行政学』(新版) 有斐閣，2002

C. E. リンドブロム，E. J. ウッドハウス，藪野祐三・案浦明子訳『政策形成の過程―民主主義と公共性』東京大学出版会，2004

12 │ 財政と社会保障

│八代尚宏

《**目標＆ポイント**》 公共事業や社会保障等への歳出と，その費用を賄う税・社会保険料の役割を解説する。先進国の内で突出した日本の公的債務累積の要因とその改善策，その主要な要因となっている年金や医療制度の改革の方向，および社会保障における官民の役割分担の考え方に焦点をあてる。
《**キーワード**》 プライマリーバランス，社会保障目的税，世代間格差，負の所得税，モラル・ハザード

1．財政の意義

　市場経済の下で，政府の果たすべき主要な役割については，すでに3章で説明した。本章では，日本の財政の抱える最大の課題である財政再建についての基本的な論点について考える。また，急速に進む日本の高齢化の下で，特に年金と医療を中心とした社会保障制度の問題点と，その改革のあり方について考察する。

（1）日本の財政状況の深刻さ

　財政規模の国際比較には，国と地方を合わせた「一般政府」の総支出のGDP（国内総生産）に占める比率が一般に用いられる。日本の比率は2014年で41％とOECD平均の44％よりもやや小さく，相対的に「小さな政府」といえる。他方，2000－2009年平均の一般政府の財政赤字（対GDP比率）は6％弱と，OECD平均（3％）の倍近い水準であり，歳出に見合った税収を長期間にわたって確保できていないことを

示している。この結果，他の主要国が財政規律を維持している中で，日本の政府債務残高（GDP 比）は，90 年代以降，一貫して高まり，2000 年の 135% から 2014 年には 230% と，米国や欧州の倍以上の水準に達している（図 12 - 1）。

　こうした中で，特別会計等の積立金を取り崩して財源とすることで，新規の国債発行額を抑制する「埋蔵金の活用」と呼ばれる手法が使われている。しかし，膨大な債務を抱えているにもかかわらず，政府の資産を取り崩して歳出に充てることは，その純債務（債務 - 資産）が増える点で，新規国債の発行と何ら違いはない。現に，負債残高から，政府が保有する金融資産を差し引いた「純債務残高（GDP 比）」で見ても，日本の水準（134%）は，OECD 平均（66%）の倍の高さであることには変わりない（図 12 - 2）。

　こうした日本の財政悪化は，1990 年代初のバブル破綻や，1997 年の東アジア経済危機による経済活動の落ち込み等，不況に陥る毎に，公共投資の拡大など大規模な財政刺激政策が行われたことによる。それにもかかわらず，財政刺激による景気の回復と税収の増加はほとんどみられなかった。1990 - 2010 年の平均 GDP 成長率は，実質値で 1.0%，デフレも含めた名目値では 0.4% と，1980 - 89 年の，各々 4.7%，6.2% と比べて著しく低下しており，これが税収の伸び悩みを通じて財政収支の持続的な悪化に大きく影響している。

　経済の低迷に加えて，社会保障関係費の拡大も，財政悪化の大きな要因となっている。国の財政の内で，最も政策スタンスが反映される一般会計（当初予算）は，2014 年度では，96 兆円の歳出に対して 47 兆円の税収等と半分強に過ぎず，大幅な赤字幅となっている。この歳出の内容では，過去の借金の返済である国債費（24%），地方へ配分する地方交付税（17%）の他，社会保障関係費（32%），公共事業費（6%），その

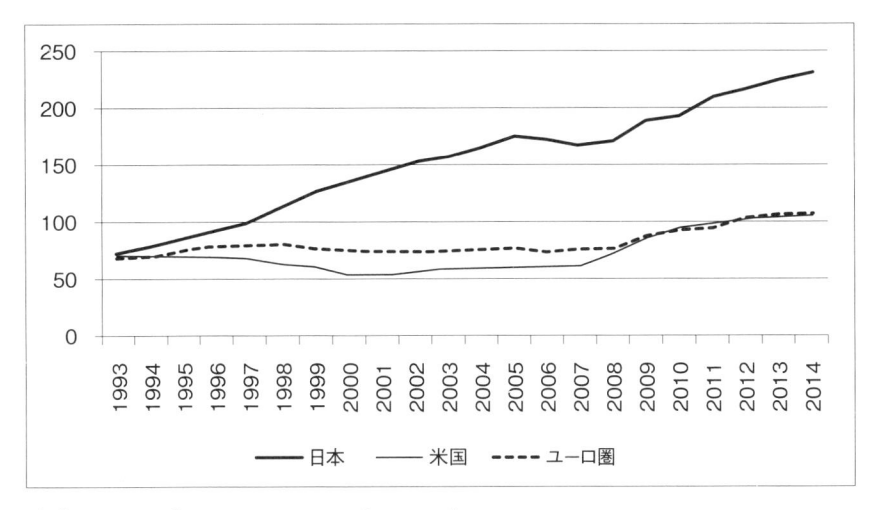

第 12 章　財政と社会保障　|　199

出典：OECD「エコノミックアウトルック」

図 12-1　日本と OECD の政府債務残高（GDP 比，%）

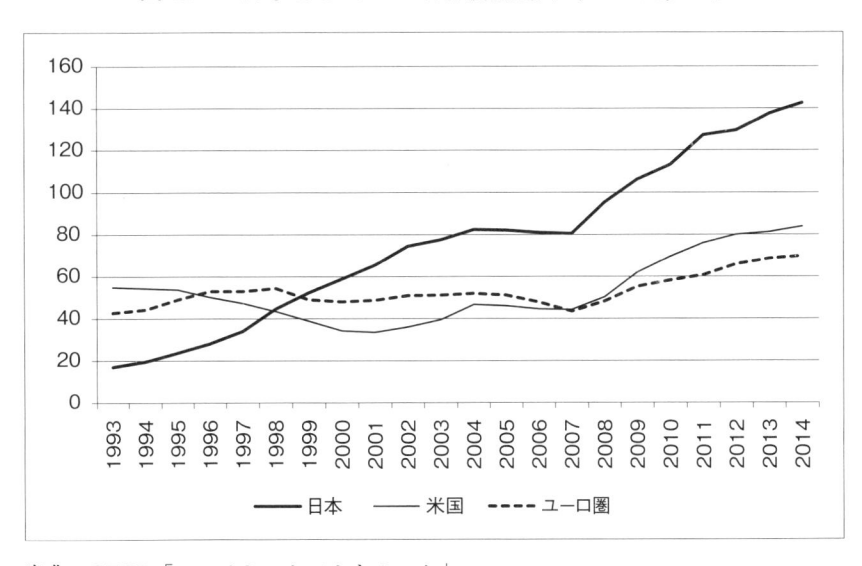

出典：OECD「エコノミックアウトルック」

図 12-2　日本と OECD の政府純債務残高（GDP 比，%）

他一般行政費（21%）となっている。この内，最初の二つは，国の裁量の余地のない支出項目であり，これを除いた歳出の内では，社会保障関係費がその半分以上を占めている。

　日本の年金や医療等の社会保障費は，本来は，その費用を賄うために特定された財源である社会保険料で賄われる仕組みである。しかし，高齢者の増加とともに増え続ける社会保障給付に見合った保険料収入が不足することから，一般会計からの補助金である社会保障関係費が，年々，増加している。これが国債残高増加の主因となっている。今後，人口高齢化の進展を反映して，持続的に拡大する社会保障費をどのように改革するかが，財政再建の大きな焦点となる。

（2）財政再建はなぜ必要か

　家計や企業の赤字と比べて，政府の赤字はある程度までは「必要悪」という面もある。不況時には，家計も企業も収入が減少するために，支出を切り詰めるのが普通だが，そうすれば経済全体でさらに需要が減少し，不況が深刻化する。これに対して，政府が国債を発行して調達した資金を用いて，公共事業等の新たな需要を作り出すことで，経済活動の下支えを行う。このように，財政赤字を拡大させることで経済全体の需給の均衡を回復することができる。

　景気循環の過程で生じる一時的な財政赤字は，好況期の税収増で相殺することが出来る。しかし，日本の社会保障特別会計のように，歳出と比べて歳入が恒常的に不足しているために，その差を一般会計から補填することは「構造的財政赤字」の要因となる。これを放置すれば，過去の債務の返済以上に，利子分も含め新たに借り入れることが必要となり，政府の債務残高は際限なく膨らむことになる。その結果，政府の発行する国債の信頼性が低下し，その引き受け手が不足すると，もはや十

分な財源の調達ができなくなる財政破綻に陥る危険性がある。

　これに対して，過去に破綻した外国政府の場合とは異なり，日本の国債保有者の内，外国人の比率は1割以下に過ぎず，主として国内貯蓄によって賄われていることから心配はないとする見方もある。しかし，金融市場の国際化が進み，国民の外貨資産の購入が自由化された今日では，国債の購入者の国籍自体には大きな意味はない。また，高齢化で家計貯蓄も減少傾向にある。

　こうした状況に陥ることを防ぐためには，財政収支の均衡化への努力が必要であり，そのための途中段階の目標として，「プライマリーバランス（基礎的収支）」がある。これは，歳出の内から国債費を除いたもので，いわば「過去の借金返済を棚上げ」した場合の財政収支を意味する。このプライマリーバランスの均衡が維持されるとともに，国債の金利とGDP成長率が等しければ，国債残高のGDPに対する比率は安定化し，過去の国債残高の借り換えを続けることができる。これの均衡化は，財政再建の一里塚としての政策目標として用いられている。

（3）日本の税制の特徴

　主要な先進国と比較した日本の税収構成（国税と地方税）の特徴としては，法人税収の比重が大きい半面，消費税収が相対的に少ないことがある。法人税は，企業の利益に課されるため，高い税率は，税引き後の企業の収益率を引き下げることから，国際的な企業の立地に悪影響を及ぼす可能性があり，各国とも引き下げられる傾向がある。そうしたなかで，日本の法人税率は40％（国税と地方税）と，欧州主要国の平均30％と比べて高い水準にあることから，国際競争力維持の観点からの引き下げが，税制改革の主要な論点の一つとなっており，2015年度の税制改正で，国の税率が従来の25.5％から23.9％へ引き下げられた。

他方で，日本の消費税率が，2011年時点で5％と，欧州諸国の多くの国々の20％と比較して著しく低い水準にある。このため，財政再建の議論では，消費税の増税の是非が，常に焦点となっており，2014年度から8％へ引き上げられた。また，2017年度から10％への引き上げが予定されている。

　財政赤字が拡大する中で，消費税率の引き上げに大きな反対があることは，「歳出を徹底して削減し，ムダをなくすことが前提」という政治的な論理が支持を得ていることによる面もある。

　しかし，このためには，何が「ムダな歳出」かの定義を明確にしなければならないが，その判断は必ずしも容易ではない。他方，社会保障関係費は，歳出削減の「聖域」と見なされ易いが，高齢化とともに自動的に増える歳出の主たる要因となっている。「ムダな歳出だから削る」のではなく，「必要な歳出でも負担との見合いで抑制する」という視点でなければ，財政再建は困難である。

　そのためには，政府の歳出の内，とくに社会保障について，その負担と給付との関係を明確にする必要がある。元々，これが，社会保険を一般会計から切り離し，特別会計とされた目的であった。この原点に戻り，一般会計の内の最大の歳出項目である社会保障費を，他の予算項目から切り離し，その財源を賄うためだけに特別の税金をあてることが，「社会保障目的税」の考え方である。

（4）社会保障目的税の意味

　日本の年金・医療等の社会保険制度は，1973年の「福祉元年」に，その骨格が定められた。当時の経済社会環境は，ピラミッド型の人口の年齢構成と，平均10％（実質）の高い経済成長と，2.1の安定した合計特殊出生率が20年間も続いており，これを背景に，北欧型の福祉国家

を日本にも実現することを目指したものであった。皮肉なことに、この直後から経済成長は大きく屈折し、また出生率も持続的な低下を始め、平均寿命もさらに伸長を続けた。このように、現行の年金や医療制度を支える基本的な前提が大きく変化したにもかかわらず、それに対応した社会保障制度改革は、十分には実現していない。

一般財源ではなく、その使途を限定した「目的税」として、もっとも有名なものが、1970年代に、当時の貧弱な道路を整備するために、その利用者に課せられた揮発油（ガソリン）税である。また、年金や医療等の社会保険料も、その実態は、社会保障の財源に充てる「目的税」といえる。これが税と呼ばれないのは、国税庁とは別の機関が徴収しているからに過ぎず、日本と基本的に同じ形態の年金制度をもつ米国では、日本の国税庁に相当する機関が徴収するため「社会保障税」と称されている。

これと同様に、その大部分が一般会計から社会保険特別会計に繰り入れられる社会保障関係費の財源を、他の歳出項目と切り離した「社会保障目的税」とすれば、本来の社会保険料と合わせ、負担と給付の均衡が回復される。選挙の毎に、消費税率の引き上げの是非が争点になるが、それが社会保障の目的税であれば、「消費税の引き上げよりも給付の合理化を」という世論と「（軍備や公共事業ではなく）年金や医療のためだけに使われるなら消費税を引き上げても良い」という世論との優劣が明らかとなる。

2．公的年金制度

日本の年金制度は、被用者（サラリーマン）のための厚生年金・共済年金と、主として自営業等を対象とした国民年金とに分立している。い

ずれも高い保険料を長い期間に渡って支払うほど、多くの年金が受け取れる「積立方式」の考え方に基づいている。しかし、自らの老後のために保険料を積み立てるという当初の原則が、徐々に、現役世代が、直接、引退世代を扶養する「賦課方式」へと変化してきた。これには、年金給付水準の向上や、長寿化による受給期間の伸長等による面が大きい。

この背景には、過去の高い経済成長期には、年々高まる賃金水準に比べて、昔の低い賃金に比例した保険料を長年積み立てたとしても、高齢者が受け取る給付水準が相対的に低かったことがある。このため急速に向上する勤労者の生活水準とのバランスを取るために、年金受給者の給付額を、過去の負担額にかかわらず引き上げることが、「社会的公正」と見なされた時期があった。

このように世代間の所得移転は、多数の豊かな勤労者世代が少数の貧しい高齢者を扶養することを前提に、持続可能なものとなる。しかし、こうした状況は、高齢世代の増加と勤労世代の減少という人口の年齢構成の変化と、1990年代以降の経済停滞持続の下で大きく変化した。今後は、勤労者世代の際限なき負担増となる世代間所得移転を抑制し、人口の大きな部分を占める高齢者世代内で、豊かな高齢者が貧しい高齢者を扶養する「世代内の所得移転」を強化しなければ、安定した年金制度の維持は困難となる。

(1) 年金財政の均衡回復

高齢化で受給者が増える一方で、その負担を担う現役世代は減少することで、年金財政収支は悪化しており、その結果、将来の年金給付に備えた積立金の不足額は、2009年時点で約500兆円と、ほぼGDPに相当する規模となっている。この不足分は、国債の負担と同様に、人口が減

少を続ける将来世代に先送りされる。その結果，後の世代ほど，社会保障制度を通じた生涯給付額と比べた負担額が大きくなる「世代間格差」が生じている。

　年金財政収支の改善のためには，給付額の抑制や保険料負担の増加が基本となるが，いずれも政治的な抵抗は大きい。これに対して，年金の受給者が増える大きな要因は，高齢者の平均寿命の伸長であることから，それに比例した年金の支給開始年齢の引き上げが，より現実的な対策となる。これは平均した年金の受給期間の短縮化と保険料負担期間の長期化をもたらすことから，年金収支の改善に大きな役割を果たすことができる。厚生年金の支給開始年齢は徐々に引き上げられているものの，厚生年金の支給開始年齢が完全に65歳に引き上げられる時期は，2025年と長い時間を要する。これは，世界でトップレベルの長寿国の日本にとって，すでに67歳までの段階的な引き上げを決定している米国やドイツと比べても，大きく立ち遅れているといえる。

　もっとも，年金支給開始年齢の引き上げには，体力的に長く働けない高齢者にも配慮する必要がある。これは年金の早期受給の選択肢を広げるとともに，早期受給者に対しては，平均寿命を前提として，生涯に受給可能な年金額を不変となるように，毎年の年金受給額を減額し，何歳から受け取っても損得なしの選択肢を用意する必要がある。

（2）主婦の年金権

　年金改革で長年の争点となっているのが，会社員の専業主婦（第3号被保険者）として40年間過ごすだけで，満額の基礎年金（2014年度で月額約6.5万円）を受給できる仕組みである。これは同額の年金給付を得るために，世帯主が自営業の配偶者（第1号被保険者）や会社員の単身・共働き女性（第2号被保険者）が，40年間保険料（2014年度で月

額約1.5万円)を納めなければならないことに対比される。こうした家族単位の仕組みは、医療や介護保険でも同様であり、専業主婦世帯が大多数を占めていた時期に設立された。しかし、夫婦が共に働く世帯(2013年で1065万世帯)が、専業主婦世帯(745万世帯)を大きく上回っている現在では、平均して所得水準の高い専業主婦世帯を優遇するものとなっている。

このため、仮に専業主婦がパートタイムとして働きだした場合に、その年収が130万円を超えると、被扶養者の資格を失い、自ら年金保険料だけでなく医療・介護保険料も負担しなければならない。他方で、将来、受給する基礎年金額や医療・介護給付は同じである。このため、「専業主婦」としてみなされる年間所得の範囲内で働くという就業抑制を引き起こし易いが、こうした「働くと損をする」仕組みは、今後の人口減少時代に、貴重な労働力の活用を妨げる点で大きな問題がある。

(3) 国民年金の未納付問題

社会保障の世代間格差をさらに拡大させる要因が、年々、高まる国民年金保険料の未納付率である。税金と一緒に給与から天引きされる大部分の会社員の保険料は確実に納付されるが、それ以外の自営業、就業時間の短いパートタイム、20歳以上の学生については自分から納付する仕組みであり、事実上の任意納付といえる。また、年金保険料は、期限までに納付しなくとも、所得税のような加算税(年7.3%)は課されず、しかも2年間納付しなければ自動的に時効となるという鷹揚な仕組みである。これは年金保険料を納めなければ、将来、年金を受け取れず、年金収支には無関係という暗黙の論理のためである。しかし、現在の生活保護受給者の2/3が(過去に保険料を払わなかった)無年金者であることからも、未納付者の増加は、社会保障全体では、後代世代の負

担増になることは避けられない。

　公的年金制度の基本的な機能の一つは，人々が生活保護制度に安易に依存しないよう，勤労期に老後の生活保障に備えた「貯蓄」を個人に強制することであるが，それが十分に機能していない。国民年金保険料の納付率は，傾向的に低下しており，2014年で63%となっている。しかし，それまでにも，保険料免除者の数を増やすことによる見かけ上の納付率の引き上げが生じてきた。保険財政の観点からは，保険料の免除者は未納付者と同じであり，両者を合わせれば，国民年金の被保険者の半分以下しか，保険料を納付していない状況となっている。

　この未納付問題には，現行の社会保険制度の枠組みを維持したままで，国民年金を含む基礎年金に代えて，誰もが逃げられない年金目的消費税の形で「保険料」を徴収することが，抜本的な解決になる。現行の国民年金保険料は，所得水準にかかわらず定額負担となっているが，これを消費額に比例した消費税に置き換えることで，所得水準にかかわらず同額の保険料の現状と比べた逆進性が低下し，より公平な制度となる。また，現行制度のように，女性が被用者から専業主婦，あるいは家族従業者と，働き方が変わる毎に被保険者資格変更の届け出が必要とされるが，これが不用になれば，年金行政や被保険者の事務負担が大幅に軽減される。年金目的消費税方式であれば，単に，満額受給資格に必要な40年間，国内に在住していたことを示すだけで，消費税という形で「保険料」を負担していたと見なされるために，はるかに簡素化される。また，現行のように被保険者が変更の手続きを忘れたことで，年金の受給権を失う問題も防ぐことができる。

　仮に，現行の社会保険料方式から消費目的税方式へ改革した場合には，「過去の納付記録の有無にかかわらず同額の年金が受け取れる不公平」という批判がある。これに対しては，制度移行後には，すべての被

保険者が消費税の形で保険料を完納するとみなして，それ以前の個人の保険料納付記録と接続すれば良い。むしろ年金保険料の納付率低下に歯止めが掛からず，空洞化が進む「社会保険方式」を救済するためにこそ，確実に徴収できる年金目的消費税が必要とされている。

3. 医療・介護保険制度

(1) 日本の医療費は少ないか

　日本の国民医療費の GDP に対する比率は 10.2%（2013 年）と，米国の 16.4%，フランスの 10.9% 等と比べれば相対的に低い。それにもかかわらず，世界トップレベルの平均寿命を維持していることは，日本の医療システムの効率性を示しているという世界保健機構（WTO）の報告もある。しかし，これは，例えば日本人の肥満度が米国人の 10 分の 1 で，アルコール消費量がフランスの 6 割にとどまっているなどの健康水準の高さが，長い平均寿命と少ない医療費の共通の要因となっている面もある。これらを考慮すれば，医療費が相対的に少ないとしても，現行の医療制度の抜本的な改革が不要なことを意味しない。

　世代間の所得移転である公的年金では，負担の軽減のためには給付の抑制しかない。しかし，医療サービスの生産活動と密接な関係にある医療保険では，その供給面の合理化によって，実質的な給付水準を維持しながら，負担を抑制できる可能性がある。現行の医療費の使われ方に，効率化の余地が大きいことの一つの根拠として，一人当たり医療費に大きな地域差が存在していることがある。例えば，2011 年では，最大の高知県と最小の千葉県との間には，1.6 倍の医療費の差がある。この地域差は，人口の年齢構成の違いを考慮しても同様である。この要因としては，病床数の地域差が密接に関係しており，病院の病床数が増えるほ

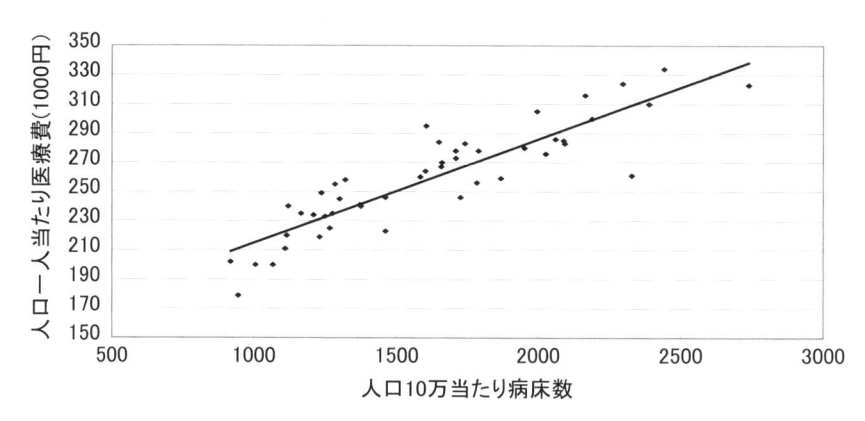

出典：厚生労働省「医療施設調査」「地域保健医療基礎調査」

図 12-3　都道府県別医療費と病床数

ど，必ずしも医学的な治療を必要としない患者を受け入れる「社会的入院」が増えるという暗黙の関係がみられる（図12-3）。これ以外にも，他の先進国と比べて，患者の医師への来診回数が多いことや，CTスキャン等，高額の医療診断機器の普及率が著しく高い半面，特許の切れた安価な後発薬の利用率が低いなど，医療資源の偏りを示す指標は多い。さらに，欧州やカナダ・豪州では，医師総数の少なくとも3割以上を占めている，初期治療の担い手である家庭医が日本ではほとんど存在しないことも，患者が複数の診療科を受診することで，検査や投薬の重複が生じている。その意味では，現行の医療の質を改善しつつ，医療費の使われ方を効率化できる余地は大きい。

（2）医療保険制度の分立

　公的年金と同様に，医療保険制度も被用者と自営業・無職者等に分立している。前者の被用者保険は，大企業中心の健保組合と中小企業中心

の協会けんぽに，また後者は地域毎の国民健康保険となっている。ここで医療保険を運営する保険者は，健保組合では個々の企業，協会けんぽでは国，国民健康保険では個々の市町村となっている。

医療保険の財政方式は，年金制度と異なり，当初から単年度の保険料と税で給付を賄う賦課方式であるが，65歳以上の高齢者一人当たり医療費は，平均して64歳以下の5倍弱（2008年）と大きな差があることから，高齢者の増加によって，長期的に給付額が増加することは避けられない。また，年金制度との大きな違いは，被保険者が企業を退職した後は，被用者保険から国民健康保険へ移動することである。この結果，高齢者が集中する国民健康保険の財政負担を軽減するために，国や被用者保険から財政支援が行われているが，その負担のあり方が医療保険改革の大きな争点となっている。

このため2008年に設立された「後期高齢者（長寿医療）制度」は，75歳以上の高齢者の医療保険を国民健康保険から独立させ，その医療費の5割を国，4割を被用者保険や国民健康保険，1割を高齢者が，各々負担する新たな仕組みであった。ここでは，低所得者に対する保険料の軽減や保険料を年金から天引きすること等が行われている。

（3）医療保険給付の仕組み

患者が病院や診療所で受けた治療費の内，その7割が保険者から医療機関に償還され，患者は3割（高齢者除く）を窓口で自己負担分として支払う仕組みとなっている。これによって，疾病のリスクが分散されるとともに，一定の範囲内ではあるが，医療費のコストが患者に認識される。もっとも，高額な医療費の場合には，それに比例して自己負担分も増えることから，これを軽減するために月単位の医療費の内，一定の限度額（年齢や所得水準で異なる）を超えた部分が払い戻される高額療養

費制度がある。

　保険者から診療所や大部分の病院に対して支払われる診療報酬は，医師の診察，手術，検査，薬の処方等，個々の行為毎に算出される「出来高払い」といわれる方式で，保険診療の共通の単価が定められている。この結果，治療に費用をかけるほど，それに比例して医療機関の収入が増えることになり，医療費の合理化へのインセンティブが働きにくいという見方もある。他方で，一部の病院について導入されている定額払い方式では，特定の病気の治療について，定額の診療報酬が定められており，なるべくコストをかけない方が，医療機関の利益が増えるという逆のインセンティブ構造となっている。いずれの場合にも，患者利益の観点から，医療の質についての外部からの評価が必要とされる。

　日本の医療保険については，「混合診療の原則禁止」のルールがある。これは，予め保険の対象として定められた医薬品や医療技術等の範囲を少しでも超えて保険外のものと組み合わせると，一部の例外を除き，その追加部分の費用だけでなく，元々，保険の対象となっていた診療行為の費用も含めて，すべてが保険給付の対象外（患者の自己負担）となるものである。このため，外国では一般に使われているが，国内では保険の対象となっていない医薬品を実費分だけの負担で使用することや，一般の水準よりも質の高い医療機関が，それに見合った報酬を得ることが困難であり，医療の質に関する競争が生じ難い面がある。

（4）国民皆保険の実効性

　日本も含めた先進国の多くでは，国民が何らかの医療保険に加入しており，「誰もが，疾病の際に必要な医療を受けられる」仕組みとなっている。しかし，「国民皆保険」であっても，日本のように，被保険者が高度先進医療を担う病院も含めて，どの医療機関でも自由に受診できる

フリーアクセスの国は少ない。この結果，大病院の外来に患者が集中し，受診に際して慢性的に長い行列や，高度機能病院までもが社会的入院患者によって占められ，救急患者の受け入れが困難となるような状況が生じている。

　日本では高度機能病院でも外来患者を受け入れる一方で，診療所にも病床や高価な診断機器が整備されるなど，病院と診療所との役割分担が明確ではない。また，医師を養成する大学の医学部では，身体の臓器別の専門分化が進んでおり，これらの専門医が養成される仕組みとなっている。しかし，狭い専門分野での専門医をすべて配置するためには病院の大規模化が必要となるが，中小病院の整理統合は容易ではない。

　こうした病院の専門医だけではなく，身体全体を総合的に診断する家庭医が不足している。家庭医が個々の地域毎に常駐し，患者の初期治療に対応することで，はじめて大病院と診療所との効率的な連携が可能となる。欧州では「門番（ゲートキーパー）制」が用いられており，救急時は別として，患者は，総合的な診断と治療を行う「家庭医（かかりつけ医）」の診察をまず受けなければならない。家庭医は個々の臓器ではなく，病人の精神状況も含めた身体全体を総合的に診断し，治療を行う高度な専門医である。家庭医の治療で困難な場合に，その指示に従って，はじめて病院と連携した分野別の専門医を受診できる。

　これによって，患者の選択肢がある程度まで制約される半面，大病院での混雑を防ぎ，多様な医療機関の間の効率的な役割分担が可能となる。国民皆保険制度の実効性を担保するためには，その再設計が必要とされている。

（5）医療保険と介護保険の連携

　介護保険は高齢者介護のための家族の負担を社会全体で分散すること

を目的として 2000 年に設立された，最も新しい社会保険である。このため，歴史的な経緯に縛られた公的年金や医療保険と比べると「白地に絵を描く」ことができ，高齢者にも応分の保険料負担を求めている。具体的には 40 歳以上の全員から保険料を徴収し，原則として 65 歳以上で要介護状態になった場合に，介護給付費の 1 割の自己負担率でサービスを受けられる仕組みである。

　この場合，事前に要介護度の認定が必要とされ，その度合いに応じて使える介護給付費の上限が定められている。このように介護保険では，医療保険と比べて，一定の抑制メカニズムが働いていることが大きな相違である。もっとも，介護サービスの利用者が，例えば週 3 回のホームヘルパーが介護給付の上限の場合でも，それを週 4 回利用し，差額を自費負担とすることは可能な点で，医療保険よりも弾力的な仕組みとなっている。

　もっとも，介護保険の大きな目的であった社会的入院の受け皿として在宅や介護施設の活用を図ることは，不十分なままとなっている。これはフリーアクセスのままの医療保険の方に大きな問題がある。仮に，家庭医のゲートキーパー機能が発揮されれば，医療保険から介護保険への橋渡しの役割も果たすことが期待されている。

引用・参考文献

小塩隆士『社会保障の経済学（第 3 版）』日本評論社，2005
池上直己『医療問題（第 4 版）』日本経済新聞出版社，2010
鈴木亘『社会保障亡国論』講談社，2014
西沢和彦『年金制度は誰のものか』日本経済新聞出版社，2008
八代尚宏『社会保障を立て直す』日本経済新聞出版社，2013
葛西龍樹『医療大転換』ちくま新書，2013

13 | 自治体政策と市民

西尾　隆

《**目標＆ポイント**》　自治体政策の特徴と政策再編の必要性，計画と市民参加のあり方を学ぶ。とくに都市型社会における計画の意義，自治体の政策的自立，市町村総合計画の構造と策定過程，資源減少化の中での情報公開と市民参加の関係について考える。
《**キーワード**》　抑制と媒介，総合性・現場性・実験可能性，都市型社会，文明と計画，市町村計画，市民参加，予測と調整，情報公開

1. 自治体政策とその再編

　11, 12 章では国レベルの政策過程，および財政と社会保障について見てきた。本章では地方レベルの政策過程に目を移し，自治体政策の特徴とその再編，計画策定，および市民参加に焦点を当てることにしたい。

　現在は「自治体政策」という言葉が定着し，このテーマで多くの書物が書かれ，職員研修でも政策形成や政策課題研究は研修プログラムの中核に位置している。だが，1970 年代までは「政策」の語はもっぱら国レベルで用いられ，自治体では「施策」や「事業」が一般的だった。その背景には，政策とは国がつくるもので，自治体は下請け的にその実施を担当するという暗黙の前提があったと考えられる。この変化とパラレルに進行したのが，分権化と市民の参加である。

　以下，本節では自治体政策の特徴とその再編について考え，公共施設のケースを紹介する。

（1）自治体政策の特徴

　地方自治体の政策は国政とどのような関係にあり，また国政とどこが異なるのだろうか。辻清明は地方自治の機能として，「抑制」「媒介」「参加」の3点をあげており，これを手がかりに考えたい。まず，国の制度や政策は日本全体を念頭に設計されているため，抽象度が高い反面，各地域の条件を十分考慮せず，画一的になりがちである。それ故さまざまな事業で国と地方の緊張が生じうるが，「抑制」とは両者間の関係が単純なヒエラルヒーではないことを意味する。外交・防衛分野では，日本の安全保障のためにいかに自衛隊や駐留米軍の基地が必要だとしても，基地が立地する自治体の事情や意向は無視できない。普天間飛行場のある沖縄県宜野湾市は安全面から県外移設を求め続けており，災害時には住民の基地通行が必要だとして2013年に協定が結ばれた。これらは自治体による国政への「抑制」機能に相当する。

　一方，かつては機関委任事務とされ，2000年の分権一括法施行後は法定受託事務に位置づけられた生活保護の場合はどうだろうか。国の事務である以上，公平性の見地から全国共通の基準で運用されるべきではある。だが，地理的・社会的条件が地域ごとに異なるために，自治体による運用のすべてを国がコントロールできるわけではない。生活保護世帯に自家用車の保有は認められず，受給に際しては車を処分することになっているが，地域によっては通院等に不可欠の場合もあり，最終的には自治体の方針とケースワーカーの判断により例外が認められている。こうした現場での裁量や修正は，自治体による国政の「媒介」機能として理解しうる。定住外国人の比率が高い自治体での義務教育や医療を考えても，自治体の媒介なくして国の外国人政策・多文化政策は成り立たない。なお3つ目の「参加」に関しては，国政と比べて自治体ではその方法や機会が多く，本章の後半で論ずることにしたい。

国政と比べた時，自治体政策を特徴づけるのはその総合性であろう。縦割りに陥りがちな国政に対し，自治体では諸事業を調整・総合することで重複を省き，矛盾の解消を図り，効果を高めることが少なくない。河川を例にとると，各省から見た河川は治水，利水，生物多様性維持などの対象として映るが，地域ではそれらの諸機能に加え，景観や空間設計，コミュニティづくりの契機ともなり，自治体の総合的管理の対象となる。このことは自治体政策の対象が抽象的な河川ではなく，具体的な歴史・課題・可能性をもった〇〇川という「現場」であることを示している。そしてこの現場性こそ，地域の個性を生み出す源泉であり，生物多様性にも似たその国の豊かさにも通じよう。

　自治体政策はさらに，課題解決策への実験可能性をもつ。少子高齢化をはじめ，日本の地域が抱える課題には国や世界から見ても先端的なものが少なくない。それゆえ現場での試みが当該地域の問題解決を超えて，広く国政や国際公共政策の新しいモデルとなりうる可能性を秘めている。このことは，1960年代に自治体主導で始まった公害規制が，国や世界の環境政策を先導する契機となった点にも現れている。

（2）行政資源の減少と政策再編

　さて，現代日本の自治体をとりまく共通の課題として，人・モノ・カネなど行政資源の減少がある。地方公務員の数は過去20年間に15％以上減少しており，大半の自治体で職員の削減が進んでいるが，その背後には財政難に加え，コスト削減・無駄撲滅を掲げる首長の政治姿勢も影響している。過度の公務員批判や削減に問題はあるとしても，住民の期待は高度成長期のような事業拡大やハコモノの新設にはない。むしろ無駄のない，身の丈に合ったまちづくりにシフトしつつある。夕張市が経験した財政破綻が特殊な例とは言い切れず，人口減少に直面する多くの

自治体では，計画の柱に安心安全と共に効率的な行政運営を立てるようになった。政策再編とは，限りある資源の中で諸事業の見直しや廃止，政策の総合化や新たな組み合わせを含む考え方である。

　政策再編の例としては，5章で紹介した公立幼稚園の保育所への転換がある。教諭か保育士かという職員の資格のほか，施設の基準に関する国の縦割りが障害となり，「幼保一元化」はなお道半ばであるが，2006年に「認定こども園」の制度がスタートし，知事の判断で幼保の連携が可能となった。複数の官庁にまたがる政策再編には，一方では政治のリーダーシップが必要であり，他方では地域資源を有効活用しようとする自治体の創意工夫が不可欠となる。教育と福祉の施設再編としては，それ以前から少子高齢化の進行に対応して，小中学校の余裕（空き）教室をデイサービスセンターなど高齢者の福祉施設に転換する動きもある。こうした対応には財産処分手続が必要なため，なお一般的とは言えないが，実現すれば単なる施設の転用を超えて，子どもと高齢者の日常的な交流の機会にもなりえよう。

　海外に目を向けると，諸機能の有機的結合は政策過程のごく自然な流れに見える。広井良典によれば，ヨーロッパにはコミュニティや生活の質に配慮した都市が多く，都市政策と福祉政策の統合がなされているという。マクロには都市計画と土地利用上の規制が強い一方，社会保障も手厚いのが特徴であり，ミクロに見ると中心市街地にも高齢者用の「座れる場所」が数多く設けられ，日本の都市のような「通過するだけの空間」とは大きく異なる。ドイツでは，クナイプ療法と呼ばれる水や園芸を利用した保養のための都市が多数存在し，医療・福祉・観光の諸機能が融合している。同国の第一回「環境首都」に選ばれたエアランゲン市は，1970年代から自転車レーンの整備や自然環境の保全，自動車の規制を進めて環境教育に力を入れる一方，最近は「医療都市」の看板を掲げ

ている。ここには，市民生活のアメニティを重視するまちづくりが無理なく政策再編を促している実態がよく示されている。

広井は経済問題を軽視しているわけではなく，食料・エネルギーの地産地消やコミュニティでの時間の消費を重視した「経済のローカル化」，ヒト・モノ・カネの域内循環こそが人口減少に悩む日本を救うだろうと論じている。政策の再編は，経済・社会システム全体の文明史的転換とも連動しているのである。

（3）公共施設の設計とコミュニティ

先にハコモノ新設にやや批判的な見方を記したが，ここで新たな施設建設の例から自治体政策にどのような変化が起きているのかを紹介しておきたい。とり上げるのは，2011年に開館した「武蔵野プレイス」のコンセプトである。同施設は東京都武蔵野市のJR駅前に立地する図書館を中心とした複合施設であり，国有地購入から13年，基本計画から約8年間の市民・行政・専門家による検討を経て完成した。地上4階，地下3階の同施設は「ひと・まち・情報 創造館」という名称にあるように，図書館，生涯学習，市民活動支援，青少年センターなどの機能を含みつつ，それらの枠を超えて諸機能を融合させ，市民の交流による文化創造とコミュニティの活性化を目指している。運営には指定管理者制度が用いられ，公益財団法人が担っている。

武蔵野プレイスで来館者がまず驚くのは，公共図書館とは思えない空間設計である。1階中央はオープンカフェとなっており，コーヒーミルや人々の談笑でかなりの騒音がある。利用者は背面の本棚から自由に雑誌をとって飲食しながら読むことができ，日没後はアルコールも出る。その一角では料理，酒，里山といったテーマで少人数のイベントがもたれ，さりげない出会いが演出されている。地下1階は通常の図書閲覧フ

ロアだが，地下2階はグループ学習や創作活動のための「青少年の居場所」と位置づけられ，気晴らし用にサッカーゲーム盤もある。2階は親子で図書を楽しむフロア，3階は市民活動用のワークラウンジで，仕切りのない空間で審議会の報告が行われることもある。

　外国人研究者によれば，飲食・会話・交流・ノイズに関する同図書館の柔軟な考え方は世界的にもユニークではないかという。そして官僚制的な規制イメージの強い日本でこうした公共施設が誕生した背景には，分権化と市民参加に加えて，自治体に「責任ある柔軟性」(responsible flexibility) が育ちつつあるサインだろうと指摘する。これを裏返すと，従来の自治体の施設運営は中央の基準のみに準拠した，住民に対しては責任回避的で硬直した姿勢を続けていたと見ることもできる。

　海外でも，図書館を単なる書籍閲覧のための静かなハコではなく，人々が交流しコミュニティ形成を促すスペースとして再生させる動きが少なくない。人間関係が希薄化し，孤独な高齢者が増える中，人々の間に無理なく「弱い紐帯」(weak tie) を広げるため，施設運営の新たな手法が模索されている。英国では自治体の財政難から移動図書館の廃止や見直しが進む一方，それに代わって使われなくなった公衆電話ボックスをコミュニティのミニ図書室に衣替えする動きも広がっている。地域の資源は意外なところに遍在しており，それを活用する知恵が生活者の視点から生まれているのである。

2．計画策定と自治体の政策的自立

　総合行政を担う自治体は不断に政策の見直しと再編を迫られ，その活動は「計画」の策定という形で制度化していく。本節では，現代社会における計画の意義についてふり返った上で，計画による自治体の政策的

自立，および計画と参加の関係について考えたい。

（1）都市型社会と計画

　現代の都市型社会では，人々はかつてのような自然への依存状態を脱し，人工的システムの中で生活するようになった。堤防，道路，ビルのみならず，水，空気，日光，緑といった自然の恵みさえも人工的装置と政策対応によって享受する時代に入っている。大都市における水の確保についてみれば，水道施設だけでなく，水源林の保全やダム建設，市街地の膨張抑制から下水道の整備まで，無数の社会システムを総合的に組み合わさなければならない。社会学者のK．マンハイムは，「計画」の意義をこの文明史的変化の中に位置づける。

　人類の文明を支える思考の第一段階は，試行錯誤による「偶然の発見」である。人々はそれを同胞と次世代に伝達することで，自然に適応する知恵を獲得し継承していく。農業でいえば焼畑の段階であり，一部の途上国では今なお続いている。次に，発見に基づく単純な道具や制度を，因果律の把握により意識的に操作し，特定目的に向けることで人間の文明は大きく進歩する。これが第2の「発明」の段階であり，農業でいえば化学肥料やトラクターなどの発明にあたる。しかし，単一の因果律を支配するだけでは複雑化する社会の諸課題には対応できず，複数の因果関係が作用する状況への新しい思考が必要となる。これが第3の「計画」ないし「計画的思考」の段階だという。

　現代の農政は，生産力が向上すればそれで足りる段階を通り越している。日本では皮肉にも豊作により減反を強いられ，農地制度，流通システム，国際交渉といった複雑な課題を相互に調整することではじめて農政は有効に働く。車の大量生産が交通混雑を，工業化が公害を生むように，発明がもたらす副作用を計画によって制御すべき段階に来た。計画

的思考の本質とは，自由市場か計画経済かといった体制選択やイデオロギーの問題ではなく，個々の政策と制度を相互に調整・制御するという現代社会に不可欠の思考形態なのである。計画の重要性は政府に限ったことではなく，企業や社会集団，家族や個人にもあてはまり，いわば「計画文化」が生活の中に浸透してきたのである。

　マンハイムは思考の発達について，合理化の進んだ計画段階では逆に偶然の発見に似た「直観」の働く余地が大きいと指摘する。それは発明段階の抽象的思考と異なる一方，発見段階の素朴な発想とも異質な，具体的状況での対象把握にかかわるより洗練された思考ということができる。このことは，発明段階に留まる官僚やテクノクラートが得意とする単一事象の部分最適を超えた，「全体性」を扱う生活感覚が計画段階では求められることを物語っている。地方分権と政策再編の意義，市民参加が求められる背景も，この文脈で理解することができよう。

（2）計画と政策的自立

　発見と発明は人類の自然依存からの脱却を促したが，計画は高いレベルでの自然・社会管理の契機となる。例えば子どもの場合，夏休みのプランを自発的に立てることが精神的自立につながるように，自治体についても，中央省庁から来るさまざまな通達・助言の類を相対化し，自らの計画の中で諸事業の再編・調整ができるようになれば，政策的自立に大きく踏み出す。自治体計画は国と地方が対等の関係に移行する契機となり，政治行政システムを分権化へと導く。

　国に先駆けて自治体が政策的イニシアティブをとった例は，1960～70年代の公害対策や社会福祉の分野で多く見られる。水俣病に代表される公害はどれもローカルな現象だったため，成長路線を突き進んでいた国の規制は遅れ，自治体が独自に対応せざるを得なかった。開発と環境保

全を調整する行為は，計画策定の第一歩にほかならない。横浜市は工場の新規立地規制が困難だったことから，1964年に電源開発と「公害防止協定」を締結し，公害の予防に実質的効果をあげた。この手法は「横浜方式」と呼ばれて全国に波及し，締結数は3万を超えた。5章で紹介した武蔵野市の宅地開発規制も同様の文脈で理解できる。

自治体の政策的自立が始まる1960年代は，中央でも地方担当官庁であった自治省が縦割り行政による無秩序な開発に危機感をもち，半ば後見的に自治体計画の制度化を試みた。そして1969年の地方自治法改正により，市町村に「議会の議決を経てその地域における総合的かつ計画的な行政の運営を図るための基本構想を定め」ることが義務づけられた。この規定は2011年，地方の自発性を尊重する趣旨から削除されるが，制定当時，前後して改正された都市計画法や農業振興地域の整備に関する法律（農振法）にも，市町村基本構想に即すべきことが明記され，自治体計画が国政への抑制機能を果たすことが期待されていた。

その背景には，国から別個に下りてくる諸事業を市町村が調整する契機は予算以外にないという認識が当時の自治省内にあり，中長期的な視点からの計画を法制度として義務づけたことがあげられる。都道府県には同省職員が出向することが多いことから，能力面からも必要性からも，市町村の計画策定に法改正の焦点が当てられたのである。

(3) 計画と参加の関係

ここまで，「計画」の概念について明確な定義をせずにきた。計画とは，「複数の課題と対応策を時間軸で調整し，総合化する手法」と要約できよう。この定義では，政策も予算もそのまま包含されるが，計画は単年度内の調整を超えて，少なくとも5～10年といったスパンで諸課題と対応策，諸目的と手段群を総合的に調整する活動である。この複雑な

調整と総合化という作用の中には，職員および市民の参加という契機が含まれる．というのも，複数の政策の効果と「予期せざる結果」などの副作用を多面的に把握するためには，多様な立場からの意見表明と情報提供が不可欠だからである．

　一方，「参加」については4章で論じたように，「政策過程の諸段階への自発的な関与」と要約できる．一般に政策過程は，アジェンダ設定，政策の形成，決定，実施，評価というサイクルからなり，参加はどの段階にも介在しうる．「自発的」という一語は，戦前の町内会に見られた強制的な参加・協力と区別するために必要な条件である．なお，計画の策定・実施・評価のサイクルも一種の政策過程であるが，その関与がより深く継続的であることから「参画」と呼ばれることが多い．

　しかし，計画と参加は常に並行して進展するとはいえず，しばしば対立する契機も含む．すなわち，計画策定に求められる専門的な知識・経験および情報と，市民のそれとの間には大きな落差があり，かつ計画が求める統合機能と，市民の意見や利益の多元性の間には埋めがたいクレバスが生じうる．計画と参加の緊張は普遍的なものといってよく，ニューディール期米国のテネシー渓谷開発公社（TVA）の「民主的計画」に関するP．セルズニックの古典的な研究を紹介しておこう．

　TVAの「草の根政策」とは，連邦政府からの統制を抑制するためにTVAがとった組織的な戦略であり，理事長D．リリエンソールが唱えた「民主主義と計画の結合」が簡単に実現したわけではない．農業政策の策定に実際に参加したのは，地元の富農層と州立大関係者に限られ，その問題は貧農層への不十分な事業の浸透に示されていた．同時に，肥料の配付などにかかわった集団は，意思決定には関与できない形で協力したに過ぎず，「参加」というよりも行政による「包摂」(cooptation)と呼ぶべき性格のものであった．自由の国アメリカでTVAが実現した

といわれる「民主的計画」の陰には，地元住民への巧みな包摂と政策面での後退という代償があったとセルズニックは論じている。

計画と参加が常に対立するというわけではないが，集権と分権，専門性と応答性の関係にも似たバランスと創造的な結びつきが求められ，民主主義の熟度がそこで試されるといっても過言ではない。

3. 基礎自治体の計画策定と市民

さて，戦後日本の急激な都市化の中で，各自治体は地域開発と市民の生活権保障のバランスをとるべく，試行錯誤を重ねながら計画行政を進めていった。一方，国の計画は道路・鉄道・住宅・農業振興など省庁別に立案され，内閣でも十分な調整が行われず，地方から見ると個別計画を束ねたような状況であった。1960年から5次にわたって進められてきた全国総合開発計画（全総）も，「定住圏」(69年の新全総）や「田園都市」(77年の三全総）といった理念にもかかわらず，経済成長を基軸とする官治型計画の域を脱していなかった。むしろ公害や過疎過密の不均衡を生んだ開発主義への反省から，市町村計画への期待が高まっていく。以下，その定着の道程と計画の構造を見ていきたい。

（1）市町村計画の構造と特徴

1969年の地方自治法改正の時点では，何を基本構想と呼び，何を基本計画と呼ぶか，具体的な実例と経験を欠いていた。自治省は策定順序として，まず10年先を想定した地域のビジョンを「基本構想」として描き，それに基づいて具体的事業を含む「基本計画」を策定し，その後予算と連動させた「実施計画」を固めるというイメージをもっていた。

だが，実際に議会の議決を要する基本構想から着手すると，用語や表

現の問題で調整に時間を要し，実質的な計画策定が先送りされがちなことがわかってきた。また基本計画を5年程度に設定すると，予算と連動する実施計画をスタートさせる時点で既に1年が経過していることになりかねない。そこで約10年の基本計画を軸に策定作業を進め，基本構想はその要約版（レジュメ）とし，同時に初年次計画を含む約3年の実施計画の策定を終えることで，3層構造の総合計画の効率的策定が行われるようになった。また，環境変化の激しい現代では計画の前提が崩れることも多く，最初の実施計画が終了する頃に改訂（ローリング）作業を行うのが一般的である（図13-1）。むろん自治体ごとに独自のやり方があってよく，ワークショップの開催なども有効であろう。

　では，総合計画はどのような内容を含むのだろうか。国際比較から見ると，日本の市町村計画は道路・河川・公園などハードを扱う都市計画から，ソフトに関する保健・福祉・医療・教育，あるいは環境や情報（IT）化といった組織横断的なテーマも包含する点に特徴がある。米国

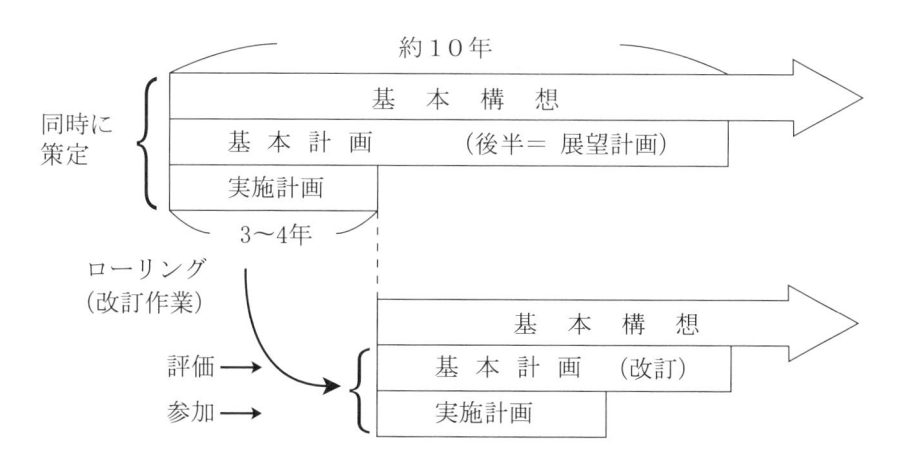

図13-1　自治体計画の構造

の自治体計画は土地利用・ゾーニング・公共施設などを含む長期計画が一般的であり、英国でも開発規制・交通計画・都市再開発などハード系の計画がカウンティと基礎自治体の両レベルで策定されている。ドイツの基礎自治体は都市計画に関し、連邦や州に対してより強い権限（都市計画高権）を有する。日本の市町村計画はより総合的かつ包括的である反面、具体的な権限や実効性において欧米諸国に劣ることも否めない。

（2）予測と調整

　計画策定に不可欠の要素に「予測」と「調整」がある。予測とは、経験的データから将来の地域像を予見し、展望する思考であり、マンハイムの見方によれば科学と直感の結合といえる。基本構想・基本計画の冊子には、ほぼ例外なく人口・経済・財政に関する予測データが示されている。国全体の人口動態はかなり正確に予測できるが、人口移動の激しい都市部では開発の速度などで「計画人口」が予想外な推移を示すことも少なくない。また一口に高齢化と言っても、職業や家族構成に地域差があり、高齢化率が高い地域では老老介護といった実態もあり、自然・社会条件も含め、その土地に生活する者だけに可能な予測も存在する。その意味で、データに基づく純粋に客観的で科学的な予測はあり得ず、常に一定の主観的・政治的判断を含んだ予測となる。

　財政フレームに関しては、投資的経費（人件費・扶助費・公債費など義務的経費以外の資本形成に向けられる経費）の総額によって以後の事業規模が制限されるため、楽観的予測になる傾向が強い。だが、過去の経済状況と現在の財政状況を踏まえると、少なくとも楽観的予測、悲観的予測、中間値を明示すべきであろう。今後10年間に一体どのくらいの予算がまちづくりに投入しうるのかは、市民にとっても重大な関心事であり、その予測段階でも市民の参加は必要である。

計画のもう一方の基本要素である「調整」は，優先順位の決定を含んでおり，第一義的に首長の責任となる。自治体の意思決定・予算編成が国と異なるのは，職員の大部分に人事権をもつ首長が，重点事業の選択から優先順位の決定まで強いリーダーシップを発揮しうる点である。計画策定は専門的・技術的側面をもつとはいえ，本質的には政治的な行為である。刷り上がった計画書はいわば長期にわたる計画過程をある時点で切り取った断面図に過ぎず，首長・議員・職員・市民の間で共有された政策ビジョンのダイナミズムにこそ，生きた計画の実質は見いだせる。その意味で，計画書（プラン）よりも計画策定の政治過程（プラニング）の内に計画の本質は宿るのである。

　調整はまた，個別計画間の調整と各部門間の交渉過程を含む。計画行政が定着するにつれて，基本計画から派生する多数の個別計画が動き出し，下水道建設，ハコモノ計画，保健福祉計画，緑化計画などが一定の手続を踏んで策定されると，それぞれが正当性をもつようになる。しかも1990年代以降，右肩上がりだった税収が下降線をたどるようになり，限られた財源をめぐって厳しい選択を迫られることになった。「あれもこれも」の時代から「あれかこれか」の選択と集中の時代にシフトし，一事業のビルドのために複数の事業のスクラップさえ必要になっている。こうした局面では，集団やNPOなども特定の政策にコミットし，調整は市民を巻き込んだ大がかりなものにならざるを得ない。

　だがこの調整の困難こそ，計画策定が単なる企画部門の作文を超えて，実質的な調整と優先順位の決定に進化したことの証しであり，それは政策評価など合意形成のためのさまざまな工夫を生む基盤となる。最終的には，直接公選の首長の決断がこの調整過程を終結させ，そこで総合計画の政治責任が明確になるのである。

（3）市民参加と情報公開

　最後に，市民参加と情報公開の意義に言及しておきたい。政策づくりと市民参加の現場では，「情報なければ参加なし」といわれる。計画の策定にかかわった市民の実感として，政策情報の適切な開示こそが参加の最大の契機となるという現実がある。子育てなどの個別政策であれ，総合計画の策定であれ，行政から市民に対して「どうぞ自由にご意見を」と促されても提案できる項目はわずかであろう。他方，企画担当職員が実際に政策・計画の策定を行えるのは，手元に十分なデータや情報があるからにほかならない。困難な政策課題について的確な提案ができる老練な職員でさえ，決定的なのは秘伝などではなく，情報へのアクセスに関するノウハウである。

　三鷹市は2000年に完全公募市民による基本計画づくりに着手したが，市民の参加に際して発行した『三鷹を考える論点データ集』は，企画担当の職員自身が必要とする基礎データと争点データを整理したものである。基礎データには，地図上に土地利用から緑地，公共施設，商店街，工場などの所在を明示した情報をはじめ，緑被率，農業人口，図書の貸出者数の編年的変化などがある。争点データとは，都市計画道路の整備率，市民一人当りの公園面積，生産緑地などの近隣市比較データであり，首長や担当部門が責任を問われかねない市政の「争点」を含む情報である。図13-2は，保育園の定員と待機児童数に関する近隣市比較であり，都市間競争や「足による投票」(引っ越しによる自治体選択) を促すデータとも言える。

　こうした一覧性の高い情報の整理と開示は，市民参加に必要というだけでなく，職員にとっても画期的な意味をもつ。というのも，担当が変われば行政内部でも部門間の情報共有は意外に進んでおらず，データの開示により企画以外の職員が地域全体を見渡し，考え，参加する重要な

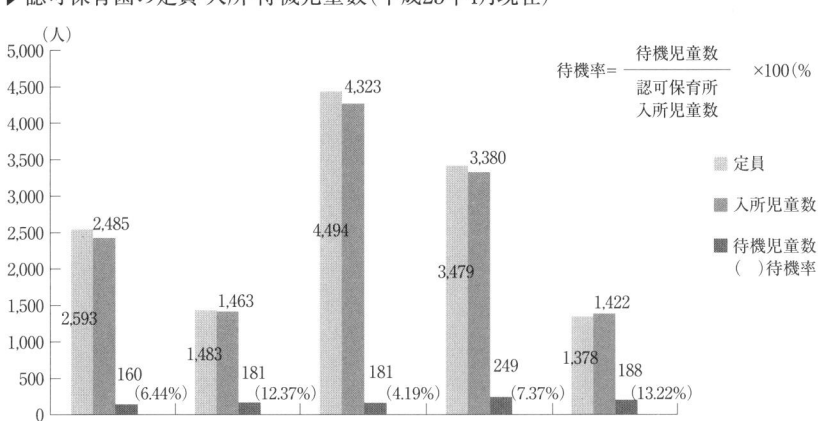

▶認可保育園の定員・入所・待機児童数(平成25年4月現在)

待機率＝ 待機児童数 / 認可保育所入所児童数 ×100(％)

市	定員	入所児童数	待機児童数	(待機率)
三鷹市	2,593	2,485	160	(6.44%)
武蔵野市	1,483	1,463	181	(12.37%)
府中市	4,494	4,323	181	(4.19%)
調布市	3,479	3,380	249	(7.37%)
小金井市	1,378	1,422	188	(13.22%)

出典：三鷹市『三鷹を考える論点データ集』2014

図 13-2　争点情報の例

契機となるからである。情報の共有は職員間，市民間，職員と市民の間に対話を生む。そして共通のデータを前にすると，限られた資源の配分という難題にも自ずから道筋が見えてこよう。

　地域の問題解決に関心をもつ市民や NPO にとって，行政と連携する最大の利点は情報へのアクセスである。基礎データ・争点データの整備なくして，有効な政策形成も参加もあり得ない。「情報は力なり」と言われるように，情報落差は上下の力関係を生む源泉であり，そこに中央官庁の情報への強烈な関心や情報公開への抵抗の心理もある。だが，国・地方を問わず，公務員の生きがいが社会病理の治療にあるとするならば，情報共有と市民との協働による問題解決の経験は，公務員という職業を志望した初心に立ち返らせる効果をもつに違いない。

　再開発などでは10年単位を要することが稀でないように，現代の問

題解決には長い時間と根気強い取り組みが不可欠である。まちづくりは輝く都市が完成して初めて意味をもつのではなく，参加と協働のプロセス自体が価値を帯びている。そこでは手段と目的の関係が融解し，問題解決に取り組む日常それ自体が輝く都市生活の一部となるであろう。

参考文献

自治体学会編『自治体計画の現在』第一法規，2009
辻清明『日本の地方自治』岩波新書，1976
辻山幸宣編『分権化時代の行政計画』行政管理研究センター，1995
西尾隆編『住民・コミュニティとの協働』ぎょうせい，2004
広井良典『人口減少社会という希望』朝日新聞出版，2013
松下圭一『自治体は変わるか』岩波新書，1999
武藤博巳編『分権社会と協働』ぎょうせい，2001
K. マンハイム，福武直訳『変革期における人間と社会』みすず書房，1962
R. Pratt and T. Nishio, "Musashino Place and the Concept of Responsible Flexibility," *the Journal of Social Science* (ICU), No. 76, October, 2013
P. Selznick, *TVA and the Grass Roots*, Univ. of California Press, 1949

14 | 地球公共財と国際公共政策

大森佐和

《**目標＆ポイント**》 本章では地球公共財とは何か，国際公共政策過程とは何か，また国内の公共政策との違いは何かについて理解する。また，非国家アクターが国際公共政策過程で果たす役割を考えるための事例として企業の社会的責任について学ぶ。
《**キーワード**》 地球公共財，国際公共政策過程，国際機関，プリンシパル・エージェント関係，非国家アクター，CSR

1．地球公共財とは何か

　グローバリゼーションの進展と深化によって国境を越えた人や物，そして資本の移動が高まる中で相互依存が進み，国境を越えた政策的対応が要請されることが多くなった。例えば2008年に起こった世界金融危機では，G20のリーダーたちが集まり，世界金融危機に対しての国際的な経済協力や国際金融ガバナンスのあり方が再検討され，世界金融危機の震源地となった米国のみでなく世界中の国々が，世界恐慌以来といわれた経済危機への対応に追われた。また，2014年の西アフリカでのエボラ出血熱の流行により，2014年9月に国連エボラ緊急対応ミッション（UNMEER）が設置され，世界保健機構（WHO）や地域機関，各国政府や国際NGOと協力して対応にあたることとなった。現在の国際社会では，環境・人権・開発と貧困削減・感染症予防・金融システムの安定・災害時における緊急援助といった多くの分野で，一国の国内での政策を超え，国際的な政策の対応が求められている。そこでは，国家

表14-1　公共財の概念

	競合性	非競合性
排除性	私的財	準公共財 ＜ケーブルテレビ＞
非排除性	準公共財 ＜海洋資源・熱帯雨林＞	公共財 ＜警察・防衛・消防＞

アクターによる国際機構等の政府間組織を舞台とした国家間の従来の国益に基づいた国際協力だけではなく，企業やNGO，財団などの非国家アクターとの緊密な協力も求められる。国際公共政策では，インゲ・カールら国連開発計画によって提唱された「地球公共財」と呼ばれる，国家を超えた地球的規模の課題を解決していくための国家の枠組みを超えた公益の供給を目指していくこととなる。この地球公共財は，国際的に共有された達成すべき価値としての「国際公益」とも多くが重なりあう概念である。以下に従来の公共財の概念の説明をし，それを拡張した概念として，地球公共財とは何かについて説明する。

（1）従来の公共財とは何か

通常の公共財という概念に関しては，公共経済学において「非競合性」と「非排除性」という二つの側面から定義される（表14−1）。

自分が消費することによって他の人の消費分が減ってしまう財は「競合性」があるという。また，誰かがある財にアクセスしようとするのを，お金を払わないと物が買えないなどの方法で防ぐことができるような財は「排除性」があるという。スーパーやコンビニなどで売っているような品物は競合性があり，またお金を払わないと買えないために排除

性もある。こうした競合性と排除性の両方がある財は,「私的財」と呼ばれる。こうした私的財においては,政府が介入するよりは市場原理に任せる方が需要と供給のバランスがうまくいくと一般的に考えられている。その一方,それを消費しても他の人の消費分が減らない「非競合性」の便益を備える財や,供給されればだれにでもアクセスが可能な「非排除性」の便益を備える財がある。例えば,ケーブルテレビや革新的知識は消費しても他の人の消費分が減るわけではない「非競合性」の財であるが,料金や特許によってアクセスを制限することが可能な「排除性」を備えた財である。こうした財は,寡占や独占が進み,財の過小供給に陥る恐れがある。その一方で,例えば,海洋資源,熱帯雨林,高山植物等は,料金などの方法でアクセスを排除することが困難な「非排除性」を備える財である一方,消費すれば減ってしまう「競合性」を備える財である。こうした財は,市場に任せると財の維持費用を負担することなく消費することが可能なため,過剰消費となって枯渇してしまう恐れがある財である。

このように,「非競合性」のみ,「非排除性」のみを備える財を「準公共財」といい,市場メカニズムだけでは必ずしも需給バランスがうまくいかない。また,警察・防衛は消費して減少してしまうサービスではないため「非競合性」であり,また税金を払っていない市民にはサービスを提供しないということも難しいため「非排除性」がある。このように「非競合性」と「非排除性」の両方を兼ね備える財を「公共財」と呼び,こうした財では,費用を負担せずに便益を得ようとするフリーライダー問題が起こって市場に任せると過小供給が起こるため,政府による供給が必要である財であると考えられる。このように公共財・準公共財に関しては,市場メカニズムだけでは需給バランスがうまくいかないので,政府により規制を行う,あるいは財を直接供給するなどの政府による市

場への介入が必要である，というのが従来の考え方である。

（2）地球公共財とは何か

　国連開発計画のインゲ・カールらは，前述のような国家か市場かという二項対立による財の供給の観点から国家が公共財を供給すると仮定する概念ではなく，公共財を「公共領域における財」とみなすことにより，公共財の定義と公共性の概念を拡張した。すなわち，公共財と準公共財の両方が公共財である可能性を有し，さらに非排除性があり全ての人々が消費のために入手可能ならば事実上公共財とみなすとした。また何を公共のものと定義づけるか，その役割を誰が担うかに関して，公共のものとして開かれて供給されていく財として，国家・企業・NGO等，誰が供給しても公共財であるとした。

　インゲ・カールらは公共財の概念をさらに拡張し，地球公共財を「すべての国，人々，世代に広がる便益を備えている財」であると定義する。このように国境を越え，人々の性別・人種・言語などの差異を超え，将来にわたる影響をも考慮して供給されるべき財としての地球公共財には，環境・人権・知識や情報・平和・感染症の予防・安定した金融システム等が含まれる。また逆に，他の国や地域などに広まることによって負の影響を与えてしまうような，「地球公共悪」（あるいは「負の地球公共財」）も起こる。環境汚染・人身取引などの国境を越えた人権侵害・コンピューターウイルス・紛争・感染症・金融危機などの例がある。例えば，地球温暖化はすべての国や人々そして将来の世代に負の影響を与える問題である。また，インターネットの発達は人々の知識のあり方やコミュニケーションに変革をもたらし，消費者・市民運動・民主化運動など市民に新たな力をもたらしている一方で，例えば，児童ポルノ画像がインターネットにあげられると，一瞬にして世界中に拡散して

しまい，消すことは事実上不可能となり，被害者が生涯苦しむ事態を招いている。したがって，国際公共政策ではいかに地球公共財を供給していくか，またいかに地球公共悪を防いでいくかが大切となる。

（3）公共性の三角形

インゲ・カールらは，こうした地球公共財の供給を考えていく上において，公共性の三角形という概念を提唱している（図14-1）。公共性の三角形とは，「消費における公共性」，「純便益の分配における公共性」，「意思決定における公共性」を指す。「消費における公共性」とは，従来の公共財の概念と同様であり，財にどの程度非排除性があり，さまざまな個人やグループが消費することが可能かを問題とする。また「純便益の分配における公共性」においては，財を消費するさまざまなグループがどの程度公平に便益を受けとることができるかが問われる。また「意思決定における公共性」においては，公共財の生産・形成・分配に関する意思決定過程に，どの程度関与する人々が参加できるかが問われる。

例えば，金融システムの安定を例にとると，金融システムが不安定に

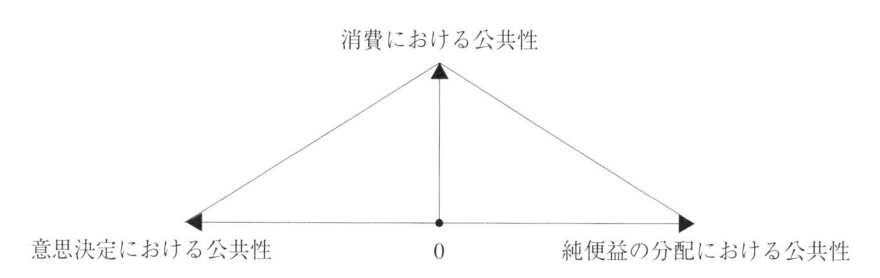

出典：インゲ・カール他編，高橋一生監訳『地球公共財の政治経済学』国際書院，2005，p.39

図14-1　公共性の三角形

なるとその影響は一国内にとどまらず，各国に影響が拡大する。2008年の世界金融危機では米国の投資銀行リーマン・ブラザーズの経営破綻に端を発した株や債券価格の暴落などの金融不安が世界各国に広まり，その後の世界同時不況へとつながった。金融危機が起こると通貨の価値が不安定になり，物価上昇や失業率や貧困率の上昇を招く。また金融セクターの不良債権処理のために多額の税金を投入せざるを得なくなるなど，経済状況の極端な悪化によって通常は金融商品の発達による恩恵を受けていない人々にも広範囲に影響が及ぶ。したがって，金融システムが安定している時には，金融危機がないという意味では金融システムの安定という便益をさまざまな国の個人やグループの人たちが広く受けているということができ，金融システムの安定の「消費における公共性」は確保されているといえるだろう。

　その一方で，金融システムの安定性の純便益がどのように分配されているかという「純便益の分配における公共性」に関しては，高度に発達した金融市場で金融商品に投資したり資金調達したりして実際に便益を受けることができるのは経済的富裕層や先進国や新興国，投資家，企業や基金等に限られ，途上国ではこうした金融市場が未発達な国も多い。しかし，投資から得る利潤などの純便益の分配は限られているにもかかわらず，いざ金融危機が起こると大きすぎて，つぶせない巨大な金融機関救済のために税金が投入されるなど，便益を受けていない市民もその負担を広く支払わなくてはならない。また世界経済危機では，米国の投資銀行幹部らが経営破綻状態にあるにもかかわらず，高額な報酬を受けとっていたことが問題となった。このように，金融システムの安定の便益の分配や金融システムの不安定の費用の分配という点においては必ずしも公正さが保たれているとはいえない。

　「意思決定における公共性」に関しては，世界経済危機前に国際経済

政策協調に関する議論や意思決定の場としては，主要先進国からなる G 8 があった。しかし世界経済危機が起こると，国際金融ガバナンスに関する主な議論や意思決定の場が G 20 サミットに移り，ブラジル・ロシア・インド・中国の BRICS 諸国やその他の新興国を含むこととなった。これは先進国を発端とする経済危機に直面し，従来の主要先進国だけで金融システムの安定について議論や意思決定を行うことは有効ではなくなり，新興国を加えて金融システムの安定をどう確保していくかに関しての議論や意思決定を行う必要性が出てきたためである。主要な新興国にとっては意思決定に参画する機会を得たことになる。

　しかしその一方，世界金融システムの安定を守るための中心的な国際機関である国際通貨基金（IMF）では，加盟国の IMF への出資額に応じて発言権の大きさが決まる「加重表決制」を採用しているため，米国を中心とした限られた主要先進諸国による影響力が依然として強い。世界経済における新興国の相対的地位の上昇にあわせ，新興国の意思決定の機会を増やすために IMF の意思決定を決定する出資金（クォータという）を改正するための改革を行うことが，2010 年に G 20 で議論され合意された。しかし，クォータ改訂には一国で拒否権をもつ米国の賛成が不可欠であり，米国国内で議会の承認が得られないため，IMF 協定を改正するために必要な加盟国の承認が得られず，新興国の意思決定の機会を増やすためのクォータ改革を 2014 年末までに行うことはできなかった。このように，国際金融システムの安定に関しての「意思決定における公共性」には限界があるといえよう。このように，「消費における公共性」，「純便益の分配における公共性」，「意思決定における公共性」という公共性の三角形の概念は，地球公共財の供給のあり方を検討する上で重要な視座となる。

2. 国際公共政策とは

(1) 国際公共政策の分析の射程

　それでは国際公共政策とはどんな学問であろうか。国境を越え，多くの人々や世代を超えた公益を供給するためには，国際的な政策協調に基づいた国際公共政策形成が必要となる。福田耕治は，国際公共政策を「地球規模の諸問題に対して，その解決や制御を試みるための処方箋」であると定義している。問題解決を志向する能動的な公共政策の学問としての特徴は，国際公共政策でも共通している。福田によれば，国際機関を中心に，例えば国際開発政策・国際保健政策などそれぞれの政策領域で国際公共政策が策定されており，これらの国際機関を中心として策定される国際公共政策と各国の公共政策とは補完関係にあるとしている。

　こうした国際機関による政策を国際公共政策の中心とみなすことができる一方，進藤栄一は従来の国内の公共政策をとらえなおし，持続可能な社会に政策公準を求めることに国際公共政策の意義があると論じている。すなわち，グローバリゼーションの中で，現存の制度や政策にどのような変化が求められているかを市民の視点から問い返すグローカルな視点こそが，国際公共政策であると指摘する。地方自治体の男女共同参画や子どもに関する政策が，女性差別撤廃条約や子どもの権利条約の政策実施としてとらえられたり，自治体の多文化共生促進政策が，国境を越えた人権という地球公共財の供給としてとらえられたりすることにより，地方自治体も国際公共政策の分析対象となるといえよう。このように，地球規模の諸課題に対応していくため，国際機関のみならず，国レベルや地方レベルの政策においても常にグローバルな視点をもった，地球公共財の供給を念頭においた政策を策定し実施していくことが要請さ

れているのであり，国際公共政策は国際・国・地方というさまざまなレベルからの分析視座を設定することが可能な学問であるといえる。

（2）国際公共政策過程とは

それでは，国際公共政策過程とはどのような過程なのであろうか。国際機関での政策過程を例とし，10章で学んだ政策サイクルの政策過程――アジェンダ設定・政策形成・政策決定・政策実施・政策評価――から説明する。

アジェンダ設定に関しては，加盟国政府が対処が必要な政策課題だと認めた場合や，WHO における感染症の発生や IMF における金融危機のように，国際機関が担う特定の政策領域において緊急な対応が必要となった場合にそれらがアジェンダとして設定される。また，国際機関ごとに課されているさまざまな通常の任務の一環として国際機関の官僚がアジェンダを設定することも多い。アジェンダ設定には，加盟国や国際機関の官僚のみならず，NGO によるロビーイングや専門家の報告など非国家アクターも影響を与える。このように，国際機関が何らか問題解決のための対応が必要という共通認識ができると，公式にアジェンダが設定される。

その後，加盟国政府の意向を受け，国際機関の官僚によって実現可能な問題解決に役立つ施策やプログラム等の国際公共政策案が立案される。こうした政策形成にあたり，どの程度国際機関の官僚に自律性があるか，どの程度加盟国の政治的意向が反映されるかはさまざまである。そして国際機関の総会や理事会，国際会議等において，正式または慣習的な意思決定の方法により，関与するアクターの必要な合意が得られれば，国際公共政策が決定される。例えば，IMF や世界銀行では，前述の加重表決制を取っており，より多くの分担金を拠出している国がより

多くの投票権を得る仕組みとなっている。国際連合の総会は一国一票制であるが、その一方で、国連安全保障理事会は米国・英国・ロシア・中国・フランスの五か国が常任理事国であり、この五か国のうち一か国でも反対だとほかの理事国の意見にかかわらず決定がなされない拒否権をもつ。このように各加盟国が意思決定に際してどの程度大きな影響力をもつかは、その組織の意思決定方法により変わる。決定された国際公共政策は、国際機関自身が実施することもあるが、加盟国政府や加盟国の地方自治体を始め、企業やNGO等さまざまなアクターにより実施される。

政策評価は、国際機関の評価を国際機関自身が内部評価として行うこともあれば、外部の独立評価機関や専門家が行うこともある。これらの政策評価がどの程度国際機関の政策過程や政策内容の変更へとつながるかは、国内の政策同様にさまざまである。

(3) 国際公共政策過程の特徴と課題

国内の公共政策と国際公共政策にはいくつかの重要な違いがある。まず第一に、国の制度とは違い国際社会には中央集権化した世界政府が存在しない点があげられる。したがって、法に従わない国家を裁くという機能が極めて弱く、罰則により国際公共政策の実施を推進するというメカニズムが働かない中で、いかに人権尊重や環境保護などの地球公共財の供給を推進できるのかが課題となり、国際機関の果たす役割は大きい。

第二に、日本国内の公共政策は、議会・省庁・裁判所などの政治制度や行政組織としての官僚制が高度に発達し制度化した下で、与党や官僚により公共政策が決定されることが多い。一方、国際公共政策では、政策を形成する場がどの程度制度化されているか等にはさまざまな違いが

ある。例えばG20は，G8と主要新興国のクラブ的な集まりであり，首脳会談や関係閣僚会議を開催し，国際経済協調を議論する重要な会合であるがあまり制度化されておらず，開催国が議長となり事務局も開催国が持ち回りで担っている。その一方，国連や連携機関などの国際機関は，憲章や設立協定で定められた組織をもち，加盟国や理事会が意思決定を行うほか，常設事務局が置かれ日常の任務を行政職員である国際公務員が担うなど高度に制度化している。このように，国際公共政策形成の場の制度化の度合はさまざまである。

　第三に，国際機関では，国内の政策過程と比較して「プリンシパル・エージェント関係」がさらに何重にも重層的に存在する。「プリンシパル・エージェント関係」とは，「プリンシパル（行為主体）」が自分たちの意図を実現するためにある政策領域について「エージェント（代理人）」に責任を任せることをいう。日本の場合であれば，国民がプリンシパルとなり，選挙によって選ばれた国会議員をエージェントとして委任している。今度は国家議員がプリンシパルとなり，官僚をエージェントとして委任し，政策形成や政策実施を任せるという構図でプリンシパル・エージェント関係が成り立っている。しかし，エージェントが必ずしもプリンシパルの目的に従って行動するとは限らず，プリンシパルとエージェントとの間に目的や行動の乖離が生じることを，「プリンシパル・エージェント問題」といい，エージェントが，プリンシパルとは違う独自の利益やインセンティブを持ち自己裁量権を持って行動し，プリンシパルの監視が行き届かない時などに起こる。国際公共政策過程では，国内公共政策よりもこうした「プリンシパル・エージェント関係」が重層的に重なることになる。

　例えば，金融危機に際して国が資金不足に陥った際に，IMFから加盟国が融資を受ける場合を例にとると，R．ブリーランドによれば，以下

のような7つの重層的なプリンシパル・エージェント関係が存在する。
1．IMF加盟国の国民→各国政府
2．各国政府→総務会　（加重表決制）
3．総務会→理事会　（加重表決制）
4．理事会→専務理事
5．専務理事→IMFスタッフ
6．IMFスタッフ→相手国政府代表
7．相手国政府代表→国内の政策担当者

まずは国民から委任を受けた政府(1)が各国政府代表に委託して，IMFの最高意思決定機関である総務会が加盟国代表によって開催される(2)。この総務会が行う意思決定はIMF協定の改定など協定が定める事項に限られ，日常のIMFの意思決定は総務会から委任をうけた24か国からなる理事会が行う(3)。これら総務会と理事会では前述の加重表決制を採用している。理事会はIMFの国際機構としての機能を果たすための日常の仕事を専務理事に委託し(4)，専務理事はIMFのスタッフであるIMFエコノミストにIMFの金融支援プログラムや加盟国のマクロ経済状況のサーベイランス等を含む日常業務を委任している(5)。IMFエコノミストは，加盟国からの金融支援の依頼に基づき決定されたIMFの貸付けプログラムの履行を相手国の政府代表に委任する(6)。そして，最終的に政策を実施するのは相手国政府代表から委任されたその国の政策担当者となる(7)。

このように，国際公共政策では幾層にもわたるプリンシパル・エージェント関係が存在することとなる。IMFの例では，主要な出資国である米国の影響やIMFスタッフ，加盟国政府などのより多くのアクターの政策過程への影響が考えられ，国内の公共政策よりも複雑となり，プリンシパル・エージェント問題の監視がより困難となる。

第四の国内公共政策と国際公共政策の違いとしては，国際公共政策過程では，各国政府代表等の国家アクターや国際機関のみでなく，NGO や専門家，企業などの非国家アクターも重要な役割を果たすことがあげられる。例えばアジェンダ設定では，さまざまな場で NGO によるロビーイングや専門家の調査がもたらす情報や知識が，問題の認識に影響を与える。また政策形成過程でも，専門家や NGO による調査報告や解決策の提言が政策案の形成に影響を与える。政策実施においては，例えば開発や保健衛生などの分野で国際機関や先進国政府による援助プロジェクトが直接 NGO に委託され実施される。また企業も，国境を越えた企業活動によって社会や環境に与える影響の大きさから，どのような行動をとるのかが問われており，地球公共財供給に大きな影響を与える。さらに政策評価では，例えば人権に関しては，子どもの権利委員会や国連自由権規約委員会など国連の人権条約の履行状況の審査に際し，NGO は政府報告に対するカウンターレポートを提出し，政府の政策を評価し意見表明をする機会が与えられている。このように，国際公共政策過程においては非国家アクターも重要な役割を果たす。

3. 企業の社会的責任

　本節では，国際公共政策過程で非国家アクターが果たす役割として，「企業の社会的責任（Corporate Social Responsibility 以下 CSR）」に関する近年の国際的枠組みの進展と，2011 年に国連人権理事会で採択された「国連ビジネスと人権に関する指導原則」に焦点をあて，人権という地球公共財供給のために企業に求められている社会的責任について述べる。

(1) 企業の社会的責任に関する国際的ガイドライン

　グローバリゼーションの進展とともに国境を越えて事業を行う企業の役割はますます大きくなっており，企業が自国のみでなくあらゆる国で行う企業活動について社会的責任を果たすことを求めたCSRに関する国際的な指針やガイドラインが近年出されている。例えばISO 26000は，営利企業だけでなく一般的な組織を含めた行動指針として，途上国と先進国両方の政府・産業界・労働者・消費者・NGO・研究者などさまざまなステークホルダーの間での議論を経て，2010年に発行された国際的ガイドラインである。社会的責任を「組織の決定及び活動が社会及び環境に及ぼす影響に対して，透明かつ倫理的な行動を通じて組織が担う責任」と定義し，社会的責任が担う中核的課題を，組織統治・人権・労働慣行・環境・公正な事業慣行・消費者課題・コミュニティへの参画及び発展の7つとし，これらは相互に依存し関連しているとした。企業は自社のみでなく，あらゆる調達先や取引先も含めて与える影響を考慮すべきものであるとして，企業がステークホルダーや社会に対して果たす責任を定めた。さらに2011年には「国連ビジネスと人権に関する指導原則」が国連人権理事会で全会一致で採択され，OECDによる「OECD多国籍企業行動指針」もこうした人権の枠組みを取り入れて改訂された。またEUでは，欧州委員会を議長とし，経営者団体・労働組合団体・NGOなどからなる欧州マルチステークホルダーフォーラムにてCSRの定義が検討されてきており，従来のCSRの定義はこのフォーラムの報告書に述べられている「社会面及び環境面の考慮を自主的に業務に統合すること」というものであったが，木下由香子によればこのCSRの定義をめぐり，自主的なCSRを望む企業と，CSRを義務として企業に課して規制すべきというNGOとの間で対立が続いていたが，欧州委員会が2011年に発表した政策文書「CSRに関するEU新戦略2011－

2014」の中で，「企業の社会への影響に対する責任」と新しく定義され，定義をめぐっての対立は解決をみた。このEU新戦略では，EUは企業に対して社会的責任を果たすために，ステークホルダーと協働して社会・環境・倫理・人権に関する問題や消費者の懸念を企業の事業活動や中核的な戦略に統合することを企業に求めている。

（2）国連ビジネスと人権に関する指導原則

　これら近年のCSRに関する国際的枠組みでは，いずれもCSRの中心の一つに人権への考慮が取り入れられている。これは，ビジネスと人権に関する国連事務総長特別代表であったジョン・ラギー氏により2008年に国連人権理事会に提出されたビジネスと人権に関する保護，尊重，救済の枠組みを取り入れた，いわゆる「ラギーフレームワーク」に拠るものである。この「ラギーフレームワーク」を実施するために2011年に出されたのが「国連ビジネスと人権に関する指導原則（以下国連指導原則）」である。この国連指導原則の特徴は，人権を保護する国家の義務とは別に，独立して人権を尊重する企業の責任を定めたところにある。人権を保護する国家の義務に関しては，国家には自国内での企業などによる人権侵害を防ぐ義務がある一方，自国の企業が海外で行う人権侵害を規制することも禁じられてはいないとし，企業が自国のみならず他国における活動でも人権を尊重することへの期待を国家が表明するよう求めた。

　また企業の人権に対する責任に関しては，自社の企業活動のみならず，取引先の企業をも含めて人権侵害を防止し軽減するために，企業に対し「人権デュー・ディリジェンス」を実施するように求めている。これは，企業が人権への悪影響がないかを自ら取引先の企業を含めて調査して評価し，悪影響が起こる可能性や起こった事実があればそれに対処

する手段をとる等のプロセスを継続的に行うことをさす。これによって先進国の企業は，企業活動を行う進出先の国の人権基準がどうあれ，自社のみでなく取引先の相手国の企業を含めて人権侵害を行っていないかを，幅広いステークホルダーの人権への悪影響を防ぐ観点から評価検討し，問題があれば対応することが求められている。

　こうした人権とビジネスに対する観点や「人権デュー・ディリジェンス」は，前述のISO 26000や「CSRに関する欧州新戦略2011-2014」にも取り入れられている。EUでは，まずは国連指導原則の国内実施をめざして各加盟国が行動計画をたて，その後，海外でも実施していくという二段階のアプローチで国連指導原則にコミットしていくことを，欧州委員会が国連人権理事会で表明している。

　日本ではCSRというと，法令遵守を意味したり，ボランティア・寄附・文化芸術活動の支援であるメセナ活動などの社会貢献活動を指すことが多い。また，企業の環境への影響に関する取組みは積極的に行われているが，人権に対する取組みへの優先度は低いままである。日本の企業にも，たとえ環境や人権の基準が緩い途上国に進出しても，調達先・取引先が与える人権の悪影響まで含めて企業活動が与える影響を監視し，防止し，軽減していくという「人権デュー・ディリジェンス」の実施が求められている。さらに，企業が人権への悪影響を防止し軽減しようとする努力を行っているかの監視については，例えば日本と香港のNGOが協力し，日本のファストファッション企業の中国の取引先の工場での労働時間や労働環境を調べて告発し，それを受けて企業も今までよりもさらに幅広い取引先の労働条件などのモニタリングの強化を打ち出したという例があった。このように企業の「人権デュー・ディリジェンス」の実施状況をNGOや市民がモニタリングしていくことも重要となる。

人権や環境，開発，疾病予防などさまざまな領域において地球公共財を供給していくうえで企業が果たす役割は増大し，その重要性がよりいっそう高まる中，CSR の国際的な枠組みは進展してきており，企業にはこれらの枠組みに基づいた取り組みが求められているといえよう。

引用・参考文献

インゲ・カール他編『地球公共財：グローバル時代の新しい課題』FASID 国際開発研究センター訳，日本経済新聞出版社，1999

木下由香子「EU の CSR 新戦略とビジネスと人権」『アジ研ワールド・トレンド』No. 233（2014.5）

城山英明『国際行政論』有斐閣，2013

進藤栄一編『国際公共政策叢書 1 公共政策への招待』日本経済評論社，2003

福田耕治『新版 国際行政学：国際公益と国際公共政策』有斐閣ブックス，2012

松本恒雄監修『ISO 26000 実践ガイド』中央経済社，2011

Kaul, Inge, and Ronald U. Mendoza. 2003. "Advancing the Concept of Public Goods." *In Providing Global Public Goods : Managing Globalization, eds.,* by Kaul, Inge, Pedro Conceicao, Katell Le Coulven, and Ronald U. Mendosa. New York : Oxford University Press.

Kaul, Inge, Pedro Conceicao, Katell Le Coulven, and Ronald U. Mendosa. Eds. 2003. *Providing Global Public Goods : Managing Globalization.* New York : Oxford University Press.（インゲ・カール他編，高橋一生監訳『地球公共財の政治経済学』国際書院，2005）

Vreeland, James Raymond. 2003. *The IMF and Economic Development.* New York : Cambridge University Press.

15 | 行政統制と政策責任

西尾　隆

《目標＆ポイント》　市民の立場から行政の舵取りをし，政策責任を問うことは行政学・政策学の実践的な課題である。最終章では，行政への期待のタイポロジーを基礎に行政統制・責任の類型を整理し，説明責任と公務員倫理の議論をとおして，応答的で責任ある行政を実現するための方策を考える。
《キーワード》　無責任の倫理，行政責任論争，政治的責任と機能的責任，アカウンタビリティ，市民性，対市民規律，公務員倫理

1．統制と責任の関係

　最終章のテーマは行政統制と政策責任である。行政活動に関して責任を負うのは内閣や官僚機構，あるいは政治家や行政官であるが，問責の最終的主体は政府に信託している市民である。政治行政の主体がいかに責任感をもって業務を遂行しているように見えても，市民の側に監視の意志と統制の手段がなければ，権力を保持する政治家や行政官は簡単に腐敗し，市民の意思から逸脱しかねない。その意味で，統制論・責任論の基礎にあるのは政治行政と市民の関係である。
　行政学のテキストでは内外を問わず，最終章に責任論を置くのが一般的である。実際のタイトルは，行政統制，アカウンタビリティ，行政評価，公務員倫理などさまざまだが，行政の制度と政策過程の諸相を説明した上で，最後にもう一度政府の活動を民意に近づけ，責任を確保するための実践的な方策を考えようとしている。本章では，行政統制と政策責任という多面的なテーマを基本に立ち返って考察し，市民の視点から

現代の政府が直面する諸課題の解決に役立つ議論を行いたい。

（1）ガバナンスへの期待の諸相

　行政，あるいはガバナンスのあり方は，そのステークホルダーである市民，公務員，政治家，その他社会集団の「期待」の関数といえる。例えば，安全で快適な住環境を維持するために建築基準法の必要性を否定する者はいないが，地価の高い都市部では開発業者も施主も法令のごく緩やかな執行を望みがちである。マンションの耐震偽装問題は論外としても，安全に直接影響しない限り，建築基準法の逸脱は一般的とさえ言われる。車の制限速度や長時間労働など，ルールの厳格な適用への人々の期待が弱ければ実態もそうなりがちである。というのも，行政とは市民との有機的な関係性の中で作動するからである。

　行政責任のあり方を左右する人々の期待は，立場や状況により，国や地域により，さらに時代によっても大きく変動するため，期待の基本的なタイプを類型的に把握することが課題となる。C．フッドによれば，行政への市民の期待は概ね次の3タイプに分類しうる。

　①効率性，経済性（efficiency, economy）
　②公正，正直さ（fairness, honesty）
　③強靭さ，復元力（robustness, resilience）

　第1のタイプは，行政には政治が決定した政策をできるだけ効率的に実施することが期待される，というものである。米国ではこの考え方が根強く，スリムな政府による効率的な行政運営は正統派行政学の基本理念であった。またM．ウェーバーが政治家と対比する行政官像も，没人格的な機械のイメージでとらえられる。すなわち，公務の遂行では愛憎などの感情的要素を排除した技術的な卓越性が重要であり，官吏自身は価値判断をすべきではないとされる。「官吏として倫理的にきわめて

優れた人間は，政治家には向かない人間，とくに政治的な意味で無責任な人間」だとして,「無責任の倫理」と呼ぶべき逆説を論じている。

第2のタイプは，行政に公正，正直さ，透明性などの倫理的価値を期待するもので，適正手続や市民合意の尊重などが焦点となる。1970年代の米国ではこれらのテーマが争点化して，情報公開法や政府倫理法が制定され，日本でも1990年代にこのタイプへの期待が強まった。この時期は相次ぐ官僚の不祥事により行政の信頼回復が急務となり，行政手続法，国家公務員倫理法，情報公開法が制定された。

第3のタイプは，行政に実質的な公助の力を求めるもので，災害や危機に直面した際の強靭さや復元力への期待を基礎とする。この場合，効率性や手続的正義よりも，市民生活の安全を支える行政固有の力量が問われ，その結果が手段を正当化する傾向をもつ。震災後の行政に求められたのはこのタイプといってよく，それは警察・消防・自衛隊への強い期待と，救援活動への評価に示された。こうして市民の行政に対する期待は状況により変動し，相互に対立することも少なくない。

（2）統制と責任のあいだ

ここで責任と統制の概念とその相互関係を整理しておきたい。まず，矛盾を内包した行政への3つの期待は，さまざまな経路を経て行政の現場に届く。それらは法令や予算，大臣の指示などをとおして官僚組織と職員個人に伝わるが，この場合は「行政統制」の概念が当てはまる。他方，個々の職員が研修などをとおして，あるいは組織内での社会化や市民接触などをとおして内面的な規律を形成する局面もあり，この場合「行政責任」ないし「公務員倫理」の語が妥当する。しかし行政の責任が「追及」される場合，内閣・首長・議会などの政治責任と無縁ではありえず，本章の表題には「政策責任」の語を使った。薬害であれ原発事

故であれ，市民が問うのは政府の政策責任であり，「国家賠償」の観念もここに基づく。すなわち，仮に原因が特定の職員の過失にあっても，政府として責任を負い，補償するという考え方である。

だが，官僚制や職員の行動は外部からの統制や内面的な責任意識を含め，多様なファクターの総和として現れるため，統制と責任の明確な区分は困難である。留意すべきは，統制と責任がしばしば裏腹の関係に立つ点であろう。この関係を細かく見ていくと，外からの統制を強化することで行政の逸脱行動が減少し，応答性が高まる場合があり，そこでは統制と責任は相互補完的な関係に立つ。例えば情報公開が制度化することで透明化の精神が官僚制内に浸透し，情報開示が定着していくようなケースである。他方，外部からの統制強化が行政の裁量の余地を失わせ，職員の自発的な責任感が阻害されるケースも考えられる。研修などでは「指示待ちタイプ」が否定的に語られるように，むしろ職員に自由を与え，目標と手段の組み合わせを考えさせることが，公務員の責任回避行動を阻止する契機となることも少なくない。前章で論じた「責任ある柔軟性」や，地方分権の意義もこの原理に基づく。

統制と責任の関係を図式化して示すと図 15-1 のようになる。すなわ

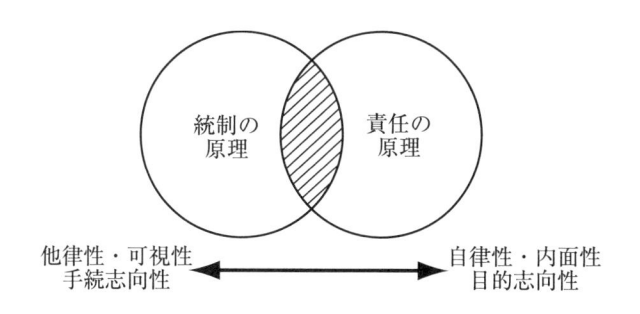

図 15-1　統制と責任の関係イメージ

（他律性・可視性・手続志向性 ←→ 自律性・内面性・目的志向性）

ち，統制の原理と責任の原理は重なり合う2つの円に譬えられ，中央の斜線の部分では，統制の強化と責任の確保が相互補完的に両立する。一方，左側の白い部分は，強すぎる外部統制が職員の事なかれ主義や法規万能などの官僚制的無責任を生むような場合である。逆に右側の白い部分は，官僚機構や職員の自由度が増して「自律的責任」が拡大する半面，独断に陥る危険が高まるような場合である。

　学説史をふり返ると，行政への政治的統制を強調する立場と，行政の自律的な責任を強調する立場がしばしば対立してきた。代表的なものとして，H. ファイナーとC. フリードリッヒによる1940年代の行政責任論争がある。ファイナーは，行政責任の公式とは，「XはYという行為に関してZに対して説明しうる」(X is accountable for Y to Z) ことにほかならず，問責者Zと政策主体Xが同一であれば責任の確保は保障されないと論じた。これに対しフリードリッヒは，行政の専門化・高度化により伝統的な議会統制が十分機能しなくなっているため，新しい責任原理として，専門家集団への応答（客観的・機能的責任）と民衆感情への応答（主観的・政治的責任）が求められると論じた。

　この論争には決着がついたわけではなく，ファイナーの回顧的な統制論とフリードリッヒの展望的な責任論とが，互いに相譲らずに戦わされた論争だとも論評された。日本での受け止め方も多様であったが，日米の決定的な違いは，米国ではファイナー的な官僚制への議会統制・司法統制の伝統の基礎の上に，フリードリッヒの新しい責任原理が提唱されたのに対し，日本で行政への民主的統制の必要性が本格的に議論され始めたのは，ごく最近のことだという点である。

（3）日本官僚制と行政責任

　ここで，先に紹介した行政への期待の3類型と関連づけるならば，戦

前の日本官僚制は政党や議会からの統制が弱かったにもかかわらず，効率や廉潔性において自己規律は比較的高かったととらえられる。また，結末は戦争による国家の破綻に終わるが，「天皇の官吏」に対する臣民の期待と依存心は大きく，近代化の推進主体として人々が頼もしさを感じていたことも否定できない。戦前の政府の性格自体は「抑圧的政府」であったが，いわば官僚制の「無謬性神話」の上に，行政の自律的な責任原理が形成されていったと考えられる。

　戦後，天皇の官吏は「全体の奉仕者」となり，タブーは消失して行政への批判は日常化した。だが，戦後復興と経済成長という成果は，新しい国家目標の実現に向けて無定量に働く官僚イメージにも支えられ，行政に民主的統制を加える契機を失わせる。その結果，財源の拡大を背景に，官僚制が中心となって政策展開を進める「自律的政府」が成立した。そして，「政による官の統制」が具体的な争点として持ち上がるのは 1980 年代以降であった。80 年代は行政の「効率性」が強調され，政府のスリム化を目指した臨調行革により 3 公社の民営化が実現した。90 年代に入ると官僚のスキャンダルへの対応として，改革の焦点は「透明化」にシフトし，「公正さ」を高めるべく公務員倫理の確立に向けた法整備が進んだ。2000 年以降は政治主導で再度「小さな政府」の路線が敷かれるが，景気の低迷と 2011 年の大震災により，行政の「復元力」と力強さへの期待も高まっている，と要約できよう。

　こうして，市民の期待の変化によって，行政責任のあり方もシフトしてきた。そのプロセス全体は，戦前の「抑圧的政府」から戦後の「自律的政府」を経て，「応答的政府」に脱皮しつつあることを物語っている。以上の点に留意しながら，行政統制と責任の類型を考えていきたい。

2. 行政統制・責任の類型

　行政統制・行政責任に関してはいくつかの類型が示されているので，まずその代表的なものを紹介する。続いて日本では近年まで重視されてこなかった「アカウンタビリティ」(説明責任)の概念を明らかにし，その延長上で国会による行政統制の意義について考えたい。

(1) ギルバートの4類型

　行政統制・責任論の古典的なものとして，C. ギルバートによる4類型を紹介しておく。これは，内在的－外在的（internal－external）と制度的－非制度的（formal－informal）の2軸の交差によるもので，表15-1は4タイプの責任確保の方法を例示したものである。

　外在的とは，問責の主体が行政機関の外に位置する場合であり，そのうち制度的なものは，議会・内閣（自治体では首長）・裁判所による統制が代表的なものである。非制度的なものとして，フリードリッヒの指摘した専門家集団への応答，市民や関連団体からの圧力，メディアによる報道や批判などがあげられる。

　内在的とは，問責主体が行政内部にある場合で，このうち制度的なも

表15-1　行政統制・責任の4類型

	制度的	非制度的
外在的	立法統制／議会への応答 内閣・首長による統制 司法統制	専門家集団への応答 市民・関連団体からの圧力 メディアの報道・批判
内在的	大臣等による指揮命令 官房系組織による統制 政策評価・会計検査	同僚からの評価 公務員倫理 プロフェッショナリズム

のとして，大臣など政務三役による指揮命令，官房系組織により人事や予算など資源配分の観点から行われる統制，総務省による政策評価，および独立性は高いが同じ行政機関である会計検査院による統制もここに加えた。非制度的なものとしては，同僚からの評価，公務員の倫理観やプロフェッショナリズムをあげることができる。

　表15-1は，行政の側から見れば応答すべきアクターや対象を確認するためのチェックリストであり，市民など問責主体からいえば統制手段確認のためのリストといえる。4類型の境界はあくまで暫定的な線引きに過ぎず，例えば大臣による指揮命令は，各官庁の「住民」である職員の意識では外在的な統制と感じられるかもしれない。また専門家集団への応答は外在的であるが，その内面化から生まれるプロフェッショナリズムや職業倫理との境界線は滲んでいる。

　なお，表中の表現が「統制」「命令」「圧力」「批判」「評価」「応答」などと多様であるが，ギルバートは外在的・非制度的責任に「市民参加」や「草の根民主主義」をあげているように，実際にはさらに多様な統制ないし応答の形式が存在している。この表はまた，行政統制手段の重心が国によってどのように異なるか，あるいは時代とともにどのようにシフトするかの確認にも役立つであろう。総じて相互性が支配する日本の官庁では，職員は同僚の評価に最も影響されやすく，逆に外部からの問責や批判への応答は二次的であった。その意味からも，近年アカウンタビリティが重視されてきた経緯をみておく必要がある。

（2）アカウンタビリティの概念

　「アカウンタビリティ」はファイナーの公式にあるように，英語圏では「責任」の核心に位置する概念である。それは外在的・制度的統制に基礎を置きつつ，問責に対する行政の側の応答責任を包含し，市民と行

政の対話を重視する。しかし，日本では1990年頃までは言及されることはごく稀であり，「現代用語」の項目に登場したのも90年代後半であった。それ以前は会計検査の文脈で「会計責任」「予算責任」と訳され，また行政行為の客観的な根拠を示すという意味で「法的責任」とも訳されてきた。最近は「説明責任」と訳されるのが一般的だが，従来の「行政責任」と対比した場合，どこが異なるのだろうか。

　まず，問責主体の外在性・異質性があげられる。外在性は程度の問題だが，同じ省庁内の官房系組織よりも，総務省や会計検査院によるチェックの方が，さらに霞が関の中よりも内閣や国会の方が，より外部に位置し，問責 − 応答内容の透明度も高い。異質性も程度の問題で，同じ行政官よりも政治家によるチェックの方が問責の厳しさは強く，あるいは同じ行政機関ではあっても司法試験組の検察による司法的チェックの方がより異質で効果的だと考えられる。さらに歴史による審判，自然からの挑戦も評価の一種ととらえるならば，より外在的で異質な主体による統制とみることができる。原子力発電の是非については，科学的・政治的な決着はついていなかったが，2011年3月の福島原発事故によって根源的な批判を受けたことは疑いない。

　次に，アカウンタビリティは応答形式において客観性を求める。一般に問責に直面した行政の側は，陳謝，弁明，関係者の処分，長の辞任，国家賠償など多様な方法で応答を試みるが，アカウンタビリティが要求する第一のポイントは，客観的でわかりやすい「説明」である。上述の会計責任，予算責任，法的責任はいずれも数字や法規という客観的基準に即した応答形式であり，「深い反省」や辞任といった主観的な行為では代替できない。また言葉による説明であっても，大多数の市民が納得するような場合は「間主観」に即した応答と解釈しうる。

　第3に，問責者と応答者の対等性をあげておきたい。理論上は誰でも

行政活動を批判し問責しうると考えがちだが，丸腰の市民が権力・情報・専門知識で武装した官僚制に向き合い，説明を求めるのは容易なことではない。情報公開や行政手続などの制度が保障されてはじめて，市民は行政の説明責任を問いうるといっても過言ではない。実際，アカウンタビリティという言葉自体が市民に「知る権利」を認識させ，その有力な武器となったことに留意すべきである。

（3）国会による行政統制

ここで，行政統制の重要な柱であり，アカウンタビリティと深く関連する国会の行政統制について見ておきたい。山谷清志によれば，アカウンタビリティには「政治的」「憲政的」「法的」「行政的」「専門的」「管理的」「政策的」の7タイプがあり，どの主体がどのタイプに関していかに評価をするかという戦略が重要だと指摘する。国会は政治的にも憲政上もさらに政策面でも，行政統制において特段の地位を占める主体である。にもかかわらず，その権力の実態は形骸化していた。

国会両院の予算委員会は，内閣が提案する予算案の全体にわたって，また決算委員会は過去の全支出項目について，多角的に説明を求めることができる。決算委員会に関しては，事後評価の重要性に鑑み，1998年に衆議院が決算行政監視委員会と改称し，参議院では別に行政監視委員会を新設した。この時期は民主党が「行政監視院法案」を提出するなど行政統制の強化が大きな争点となり，参議院では行政監視委員会にオンブズマン的（国政監視と苦情処理）機能も付与された。だが，こうした議論の根本にあった認識は，憲法62条が両院に保障する国政調査権の発動が著しく弱いという現実であった。

議院証言法では，両院は証人に出頭，証言，書類の提出を求めることができるが，証人が広義の公務員の場合，所属機関が拒む場合はこの限

りでないとし，議院がさらに要求する場合は内閣の判断によることとされている。これでは，最終的に「国権の最高機関」たる国会の優位を否定するものとなりかねない。しかも実際の運用では，国政調査権の発動に委員会理事会における全会一致の決議を必要とするため，内閣の判断以前の段階で調査権の発動が簡単に阻止されるのである。

国会を構成するのは個々の議員であり，数として与党議員が多いだけでなく，元官僚はその中の大きな勢力であり，それ以外にも官僚機構を利益の源泉ととらえる政治家は少なくない。さらに，衆議院の委員会調査室長の多くは関係省庁からの出向者で占められ，国政調査権の弱さは議員の意志だけでは克服できないものとなっている。

こうして見てくると，国権の最高機関をもってしても容易になしえなかった行政情報の開示が，2001年の情報公開法により市民の手で可能となったことの意義はきわめて大きい。行政の監視と統制において，国会が市民の後塵を拝することがないよう，憲法が規定する本来の行政監視の役割を果たすことが求められている。

3．公務員の規律と倫理

ここまでは，主に行政統制の重要性を軸に論じてきた。だが，行政責任が公務員自身の規律や内面的な倫理観により確保されることも事実である。統制とは舵取り（ステアリング）以上のものではなく，行政が自発的に社会問題の解決に対処していくためには，その推進力として個々の職員の使命感や情熱が不可欠である。

行政倫理の徳目を列挙すれば，廉潔性，誠実さ，公正さ，敬意，熱意，献身，能率，有効性などがあげられるが，欧米の研究者はそれらすべての基礎に「勇気」が横たわっていると指摘する。実際，官僚制が陥

りがちな事なかれ主義，形式主義，先例踏襲といった病理を打破し，公務員法が掲げる「公務の民主的かつ能率的な運営」を実現するためには，言葉の素朴な意味での勇気がなければいかなる制度も統制も有効に働かない。その意味で，職員の内面の心理に分け入って考察する必要があるが，紙幅の制約もあり，ここでは近年の日本官僚制の問題点を規律と倫理という観点から検証することにしたい。

（1）公務員の規律・倫理と政治

　まず，公務員の規律・倫理には，利害関係者との接触など一定の行為の禁止という消極面と，公正さや献身など一定の徳目の奨励という積極面がある。また，規律と倫理を確保するためには，制度整備の側面と個人の自覚に関する側面とがある。米国は倫理制度化の先進国といってよく，1978年に公務員の利益相反の禁止や資産公開などを内容とする政府倫理法を制定している。他方，アメリカ行政学会（ASPA）は1984年に「倫理綱領」(Code of Ethics) を採択し，学会員でもある多くの実務家の行動規範となってきた。全32項目の5つの柱は，「公益への奉仕」「憲法および法の順守」「個人の廉潔性」「倫理的組織の構築」「専門的な卓越性の保持」となっている。詳細な規定からなる政府倫理法と対比すると，公務全般にかかわる理念を高く掲げることで，倫理的徳目の積極的な実現を目指していると見てよい。

　日本では1990年代に官僚の接待汚職などの不祥事が続発し，公務員倫理の確立が大きな議論となった。96年には収賄罪で厚生事務次官が起訴されるに及び，職員倫理規定の制定で規律の強化が図られた。だが，その後も汚職事件の発生は終息せず，内部的な対応では不十分なことが明らかとなった。さらに，汚職以外にも構造的な天下り慣行への批判が過熱し，公務員改革が政治の日程に浮上する。こうして「倫理」法

制化への強い抵抗感にもかかわらず,内閣も倫理法制の整備を確約し,1999年に議員立法により国家公務員倫理法が制定された。

これにより,利害関係者からの贈与や供応接待が制限され,審議官級以上には株取引の報告義務も課せられた。また,その履行のための第三者機関として,人事院に国家公務員倫理審査会が設置されている。同法は憲法が定める「全体の奉仕者」という公務員の理念の実現に対し,公務員法を補完する以上のものではないが,国会の不断の監視を欠けば公務員の規律が簡単に地に落ちることを物語るものであった。

この公務員倫理の法制化は,政治による官僚制統制という文脈で理解されることが多いが,杉田敦は「民意を反映している政治」と「民意を反映していない官僚制」という構図の問題性を指摘する。というのも,政治が行政のなすべきことをすべて決定し,行政は政治の「手足」として単にその決定を実施しているわけではなく,未知の課題については行政も「手探り」で動き,時には目となり耳となって情報を集め,変化する状況を考えつつ行動するからである。その意味で,政治も官僚制も「それなりに民意を反映している」ことになり,政府内における両者の「自己内対話」が必要になってくるという。したがって公務員には,個人として,専門職業人として,さらに政府の一員として,3次元での自己内対話が求められているのである。

(2) 公務員の市民化と世論

公務員倫理法制定の意義は,「公務員の市民化」というテーマとも密接に関係している。公務員に求められる「市民性」(civility) とは,職員がふつうの生活者の感覚をもち,世間の常識・良識からかけ離れず,自分たちが特別な存在などと考えないという,ごく当たり前の感性を指す。2002年12月に第1回国家公務員倫理週間の標語として,次の作品

が最優秀に選ばれている。

「見つめてみよう　あなたの常識　あなたの倫理」

ここには問題の本質が倫理や道徳といった次元というよりも，市民常識を逸脱した接待や利益提供を受けないという「センス」の有無にあることが示されている。しかし，戦前から持続する高級官僚の特権意識は，難関の試験により選抜されたエリート集団が無定量に働く職場慣行とも相まって，市民とかけ離れた感覚を生む温床となってきた。その意味で，平等の感覚に基礎をおき，いかなる他者をも決して軽蔑しない意志に裏打ちされた「市民性」の確立こそ，公務員倫理法の制定を機に動き始めた職員の内的な変容といえる。

2000年4月の公務員倫理法施行に続き，翌2001年度から情報公開法が実施されたことも無関係ではない。これらは「全体の奉仕者」たる公務員に対し，市民的な規律と常識を求め，情報の開示や説明を求めるという意味で，共通の考え方に立っている。すなわち，明治以来職員に期待されてきた規律とは，実は組織内的な域を出ておらず，1990年代に公務員への市民からの要求が具体化し，争点化したということができる。この「対市民規律」とは，敗戦後に辻清明が「対民衆官紀」として指摘した日本官僚制に欠落している徳目の現代的表現といってよい。それは職員個人の内面的な倫理の問題であると同時に，行政に対する外在的統制が働いてはじめて定着していく制度的なものでもある。

公務員倫理が争点化した時期の政治行政の動きを詳しく観察すると，ミクロには各省庁，内閣，与野党それぞれの対応があるものの，マクロには過剰ともいえるメディアの報道・批判と，公務員に規律保持を求める世論が後押ししたと考えられる。「世論」に関しては，フリードリッヒが応答すべき対象として論じた「民衆感情」という積極面と，W. リップマンが「人は見てから定義せず，定義してから見る」としてその

ステレオタイプ化を批判した消極面があるように，評価は分かれ，内容の特定も容易ではない。特にメディアによる公務員バッシングは選挙の争点ともしばしば連動し，公務員制度改革へのエネルギーとなる反面，その方向の妥当性に疑問を感じさせる場合もあった。

しかし，日本近現代史の視野から眺めるならば，明治期の抑圧的政府が戦後自律的政府にシフトし，1980年代以降改革を求める世論に後押しされて応答的政府に変容してきたことは明らかである。確かに「世論」の内容は，無駄の排除，特権の打破，規律・倫理観の強化，能力の向上，サービスの充実など，相互に矛盾する契機を含み，気まぐれな展開を示す場合もある。だが，情報公開と表現の自由が進んだ現在，世論の中に人々の「集団的英知」が含まれていることも否定できない。それは風に譬えるならば，一時的な突風やつむじ風から区別された偏西風のような安定した意見の動向であり，その要素を慎重に聴き分け，対話を重ねていくことが今後の公務員倫理の核になると考えられる。

(3) 公務員個人の責任とディレンマ

最後に近年の事例から，公務員の個人責任というテーマについて考え，この講義のまとめに代えたい。行政統制も政策責任も多面的な概念であり，問責と応答の形式もきわめで多様である。だが，公務員は組織の一員として職務を遂行するため，業務内容に関して個人責任を問われることは稀である。政策の失敗例は数多く存在するが，失言で閣僚が辞職し，失政で内閣が交代することはあっても，職業公務員が直接に個人責任を問われることは基本的にない。市民が受けた損害は国家賠償の対象となり，公務員個人は守られる。しかし，薬害エイズのケースでは当時の厚生省課長が司法の裁きを受けることになった。

薬害エイズとは，1980年代まで血友病患者の治療に使われていた非加

熱の血液製剤をとおして多数の HIV 感染者やエイズ患者を出した事件であり、フランスをはじめ欧米諸国でも大きな問題となった。だが、日本では安全な加熱製剤の開発後も非加熱製剤が 2 年以上流通したため被害が拡大し、患者からの民事訴訟に加え、1996 年に薬を投与した医師、製薬会社の幹部、厚生省薬務局の生物製剤課長が逮捕・起訴されるに至った。そして医系技官であった当時の課長は、非加熱製剤を回収しなかったという「不作為」に関し業務上過失致死の罪に問われ、2008 年 3 月に最高裁判所で有罪が確定したのである。

　判決文は、薬害発生の重大な危険が認められる場合、問題の中心に位置する所管の課長は法律上の強制監督措置だけではなく、行政指導も含めて任意の緊急措置により薬害を防止するべきであったとし、その責任を免れないと判じた。政治的には、民事訴訟に関して 1996 年に当時の菅直人厚生大臣が患者に謝罪し、和解が成立している。大臣や次官・局長クラスも含め、司法の場で個人責任が問われたのは皮肉にも同課長のみであった。この事件は、行政が高度化・専門化する中での公務員の責任、フリードリッヒの唱えた「機能的責任」、天下りを含めた業界と監督官庁の関係、組織の方針と担当者の判断など、数多くの論点を含んでいる。藤田由紀子は、イギリスでは薬害エイズが最小限で食い止められたのに、日本ではなぜそれができなかったのかを問い、公務員制度上の問題点として、医系技官の自律性の弱さ、能力向上の機会の少なさ、専門性より行政実務の能力が求められる組織慣行、薬務局長―課長ラインの機能不全などの問題を指摘している。

　公務を見渡すと、医療のみならず、原子力行政から食の安全まで、市民の安全安心に直接責任を負う業務は増え続けている。原発の是非は高度の政策イシューであり、薬害の場合はマネジメント（中間管理）レベルの判断だが、11 章で紹介したように、航空管制という現場のオペレー

ション段階のミスでも刑事責任は問われうる。政策のあらゆるレベルで制度的・組織的な課題は多々あるとしても，最後は一人の職員の責任感と判断力が安全の砦であることが少なくない。行政への外在的統制の重要性もさることながら，公務員個人の内在的・自律的責任の重要性は，いくら強調してもし過ぎることはないだろう。

　裁判になった事件の背景を見ていくと，個々の職員は安全だけでなく，効率性，迅速性，組織内手続，上司や同僚からの評価，相手方との関係など，相矛盾するさまざまな期待・要請・圧力の中で一つひとつの判断を下していることが明らかとなる。このディレンマを理解せずして公務員の責任について語るわけにはいかない。行政の統制と責任について学ぶ者にとって，あるいはその当事者にとって，ディレンマの中にこそこの学問，この職業の困難と重要性があり，またその醍醐味もあるように思われる。

参考文献

M．ヴェーバー，脇圭平訳『職業としての政治』岩波文庫，1980
杉田敦『政治的思考』岩波新書，2013
西尾隆「行政統制と行政責任」西尾勝・村松岐夫編『講座行政学 6 市民と行政』有斐閣，1995
西尾隆「公務員制度改革と世論」『季刊 行政管理研究』143 号，行政管理研究センター，2013 年 9 月
西尾勝『行政学の基礎概念』東京大学出版会，1990
日本行政学会編『年報行政研究 33 行政と責任』ぎょうせい，1998
藤田由紀子『公務員制度と専門性―技術系行政官の日英比較』専修大学出版局，2008
山谷清志『政策評価の実践とその課題―アカウンタビリティのジレンマ』萌書房，2006
C. Hood,"A Public Management for All Seasons？" in *Public Administration*, vol. 69, spring, 1991.

索引

●配列は五十音順，＊印は人名を示す。欧文は末尾にまとめた。

●あ 行

アウトカム　173
アウトソーシング　39
アウトプット　173
アカウンタビリティ　255, 257
アクター（行為主体）　161
アジェンダ設定　162
足による投票　228
アバーバック，J. D.＊　98
天下り　111, 121, 259
アリソンの理論　185
意思決定　163
意思決定における公共性　235
一党支配体制　70, 97
医薬品のインターネット販売　19
インクリメンタリズム　128, 170
インプット　173
ウィルソン，W.＊　16, 22
ウェーバー，M.＊　29, 109, 249
ウェストミンスターモデル　99
受け皿論　91
運命論型　23
衛生要因　117, 123
応答的政府　253
オープン・キャリア・システム　119
おそい昇進　133
オンブズマン　257

●か 行

概算要求基準　190
概念と実践　12
外部化　39

外部不経済　47
開放型任用制　119
科学的管理法　31, 129
加重表決制　237
割拠主義　109
家庭医　212
ガバナンス　39, 40, 100, 192
官治集権　82
官治集権体制　65, 84
官房学　30
官房系組織　105
官民協働　132
管理学　14, 127
官吏制度　32, 112
官僚主導　102
議院証言法　257
議員提出法案　186
機関委任事務　80, 91, 215
危機管理　141
企業の社会的責任　243
機能的責任　252, 263
基盤政治　87
基本構想　224
級別定数　117
共助　62, 87
行政（定義）　37
行政委員会　108
行政改革会議　103, 115
行政監視委員会　257
行政国家　31
行政指導　263
行政責任論争　252

行政法学　33
行政倫理　258
協働　65, 73, 229
共同体型　23
協働の規範　68
協働領域　72
グッドナウ, F.*　67
国地方係争処理委員会　91
クローズド・キャリア・システム　119
グローバリゼーション　231
計画　219, 222
景気の安定化　45
経済財政諮問会議　104, 190
決定アジェンダ　165
現場　192, 216
現場型アプローチ　20
公益　146
公害防止協定　222
高額療養費制度　210
公共管理（public management）　27
公共財　10, 36, 45, 48, 233
公共性　12
公共政策　145
公共性の三角形　235
航空管制官　194
公助　62, 87
構造改革特区　58
高等文官試験　113
公と私　10
公募型人事　134
公募制　137
公務員制度調査会　115
公務員の規律・倫理　259
公務員の個人責任　262

合理的行為者モデル　168, 185, 189
合理的選択論　169
国際公共政策　238
国際公共政策過程　239
国際通貨基金　237
国政調査権　257
国民皆保険　211
国連ビジネスと人権に関する指導原則　243, 244
55年体制　70
個人主義型　23
国家アクター　231
国会答弁資料の作成　184
国会による行政統制　257
国家公務員制度改革基本法　115, 116
国家公務員倫理法　260
国家戦略特区　60
国公準拠　124
コモンズ（共有地）の悲劇　28
混合型（hybrid type）　24, 136
混合診療　211
混雑料金　47
コンセンサス　71, 182, 187

●さ　行
サブシステム　194
参加　72, 215, 223
三権分立　33, 97
三位一体改革　92
シーリング　190
資格任用制　67, 113
指揮監督権　103
事業仕分け　191
資源　152

自己内対話　260
自己負担率　213
自助　62, 87
市場の失敗　36, 45
システム・アジェンダ　164
事前審査　97
自治事務　91
自治体計画の構造　225
自治体政策　214
実験可能性　216
執政　98
執政部（executive branch）　33, 42
質問主意書　185
指定管理者制度　53
私的財　233
市民　62
市民参加　73, 228
市民社会　39, 61, 62
市民性（civility）　63, 260, 261
社会関係資本（social capital）　77
社会的入院　209
社会保障目的税　202
集権と分権　83
住民自治　82
首相秘書官　105
首相補佐官　105
準公共財　37, 233
順次回覧型　181
純便益の分配における公共性　235
少子化対策　79
情実任用制　113
焦点化する出来事　166
唱道連携グループ　174
唱道連携フレームワーク　161, 174

消費における公共性　235
情報公開　228
情報公開法　181
情報なければ参加なし　228
職能（サービス）国家　31
職務給　123
書斎型アプローチ　19
所得の再分配　45
自律的政府　253
自律的責任　252
新規開発　141
人権デュー・ディリジェンス　245
新公共管理　16, 37
人事院　114, 117, 260
人事院勧告（人勧）　106, 123, 180
人事評価　118, 134
人的資源管理（Human Resource Management）　118
森林政策　158
垂直分権　91
ステークホルダー　249
ストリートレベルの官僚（制）　172, 194
スポイルズ・システム　113
生活者　66
生活保護　215
政官業　157
政官協働　70
政策科学　150
政策学　14
政策型思考　138, 151
政策共同体　187, 194
政策形成　35, 98, 114, 163
政策サイクル　161
政策再編　217

政策サブシステム　174
政策志向　150
政策システム　193
政策実施　164
政策的自立　222
政策転換　154, 189
政策の執行過程　191
政策のタイプ　148
政策の流れと手続　180
政策評価　164
政策評価法　39
政治　28, 71
政治行政手続　180
政治行政の「二分論」　67
政治主導　116
政治的官僚　99
政治的行為　125
政治的責任　252
政治的中立性　113, 124
政治的有効性感覚　13, 90
政治と行政　66, 96
政治任用　113
制度　155
制度学　14
制度型思考　152
制度政策　149
制度的アジェンダ　165
政府（ガバメント）　41
政府間関係論　78
政府内政府モデル　168, 186
政府倫理法　259
政務三役　99, 101, 102
政務調査会　97, 187
世界金融危機　231

責任ある柔軟性（responsible flexibility）　219
セクショナリズム　102, 109
世代間格差　205
説明責任　256
選挙　67
漸増主義　128
全体性　221
全体の奉仕者　69, 112, 114, 260, 261
戦略的思考　152
早期勧奨退職　121
総合行政　219
総合性　216
相互性（mutuality）　24, 71, 134
総定員法　106
争点化　19
創発　188
族議員　97, 184, 187
組織過程モデル　168, 186
組織文化　136

●た 行
第一線職員　194
対市民規律　261
大臣補佐官　105
第 2 次臨時行政調査会（第 2 臨調）　38, 115
タクシーの参入規制　57
多目的政府　88
単一目的政府　88
団体委任事務　80
団体自治　82
地域ガバナンス　93
小さな政府　32, 197, 253

地球温暖化現象　46
地球公共悪　234
地球公共財　232
地球的規模の課題　232
地方自治　81
地方分権改革　90
中央－地方関係　84
庁議　106
調整　104, 226, 227
超然内閣　69
町内会　65
辻清明*　181, 215, 261
ディレンマ　196, 264
適格性審査　117
出来高払い　211
天皇の官吏　69
転用　140
電力事業法　187
電力自由化　189
動機づけ要因　117, 118
統制の規範　67, 70
同輩者中の首席　103
同僚の評価　25
特定非営利活動促進法　39, 66
独任制　195
都市型社会　30, 220
都市間競争　228
トップダウン・アプローチ　171

●な　行
内閣人事局　116, 117
内閣制度　69
内閣提出法案　186
内閣法制局　106, 182

二元代表制　72
二重権力構造　97
ニューディール　68
任期付採用　137
人間関係論　130
年金支給開始年齢の引き上げ　205
農業行政　156
農政トライアングル　157

●は　行
ハーズバーグ, F.*　117, 118, 123
媒介　215
ハコモノ　218
発議権　103
パトロネージ・システム　113
パノプティコン　131
パブリックコメント　73
ピアレビュー　25
ヒエラルヒー型　23
比較によるアプローチ　21
非競合性　232, 233
非国家アクター　232, 239
非正規公務員　115
微調整　140
必置規制　91
非排除性　232, 233
標準作業手続　169, 180
平等主義　133
賦課方式　210
福祉国家　31
不作為　263
不信任決議　97, 98
フッド, C.*　22, 139, 249
プライマリーバランス　201

フリーライダー問題　233
プリンシパル・エージェント　241
プロフェッショナリズム　17, 255
文化理論　23, 136
分業の利益　45
分権的意思決定　45
分離の規範　67, 70
閉鎖型任用制　119, 136, 137
ペリー, J. L.*　118, 123
便益不可分性　10
変化への対応　138
包摂　74, 223
法定受託事務　91, 215
補完性の原理　86
ボトムアップ　171, 187, 190
骨太の方針　190
ポリシーミックス　148

●ま　行

松下圭一*　15, 62
マネジメント　128, 192
マルチレベルのガバナンス　78
見えざる手　36
ミニマム行政　146
民営化　39
民間準拠　124
民主主義　83
民主的統制　114, 124
無謬性神話　10
メガポリシー　149
メタポリシー　149, 193
メリット・システム　113
持ち回り決裁　182, 185
模倣　140

問題解決　146

●や　行

薬害エイズ　262
役人的なものの見方　153
夜警国家　30
融合論　68
郵政三事業の民営化　54
要介護度の認定　213
幼保一元化　217
予期せざる結果　223
抑圧的政府　253
抑制　215
予算　189
予測　226
世論　261

●ら　行

ラギーフレームワーク　245
リーダーシップ　142
吏員型官僚　99
リスク管理　141
立憲主義　83
立法過程　185
猟官制（spoils system）　67, 113
稟議制　25, 181
倫理綱領（Code of Ethics）　259
ローリング　225

●わ　行

ワルドー, D.*　17, 68
ワンストップサービス　75

索引 | **271**

● 欧　文

G 20　231, 241
G 8　237, 241
GHQ　65, 113
IMF　237
ISO 26000　244
NGO　232, 239, 243
NPM　16, 27, 39

NPM 改革　33
NPO　74
NPO 法　39
OJT　119
PFI（Private Finance Initiative）　53, 54, 55, 132
POSDCORB　32, 68
PSM（Public Service Motivation）　118

☆　　　　　　　　　　　　　　　　☆

分担執筆者紹介

(執筆の章順)

八代　尚宏（やしろ・なおひろ）　・執筆章→ 3・12

1968 年	国際基督教大学教養学部卒
1976 年	メリーランド大学経済学博士
現在	昭和女子大学グローバルビジネス学部特命教授
専攻	労働経済学・社会保障論・日本経済論
主な著書	『日本的雇用慣行の経済学』（日本経済新聞出版社，1997）
	『少子・高齢化の経済学』（東洋経済新報社，1999）
	『規制改革』（有斐閣，2003）
	『「健全な市場社会」への戦略』（東洋経済新報社，2007）
	『労働市場改革の経済学』（東洋経済新報社，2009）
	『反グローバリズムの克服』（新潮選書，2014）

出雲　明子（いずも・あきこ）　・執筆章→ 6・7

1976 年	広島県に生まれる
2008 年	国際基督教大学大学院行政学研究科博士課程修了・博士（学術）
現在	東海大学政治経済学部准教授
専攻	行政学・公務員制度論
主な著書	『公務員制度改革と政治主導―戦後日本の政治任用制』（東海大学出版部，2014）
	「イギリス公務員の給与決定と労使交渉―分権下の公務員制度における統合的機能の考察―」（『季刊行政管理研究』第 133 号，2011 年 3 月）
	「公務における人事評価制度活用の課題」（『試験と研修』24 号，2015 年 7 月）

大森　佐和（おおもり・さわ）

1988年　鳥取大学農学研究科獣医学専攻修了
1998年　国際基督教大学教養学部卒業
2007年　ピッツバーグ大学政治学部博士後期課程修了（博士・政治学）
現在　　国際基督教大学教養学部上級准教授
専攻　　政治学・公共政策
主な著書　"The Politics of Financial Reform in Indonesia: The Asian Financial Crisis and Its Aftermath." *Asian Survey*, 54(5):987-1008, 2014
"Causes and Triggers of Coups d'etat: An Event History Analysis", *Politics and Policy*, 41(1):39-64, 2013（with Taeko Hiroi)
「原子力安全規制政策の変遷」、国際基督教大学平和研究所編、『脱原発のための平和学』(法律文化社、179-197頁、2013)
「データ収集方法—分析の対象をどのように集めるのか？」、松田憲忠・竹田憲史編『社会科学のための計量分析入門—データから政策を考える』(ミネルヴァ書房30-43頁、2012)

編著者紹介

西尾　隆（にしお・たかし）
・執筆章→ 1・2・4・5・8・9・11・13・15

1955 年	広島県に生まれる
1978 年	国際基督教大学（ICU）教養学部社会科学科卒業
1986 年	国際基督教大学大学院行政学研究科博士後期課程修了（学術博士）
現在	国際基督教大学教養学部教授
専攻	行政学・公共政策・地方自治論
主な著書	『日本森林行政史の研究―環境保全の源流』（東京大学出版会，1988）
	『三鷹市史―通史編』（三鷹市，共著，2001）
	『住民・コミュニティとの協働』（ぎょうせい，編著，2004）
	『分権・共生社会の森林ガバナンス』（風行社，編著，2008）
	『比較ガバナンス』（おうふう，共著，2011）
	『現代行政学』（放送大学教育振興会，編著，2012）
	「行政用語」『現代用語の基礎知識』（自由国民社，各年版）
	Controlling Modern Government（Edward Elger，共著，2004）

放送大学教材　1639455-1-1611（ラジオ）

現代の行政と公共政策

発　行　　2016 年 3 月 20 日　第 1 刷
編著者　　西尾　隆
発行所　　一般財団法人　放送大学教育振興会
　　　　　〒105-0001　東京都港区虎ノ門 1-14-1　郵政福祉琴平ビル
　　　　　電話　03（3502）2750

市販用は放送大学教材と同じ内容です。定価はカバーに表示してあります。
落丁本・乱丁本はお取り替えいたします。

Printed in Japan　ISBN978-4-595-31623-4　C1331